八十年代的中国文化书院

陈越光 著

生活·讀書·新知 三联书店

Chinese Copyright © 2018 by SDX Joint Publishing Company.
All Right Reserved.
本作品中文版权由生活·读书·新知三联书店所有。
未经许可，不得翻印。

图书在版编目（CIP）数据

　八十年代的中国文化书院/陈越光著.—北京：
生活·读书·新知三联书店，2018.8
　ISBN 978-7-108-06214-7

　Ⅰ.①八⋯ Ⅱ.①陈⋯ Ⅲ.①书院－介绍－中国－现代 Ⅳ.①G649.299

　中国版本图书馆CIP数据核字（2018）第021491号

策　　划	知行文化	
题　　签	王守常	
特约编辑	江山美	
责任编辑	朱利国	
装帧设计	陶建胜	
责任印制	卢　岳	
出版发行	生活·讀書·新知 三联书店	
	（北京市东城区美术馆东街22号）	
网　　址	www.sdxjpc.com	
邮　　编	100010	
经　　销	新华书店	
印　　刷	北京市松源印刷有限公司	
版　　次	2018年8月北京第1版	
	2018年8月北京第1次印刷	
开　　本	635毫米×965毫米 1/16 印张25	
字　　数	280千字　66幅图	
印　　数	00,001-20,000册	
定　　价	68.00元	

（印装查询：010-64002715；邮购查询：010-84010542）

《北京周报》1988年第31卷第20期的封面

以梁漱溟、冯友兰、张岱年、季羡林、金克木、汤一介先生照片为封面的《北京周报》1988年第31卷第20期，介绍中国文化书院

中国文化书院创院院长汤一介先生

目 录

《八十年代的中国文化书院》序　　陈方正　1

自　序　5

第一章　中国文化书院的创院经过与建院设计　　　　1
　第1节　1984年　1
　第2节　创院经过的追溯　4
　第3节　关于胡耀邦的批示　8
　第4节　关于九州知识信息开发中心　10
　第5节　关于成立大会　15
　第6节　建院设计　17
　第7节　中国文化书院合法性的取得　20

第二章　创院的人们　25
　第1节　最早发起创立书院的几位年轻人　27
　第2节　创院五老：梁漱溟、冯友兰、张岱年、季羡林、任继愈　35
　第3节　汤一介与中国文化书院　48
　第4节　两大柱石：庞朴与孙长江　53
　第5节　创院期的书院导师　60

第三章　"文化热"（上）　67
　第1节　历史把讲台还给了它的主人：1985年、1986年的文化讲习班　71
　第2节　面向驻京外国友人的"中国文化系列讲座"　81

第3节　梁漱溟思想国际学术讨论会　83
　　第4节　中日近代化比较研讨会　94
　　第5节　1988年的几次小型研讨会：《河殇》及其他　96
　　第6节　"'五四'与中国知识分子"　102
　　第7节　"中国宗教的过去与现在"　104

第四章　"文化热"（下）　108
　　第1节　为期两年的"中外文化比较研究班"　108
　　第2节　高级学术研究班　117
　　第3节　全国环境保护专业培训班　122
　　第4节　北京市工商企业管理干部法制教育培训班　125
　　第5节　流产的"机动车驾驶员继续教育全国统一教程"　126
　　第6节　形形色色的办班与办班设计　129

第五章　中国文化书院八十年代的出版物　132
　　第1节　《梁漱溟全集》编辑过程　133
　　第2节　我国第一部《中国文化研究年鉴》　140
　　第3节　书院的教学用书系列　142
　　第4节　《中国文化书院学报》　145
　　第5节　《中外比较文化研究资料》和《中国学导报》　149
　　第6节　编撰《中国文化书院文库》的五年规划　151

第六章　中国文化书院的社会联系与内部管理　157
　　第1节　文化书院与境外学术界的联系　159
　　第2节　文化书院与媒体和企业界的联系　162
　　第3节　文化书院与政府管理机构的关系　165
　　第4节　文化书院的《章程》　168
　　第5节　院务委员会的运作　169
　　第6节　机构部门设置　172
　　第7节　各地各样的分院　174

第 8 节　制度的建设与缺失　177

第七章　盛况：1987 年—1989 年中的中国文化书院　181
第 1 节　院务工作报告：1987 年；1988 年　181
第 2 节　雅兴与雅聚　184
第 3 节　1987 年的大招聘　187
第 4 节　"图书馆"、"口述历史资料馆"与"编译馆"　190
第 5 节　中国学研究资料咨询中心　198
第 6 节　同学们　201
第 7 节　购置或建造院舍的努力　202
第 8 节　基金会与海内外筹资的设想　204
第 9 节　文化书院鼎盛期的阵容　207
第 10 节　财务分析　212

第八章　内部分裂与一个时代的结束　215
第 1 节　裂开的阵营　215
第 2 节　秋风中的分家　217
第 3 节　院务委员会对"分家"的态度　222
第 4 节　"六·一八"夺家具与"七·二一"取公章事件　224
第 5 节　超越底线的动作　227
第 6 节　解决问题：27∶1　229
第 7 节　分析与追问　238

第九章　困局中的坚守　241
第 1 节　没有选择，只有坚守　241
第 2 节　"冯友兰哲学思想国际研讨会"的会前书信　244
第 3 节　东亚地区文化与经济互动国际研讨会　248

第十章　余声：未竟的梦想　253
第 1 节　九十年代组织编写的几套丛书　253

第 2 节　中西印文化的融合及发展国际研讨会　257

第 3 节　关于《儒藏》　260

第 4 节　未竟的私立大学梦　262

附　录

附录一：《中国文化书院八十年代大事系年 1984—1991》　268

附录二：《中国文化书院档案文献目录汇编 1984—1991
　　　　（文字部分）》　288

附录三：中国文化书院 1985 年—1987 年开课一览表　338

附录四：关于中国文化书院"分家"的三个文件
　　　　（1988 年 10 月）　345

附录五：海峡两岸文学讨论会记录　351

附录六：主要参考书目　376

《八十年代的中国文化书院》序

陈方正

八十年代是中国民间文化运动风起云涌的时代,我在1986年到香港中文大学的中国文化研究所工作,正好碰上那股"文化热",因此顺理成章,在1985年认识汤一介先生,1987年认识金观涛和刘青峰,1988年认识陈越光,此后经常参加中国文化书院与"走向未来"丛书编委会的各种活动,很快就和这两个团体的朋友相熟。岁月如流,这

陈方正先生1987年在"梁漱溟思想国际学术讨论会"上发言

已经是31年前旧事，再也想不到，如今也是越光兄奋笔为书院编史，又命我为此书作序的时候了。

用作者的话来说，此书是以书院所保存大量原始档案为基础，所以它有三个特点，即着重原始资料、当时实事，以及书院内部事务，相对而言，也就是它将当事人的记忆、对事件的诠释和评论，以及书院的外部影响和关系等等，都放到次要位置。但这样一来，我这篇序就下笔维艰了。原因很简单：我之于书院，只是个经常参加活动的熟朋友，在八十年代连类似于"客卿"的"导师"都算不上，因此对书院内部，几乎是一无所知，仅有的一点了解，都是得之于个人记忆，以及从外部、从大处观察，而几乎没有来自内部的经验。因此，对此书大部分内容我都感到很新鲜，甚或可以说是很陌生，闻所未闻。那么，抚键踌躇，难以为辞，也就很自然了。不过，以我和汤公、越光兄的数十年相交、相知，自然也不敢推辞。

作为书院的老朋友，我所要讲的，大抵是从它的根源、成败关键，以及未来这三个不同方面着眼。从根源上看，在八十年代最活跃，影响力最大的三个民间文化团体中，"走向未来"丛书编委会所树立的旗帜是科学，"文化：中国与世界"丛书编委会所标榜的是西方哲理，而中国文化书院则顾名思义，以传统文化为依归。当然，这是个笼统说法，准确一点，应该说书院实际上是起到了接续和发扬"五四"以来中国学术传统的功能——因为它汇聚了多位出现于二十至四十年代、其后噤声数十年的高龄学者，如梁漱溟、冯友兰、张岱年、侯仁之、金克木等，为他们提供了全国性讲坛（书中所谓"把讲台还给了它的主人"）和出版渠道，使得他们能够再度发挥独立学术功能；而且，和他们同时涌现的，还有一大批等待已久、渴望能够初试啼声的中青年学者。这可以说是用最传统，因此也最容易引起社会共鸣的方式，来唤醒沉睡中的中国文化。

但倘若认为中国文化书院只不过是恢复了文人结社讲论的风气，也就是在新环境中令传统书院复活，那就未免把它看得太轻易，太简单了。越光兄这本书院历史的最大贡献，就是为下列问题提供了清楚和具体答案：书院到底做过些什么事情？它当年的影响力和动员能力到底有多大？这些能力从何而来？

从本书所提供的大量资料，我们可以做个粗略统计。在1985年至1990年五年间，书院在学术交流方面，最少主办了八个大大小小的学术研讨会，大部分是国际性质的。在教育方面，它最少开办了五个文化讲习班（其中"高级研究班"办了三届），学员数目从一两百以至七百不等；两个业务培训班，学员达五六千之众，还有一个为期两年的比较文化函授课程，学员达到一万三千多人。在学术传播方面，它最少出版了五百多万字的八卷本《梁漱溟全集》；百余万字的《中国文化年鉴（1989年）》；为研究班和培训课程所编写的十几种教材和数十期《中国文化书院学报》《中外比较文化研究资料》《中国学导刊》等刊物；此外，还有多种新撰或者重刊的学术专著。对一个民间学术团体而言，这可谓极其惊人的活动量了！在背后支撑它的，是大量学费与出版收益：例如，在书院最活跃的1987年，它的年度收入竟达300余万元（结余134万元），那在八十年代是个骇人数字。据作者回忆，它已经相当于一个建制内中型杂志社年度预算的四五倍了。

书院为什么能够从社会上吸取如此巨额资源？大众对于文化的渴望，以及它那五六十位代表文化界精英的导师群体，自然是决定性因素，但能够将这两者磨合在一起，使得后者充分发挥其力量的，则是个相当强有力的组织，那包括一个四十多人的工作班子和一套严格的人事与财务管理制度。令人惋惜的是，这个组织的运营者虽然雄才大略，然而，出于学养和气质上的局限，以及个人私心，他却在时局最艰危的关头与书院领导层决裂，由是使得书院受到政治变化和内部冲突的双重打击，其后虽然不至于一蹶不振，但也难以恢复以前的活力了。然而，陈越光兄不甘任其精魄风飘云散，以近乎白头宫女的心情，为它整理尘封旧档，树碑立传，由是有本书之作，以期对后来者有所启迪。

如今为书院树立大旗的前辈如梁漱溟、冯友兰、张岱年等墓木已拱，创建时期的中坚人物如汤一介、庞朴等也先后凋零。倘若这就是结局，那诚然令人无限怅惘。不过，也不得不承认，它是有某种必然性的，但那和大师远去、后继无人没有关系。学无止境，大师之后，自然还应该有下一辈、下一代大师，倘若实际上竟然没有，那是这一辈、这一代人不争气而已，不能够谓之"必然"。真正根本和重要的变化是，三十年一晃过去，高等教育体制大幅扩展，学术氛围沧海桑田，各种知识、文化传播渠道更是无孔不入。因此，当日如饥似渴追求文化滋润的群体已经消失殆尽，至少也是在迅速减退中。这个时代性的巨变是不可遏止，也无从逆转的。它注定了文人同声相应、同气相求的自由结合只能够以交谊、雅聚小团体的方式存在，而再不可能如八十年代的中国文化书院那样，轰轰烈烈地发展成为立足于社会整体，具有强大生命力的事业。对此我们不必"怅望千秋一洒泪"，但必须承认，今昔之间的确是"萧条异代不同时"了。因此，越光兄在这个时候为书院编撰这本历史，是很恰当的——不仅如此，我们更热切期望，他能够再接再厉，为整个八十年代的民间文化运动，描绘出更全面和详细的画图来。是为序。

丙申除夕于用庐

自 序

一

对于20世纪的中国历史,褒贬扬抑截然不同。20世纪刚过去不久,我们在时间上还没有足够的观察距离,但无论如何评价,20世纪中国历史中的一些历史事件或曰历史时期会对后来的历史发生长远影响,是毋庸置疑的。它们依次为:辛亥革命、"五四"、抗战、新中国成立、"文革"、八十年代(改革)。辛亥革命终结了中国几千年的王朝政治;"五四"奠定了中国人现代观念的基本结构;抗战是中华民族近代以来在亡国危机中的绝地反击,是最深入的民族动员;新中国成立,是中国以全新方式追求工业化、现代化的开启;"文革"离开了中国人常识理性的传统,其乌托邦的理想主义真诚最终化为疯狂暴戾和虚伪的悲剧;八十年代是中国共产党的改革精英和广大知识精英、农民联手创造的一个改革时代,不仅开辟了中国工业化、现代化的正确道路,而且影响了世纪之交的世界历史进程。然而,这一百年来,中国人始终行色匆匆,来不及思考和分析,或者由于种种原委压抑了这方面的思考和研究,尤其对抗战,对"文革",对八十年代的研究都相当不足,与它们的历史地位不相称。

无论是克罗齐(Benedetto Croce,意大利历史学家、哲学家,1866—1952)的"一切历史都是当代史",还是科林伍德(R. G. Collingwood,英国哲学家、历史学家,1889—1943)的"一切历史都是思想史",都蕴含着这样一种历史观念:历史不仅仅是"过去发生的事情",而且是历史研究者可以在心中感悟、复活的过去。怎么才能复活呢?必须经过理性的梳理,经过系统性批判审视和总结,才有理性的记忆。否则,即使是像抗战中的日军大屠杀、"文革"中的大迫害,这样最惨痛的记忆也只是经历者个人的记忆,随着一代人或几代人逝世,记忆就消失了,或者像肌体对疼痛的记忆一样,好了伤疤忘了疼是常态。而正面的经验也一样,没有理性梳理就不能为后人提供再出发的能量。因为,这样的记忆没有真正进入历史。

作为八十年代的经历者,我一直认为记叙和反思这一段历史,我们具有特别的责任。

今天,以1978年中共十一届三中全会起算,八十年代的改革已历时近四十年了,改革中的探索和成果,有的成为今天的基础,有的成为今天改革的对象,有的是我们继续向前的重要凭恃,还有的是至今没有超越的高地。这就如伽达默尔(Hans-Georg Gadamer,德国哲学家,1900—2002)强调历史的真实和历史理解的真实并存,所谓"有效的历史"徘徊在当下,回顾和研究意味着探索未来,而不是怀旧。

二

八十年代在思想文化领域中,有著名的三大民间文化团体:"走向未来"丛书编委会、中国文化书院和"文化:中国与世界"编委会。

我于1983年初来京参与了"走向未来"的事业,1989年下半年后"走向未来"和"文化:中国与世界"都停止出版,编委会也不再活动,唯有中国文化书院还艰难支撑。1990年,我在"走向未来"丛书一位常务编委的帮助下,做好了丛书编委会和二十一世纪研究院的全部善后工作,我自己也脱离了体制内的工作机构,需要重新考虑工作方向。1991年春,老朋友刘东提议我去中国文化书院,并自告奋勇地找汤一介先生提出建议,回来告诉我"汤先生的反应是'可能吗?'"。当时我和汤先生认得,而不太熟,我对文化书院也不够了解,于是我分别找了我比较熟悉的孙长江、庞朴、李泽厚先生商量，他们一致赞同。孙公、庞公都在书院担任重要职务，他们就直接与汤先生商定此事。这样，我和汤先生面谈后，1991年8月28日汤先生带我去季羡林先生家面谈，第二天书院院务委员会执委会上就决定我任中国文化书院院务委员会执行委员、副院长，负责书院日常工作。这一任职持续至今，在我的事业天地和感情世界里，都留下了浓郁的笔墨，我对汤先生和中国文化书院的先生们始终怀有致敬之意和感恩之心。

然而，要来写中国文化书院，却需要尽可能和感情保持距离。

如何评价中国文化书院在八十年代思想文化大潮中的作用和位置？2014年12月，在举办中国文化书院30周年庆典时，我做过一个视频致辞，我这样概括中国文化书院："中国文化书院是八十年代有全国性重要影响的民间文化团体中唯一保持活动至今的，它在今天代表了八十年代精神和思想的延续；中国文化书院是八十年代'文化热'中唯一提出以中国文化为本位的全国性文化团体，它代表了一个历史的维度；中国文化书院汇聚了一批'五四'以来历尽动荡与政治风霜的学术老人和老中青三代学者，它体现了中国知识分子坚守学术尊严与梦想的传承。"

我想，这样评价中国文化书院是恰当的。

三

关注八十年代研究的读者，往往遗憾缺少基于历史资料的个案研究。由于这方面的基础性研究比较薄弱，八十年代的宏观研究就显得研究者个人解读的成分比较多，所以有的学者就此质疑"'八十年代'是怎样被'重构'的"。[1]但由于体制内机构的档案资料还不可能对外开放，而当时的民间团体机构大多早已解体，且当时也往往没有完整

---

[1] 王学典：《"八十年代"是怎样被"重构"的？》，《开放时代》双月刊，2009年第6期。

的档案资料建立并妥善保管，缺少这方面的研究成果是必然的。

一个偶然的机缘使我有可能为弥补此缺憾做一点工作。2014年秋，对一份汤一介先生2011年春节时录下的回顾中国文化书院过程的录像谈话稿（逐字逐句整理）是否可以公开及怎样公开，中国文化书院领导层有不同看法，经乐黛云先生和王守常院长认可，由我来负责编辑整理。我编辑整理的《几度东风，几度飞花——汤一介先生谈中国文化书院》全文在中国文化书院30周年纪念册刊出，节选在《经济观察报》等报刊刊发。汤先生无意间的一句话触动了我——汤先生在回忆1988年秋至1989年秋书院内部的分裂事件时说，"反正那些材料都还在书院的铁皮柜里"。于是我打开了那个铁皮柜。这里有二百多个档案袋，没有编号，没有分类，基本是开完一个会搞完一个活动，就把当时的材料装袋存档，或者过一段时间汤先生把手头的一些材料放入口袋存起来。有几个口袋是当时特意收集了一些资料归档的，但此后的相关资料又散放在其他档案袋了。这些档案袋从未有人一一打开整理过，有不少重复的，或不属于文化书院的资料。我非常庆幸它们的原始状态，只要有过当事人整理就会有意无意地在取舍中失去部分真实。

此后两年多里，我的大部分时间都是面对这个两米高铁柜里的二百多个档案袋，常常是一天10个小时。于是，先整理汇编了《中国文化书院八十年代大事系年1984—1991》，完成了有17个大类656个文件目录的《中国文化书院档案文献目录汇编（1984—1991）》，进行《中国文化书院档案文献集1984—2014》的分类、编号、目录整理，并完成了这本主要基于中国文化书院历史档案资料的《八十年代的中国文化书院》。所以，我真正用于写作的时间并不多，主要时间都花在了几千份档案资料的整理中。

在这里，不能不特别提到一个人，刘若邻女士。2016年5月办完退休手续的她，原是中国文化书院的财务总监。书院的档案资料记载，她毕业于中国人民大学财政系，1988年2月从北京市化工总公司财务室调入中国文化书院任会计，时年26岁。她在书院的高峰期进入书院,但在书院陷入困境时依然坚守,一晃28年,青丝成白发。档案文件保管本非会计的职责,但在很长时期中书院办公室的专职人员只有她一人,她就把这些文件袋视若她的财务账本,28年里,书院搬家八次,一次一次地打捆装运,一次一次地解绳装柜,"一个也不能少"。她从来不去掂量这些文件有用没用,值不值得她如此费力,她只是守护。我在写作此书时常常想,中国文化书院真该感谢刘若邻,用"感谢"都太轻了,应该用"致敬"!

四

《八十年代的中国文化书院》是一份个案研究,是基于史料的个案研究,是主要以团体内部档案为据、观察团体内部事务为主的个案研究。

所以,本书的特点为:还原中国文化书院在八十年代"文化热"中的人与事,重当时文字资料(以历史资料为基础而不以当事人记忆为基础);重事件过程(以重现历史过程为重点而不以诠释和评论历史为重点);重内部观察(以所研究个案的内部事务为焦点而不以该团体与外部事件的互动为观察焦点)。

本书在对资料的处理中以文字资料为主,对当事人的访谈记录为辅;文字资料中离事件发生时间越近的记录,优先级越高;对所有资料尽可能互相验证,并以事件展开的逻辑来验证。

本书以记事为主,记人为辅,所涉人物处事之是非曲直评判,均严格限定在当时当事,即八十年代的中国文化书院范围之内。

八十年代乃风起云涌之时代,多的是朝东暮西的潮流,多的是喧嚣一时的事件,多的是慷慨悲歌的壮士,中国文化书院只是洪流之一舟,迎风踏浪于其间。然而,本书注重于书院内部事件和关系之观察来透视时代背景,非从大时代大事件的角度审视其中之一书院,着眼于细枝末节在所难免。

五

为什么写八十年代的中国文化书院,截止在 1991 年底?

《八十年代的中国文化书院》的主体内容以及附录《中国文化书院八〇年代大事系年(1984—1991)》、《中国文化书院档案文献目录汇编(1984—1991)》所涉时间都是 1984 年至 1991 年,起于 1984 年自然是因为中国文化书院建立于 1984 年,止于 1991 年底就有一个对八十年代起止时间的界定问题。

八十年代的起止如何划分?目前的八十年代研究中主要有三种划分:按自然年份划分:1980—1989;按十一届三中全会代表的改革为起线、"六四事件"为底线:1978—1989(因十一届三中全会已在 1978 年底,故也可以 1979—1989);而本书按照最长的一种划分:1978—1991。

何以 1991 年为底线?我们知道在世纪划分中一般按自然年代划分,但在史学界有所谓"长 19 世纪短 20 世纪"的分法,即 19 世纪到 1914 年第一次世界大战前结束,20 世纪从第一次世界大战开始至 1991 年苏联解体结束,理由是以所谓"世纪意识"来划分世纪。[1] 循此,从改革意识和活跃主体出发,可以看到 1978—1991 年的一贯性,其中 1990—1991 年是逆转和挫折后的八十年代尾声,这两年的氛围和此前当然不同(并不因此而否定 1989 年是历史转折点),但它是 A 和 A 的结束之关系,因为新的时代意识还没有出现。而 1992 年开出的是新格局,出现了新的时代意识和活跃主体,正式开始了九十年代,它和八十年代就是 A 和 B 的关系了,盖 1992 年邓公南方谈话后时代精神转移也。

当然,这三种划分都有各自的道理,就个案研究来说,是不妨因事而异的。

---

[1] 金观涛:《我们生活在"新世纪"吗?》,香港《二十一世纪》双月刊,2000 年 10 月,第 61 期。

六

《八十年代的中国文化书院》是一项八十年代文化团体的个案研究，所有资料的运用取舍囿于一己之见识，不足和错误难免，期待当事人和各位读者的指点教正。而能够如此成书，则要感谢许多人。

首先要感谢中国文化书院诸位负责人，不仅向我开放了所有历史档案，而且当事人大都应邀接受了我的访谈。孙长江先生是我第一个访谈的，2015年盛夏之日，他带病和我作谈，他夫人孙伟大姐不时提醒，帮助记忆；乐黛云老师一直关心此事，不仅接受访谈还不断鼓励我；作为书院创始人之一的王守常、李中华、魏常海、田志远都单独接受了访谈，守常兄还应允为本书题写书名；林娅接受了电话访谈；李林专程到我办公室接受访谈；刘若邻为我查检档案资料提供了各种方便，并随时帮助查找各种事件的细节；王守常、李中华、魏常海、林娅、陈占国、姜敏、文利妲、黄信万、胡晓瑜、方兵、刘若邻等当年的书院同仁，还专门以座谈方式集体接受采访，方兵以个人日记的记录提供具体事件的发生时间，黄信万提供了自己保存的资料。这些老师、老友和新老同仁对我的帮助是令人感动的，他们中没有任何人试图对本书的写作施加影响，没有任何人要求在出书前先看到我如何使用对他们的访谈资料，以完全保障这项研究的独立性。最遗憾的是没有能采访到鲁军，万一他能读到此书并提供批评和不同的资料，那对以后此书的补正将是万幸。

感谢尉迟泂、陈辉女士为几千份资料的复印和大量文字输录所付出的辛苦，陈辉女士还为查检八十年代的报刊资料，在图书馆度过许多个周末。

感谢老朋友陈力川先生对本书名的选择和第九章章节题目提出重要建议。

感谢章伟升这位九〇后的青年朋友，他不但有耐心读完我的打印稿全文，而且提出一份文字和标点勘误表，这使我既感动又受到鼓舞。

感谢北京师范大学跨文化研究院院长董晓萍教授对本研究项目的

本书作者陈越光（后排左1）在中国文化书院的活动中合影：前排左起陈方正、王元化、周策纵、汤一介、庞朴，后排右起王守常、林毓生、李中华、周质平（1994年）

支持，她向我介绍的在整理资料过程中"逐条写志"的方法，对我的写作帮助很大，大大加快了我的写作进度。感谢陈力川先生对书名的选择和书中章节标题提出建议，使全书标题更有统一感。

感谢明远文教基金会的项目资助。

感谢我的老朋友陈方正先生，我们相识于八十年代末，他时任香港中文大学中国文化研究所所长，是中国文化书院的老朋友，九十年代后担任书院导师。方正兄学贯中西，与我亦师亦友，他是最早提议我写八十年代历史事件和当年经历的朋友之一，对本书初稿他提出过重要意见，并为本书写序。

感谢生活·读书·新知三联书店在改革开放四十周年之际出版此书，尤其朱利国先生，他以八十年代过来人特有的情怀投入此书责编工作，付出不少心血。

感谢我的妻子尹捷，她是本书的第一读者，她以为学生修改论文的职业习惯，对我书稿中的一些文法和修辞错误做了修正。

最后，我必须表达对八十年代参与中国文化书院的每一位学者、每一位工作人员的由衷敬意，你们那一段的人生经历，不仅仅只是你们个人的记忆，它还属于国家和时代的历史。

2017年3月9日

第一章　中国文化书院的创院经过与建院设计

中国文化书院成立于1984年，我们审视的目光从1984年的背景开始，然而，追溯中国文化书院的创院经过，主要集中在如下几个问题：第一，最早动议此事的是何人，在何时？第二，"中国文化书院"这个名称是怎么商定的？第三，筹建中国文化书院得到了胡耀邦的支持吗？第四，早期和文化书院并列的九州知识信息中心何时成立，与文化书院是什么关系？第五，中国文化书院有没有正式的成立大会？第六，当时对办文化书院有怎样的规划设计？第七，中国文化书院如何获得建文化实体的合法性？

我们按照这样的问题线索来展开这一章，在选取材料中，首先选用原始资料文件（包括当时的出版物资料），其次选用此后的各种文字资料，然后采用对当事人的访谈记录。当然，还是有一些文字资料和个人记忆都缺乏的情况，以及互相矛盾的情况，只能存疑。

第1节　1984年

当20世纪的第84个年头来临时，一定有不少人不约而同地想到一本书——《1984》。乔治·奥威尔（George Orwell，英国小说家，1903—1950）完成于1948年、出版于1949的《1984》，与萨米亚丁（Zamyayin，俄国小说家，1884—1937）的《我们》和赫胥黎（A.L.Huxley，英国作家，1894—1963）的《美丽新世界》并称为"反乌托邦三部曲"，享誉于世。七十年代初，不到20岁的我，被一份政府传达的《"571

工程"纪要》从现代迷信的梦中唤醒,在工厂劳作之余常常和一些青年朋友传阅各种禁书,每每通宵达旦。读到《1984》的节译本:极权统治下以对领袖的无限崇拜和对所谓敌人的极端仇恨维持运转的社会;随意篡改历史;无处不在的监控;思想改造,互相出卖……我的内心被压抑所笼罩,继而转为一种悲愤:那就是世界的未来?现实已经与奥威尔所述相差无几,还有更可怕的未来在等待着受尽苦难的人们?

在同样出版于1949年的《历史的起源与目标》里,雅斯贝尔斯(K.T.Jaspers,德国哲学家,1883—1969)说:"对于那种未来的畏惧,也许可能防止那种未来。绝不允许可怕的遗忘发生。已经发生的事实引起了焦虑不安;它们可能重复,它们可能扩大蔓延,它们可能征服全球。我们必须保持这种不安,它会变质为积极的关切。"[1] 是的,从《1984》出版的1949年到1984年的近四十年里,一定有无数的人们读了《1984》,引起了畏惧、不安,而变质为积极的关切。

让我们感谢奥威尔,感谢所有在黑暗中发出警示的声音的人们,1984年来了,它,不是奥威尔的那个1984!

1984年的世界似乎并不是那种"判定生死"的决定性时刻,而是一个相对平和的年份。那年2月7日,人类进行了第一次太空行走实验。4月23日,美、法两国科学家发现了同一种艾滋病病毒。那年有三位人物的去世引起了全球关注:2月9日苏共中央总书记安德罗波夫逝世,6月25日哲学家米歇尔·福柯逝世,10月31日印度第六任总理英迪拉·甘地遇刺身亡。福柯去世在知识界引发了新一轮"福柯热";英迪拉遇刺世界震惊,印度也出现局部骚乱;但真正对历史发生影响的,是上任一年零三个月的安德罗波夫逝世,他的继任契尔年科又在十三个月后去世,然后,才有戈尔巴乔夫接任和戈氏改革。对于苏共和苏联,展现宿命的第一块多米诺骨牌的倒下,就在安德罗波夫的葬礼上。

---

[1] [德] 卡尔·雅斯贝尔斯:《历史的起源与目标》,第二篇第三章,华夏出版社1989年6月第1版,第170页。

1984年的中国虽然也不是那种历史性时刻的特殊年份,但30年后来看,对之后历史发生影响的事件并不少。1月24日,邓小平视察深圳特区并为之题词,使在争议中的特区政策具有了稳定性和持续性;6月邓小平提出香港实行"一国两制"50年不变,这两件事在此后30年里都时时显示出它们的存在。4月6日,中华人民共和国居民身份证制度施行,今天我们都习惯随身携带此证件了。5月1日,广州用150MH2频道开通了我国第一个数字寻呼系统,今天中国已至少有13亿户移动电话用户,可以溯源到那个出发点。6月29日,中国出现第一则征婚广告,如今婚介已是一大产业。7月25日,中国第一家股份制企业成立。7月30日,在苏联、东欧(除罗马尼亚)、朝鲜抵制的洛杉矶奥运会上,射击运动员许海峰为中国赢得第一枚奥运金牌,许海峰射出的这颗子弹飞了24年后,北京举办了2008年的奥运会。这年的"十一"游行中出现的一条计划外的标语"小平您好!",标志着中国的改革处在上下同心的最高段位。10月15日,美籍华人作家江南遇害,这对台湾最高当局的道义冲击波,不亚于切尔诺贝利核事故对苏联的冲击。10月20日,中共十二届三中全会通过《中共中央关于经济体制改革的决定》……

也是在这一年,刚刚推出不到一年的"走向未来"丛书一版再版、数次印刷形成轰轰烈烈之势;85'美术新潮最早的群体"北方艺术群体"在哈尔滨成立;9月3日至10日的"莫干山会议"——全国中青年经济科学工作者讨论会的"头脑风暴",使"中青年"这个新概念横空出世,成为八十年代的一个时代特征。

无疑,中国的1984年,是大开大合的八十年代的重要组成部分,一个改革大提速的年份。

就在这一年最后一天的《光明日报》上,有一则不起眼的、算上标题也只有134个字的报道:"中国文化书院筹备委员会"成立。

中国文化书院,这个民间文化教育机构在1984年12月诞生。

第 2 节　创院经过的追溯

1990年1月的中国文化书院简介，对于发起创院的表述是："中国文化书院系由北京大学哲学系教授冯友兰、张岱年、朱伯崑、汤一介等人发起，联合中国社会科学院、中国人民大学、北京师范大学、清华大学、北京师范学院[1]等单位的以及海外、台港地区的许多学者、教授共同组成的。"[2] 这个简约版的表述在2014年的书院30周年庆典时印制的中国文化书院介绍中，发起人名单扩大为"梁漱溟、冯友兰、张岱年、季羡林、朱伯崑、汤一介、庞朴、李泽厚、乐黛云、李中华、魏常海、王守常等共同发起，以及杜维明、傅伟勋、陈鼓应等港台及海外著名学者共同创建"。[3] 1990年版简介发起人不提梁漱溟，估计是因梁先生已去世，当时有免扰逝者的想法。此间24年中，有关发起人的表述就在这两个版本之间。

那么，在八十年代呢？现在能找到的书院简介中，有两本八十年代印制的简介。其中一本48开大小，窄条黄面小本简介，没有提发起人的名字。另一本16开黑面42页全铜版纸印制的简介，参与书院建院筹备的李中华、魏常海、林娅认定这是书院最早的简介。这份简介中这样表述："中国文化书院系由中国著名学者梁漱溟，北京大学教授冯友兰，北京大学教授张岱年，中国社会科学院宗教所所长任继愈，北京大学教授周一良，北京大学教授汤一介，中国社会科学院研究员吴晓铃，中国社会科学院研究员虞愚，北京大学教授阴法鲁，人民大学清史研究所所长戴逸，北京大学教授朱伯崑，北京大学讲师鲁军、李中华、王守常、魏常海，北京大学出版社编辑田志远等，于1984年

---

[1] 1992年，由北京师范学院、北京师范学院分院、北京联合大学外语师范学院合并组建为首都师范大学。

[2] 1990年1月版《中国文化书院简介》。

[3] 2014年版《中国文化书院简介》，载《中国文化书院大事系年1984—2014》，第2页。

10月在北京共同发起组织。"[1]而据创院院长汤一介回忆,这最后提到的鲁军等几位青年人是创立书院最早的提议者,是他们首先有了想法并议论后去联络了老师们一起来发起建立书院的。[2]

这几位年轻人中谁又是第一个倡议者呢?鲁军。李中华(当年40岁)、王守常(当年36岁)、田志远(当年31岁)都认可鲁军(当时31岁)是首议者。魏常海(当年40岁)1984年上半年时在日本进修,他是10月从日本回来后投入书院筹备工作的,他也认为是鲁军首议。

大致在1984年3月份,鲁军首先设想创办一个民营公司或民间教育团体,鲁军把他的设想告诉同在北京大学哲学系任教的李中华,两人一拍即合,就此常常在鲁军的宿舍商量谋划。随后,哲学系青年教师王守常、北京大学出版社青年编辑田志远都参加了筹划。晚上策划的地点总是在鲁军的宿舍,他们议论现在教师讲完课就走了,学生问个问题都没处找先生,何来"传道解惑"?谋划如何挣钱,有了钱才好办事。他们"常常一人拿一包烟,说到半夜两三点不想走"。[3]年中,在日本进修的北京大学哲学系青年教师魏常海收到李中华来信相邀参与其事,魏常海慨然应诺,10月份从日本回国后也一起参与策划。[4]所以,他们的讨论既互相激励,又不断丰富。对这个过程的追忆中,李中华更多地强调鲁军谋划在先,基本是鲁军把自己的设想拿出来讨论、补充和修正,而王守常、田志远则认为大家在一起"凑"是主要的。

为了让这个新办的文化实体更有号召力,他们开始和中年教授、

---

[1] 八十年代的大黑本简介。这本简介中提到1987年3月报名参加"中外比较文化研究班"的人数,但张岱年于1月份任名誉院长、严绍璗于2月被聘任为书院导师,均尚未体现,可判断印制此简介在1987年3月后不久,系为比较文化研究班办班而印制。

[2] 汤一介:《我与中国文化书院(一)》,载汤一介《我们三代人》,中国大百科出版社2015年9月第1版,第372页;《几度东风,几度飞花——汤一介先生谈中国文化书院》,载《中国文化书院大事系年(1984—2014)》,第8—27页。

[3] 2016年3月14日田志远访谈。

[4] 2016年4月7日魏常海访谈。

副教授以及老先生们联系，得到张岱年、朱伯崑、汤一介、楼宇烈、许抗生等人的支持。[1]因李中华当时是在职研究生，系里要求他做冯友兰先生的助手，他就常向冯先生等报告创办书院的设想，以求得到支持。汤一介8月后从夏威夷开会回来，他们联系了汤先生，并推举汤先生出面主持。这样，他们又邀请了梁漱溟、冯友兰、周一良、阴法鲁、任继愈、吴晓铃、虞愚、戴逸等著名学者共同参与发起。他们还通过汤一介认识了时为《科技日报》副总编的孙长江，并经常到他那里讨教。

在这个老中青的团队筹备书院的过程中，德高望重的老学者提供声望和指点；中年学者在书院历史中是主力，但此时是承上启下和把关者；策划和行动的主力还是那几个年轻人。田志远说，当时是"我们几个年轻人商定的事，鲁军、中华再找汤先生说"。[2]李中华说："我们策划好全部名单，汤先生都同意，该出面的汤先生出面。"[3]

在整个夏、秋季，除了扩大联络、完善策划，最重要的有三件事：一是鲁军他们一开始就有实体化的明确目标，而且在文化机构难以注册的情况下先以企业注册，这在当时是极有远见和务实的表现。鲁军把这个机构取名为"九州知识信息开发中心"，在1984年10月26日拿到了北京市工商局颁发的工商企业营业执照。[4]八十年代有全国性影响的三大民间文化团体："走向未来"丛书编委会、中国文化书院、"文化：中国与世界"编委会，只有中国文化书院实现了实体化。先于中国文化书院的"走向未来"丛书编委会，直到1988年才正式启动实体化，但不考虑走公司化之路，没能成功注册。二是在10月间，经汤

---

[1] 常华：《中国文化书院大事系年（1984—1994）》，"一九八四年十月"条，载《文化的回顾与展望》，北京大学出版社1994年12月第1版，第53页。但时间上应在7至9月间，10月份国家教委得胡耀邦批示后已约汤一介参加与北京大学领导讨论如何支持办书院的协调会议了。

[2] 2016年3月14日田志远访谈。

[3] 2015年12月21日李中华访谈。

[4] "九州知识信息开发中心"营业执照副本复印件。

一介、鲁军、李中华、王守常议论，提出了用"书院"这一名称，经征求冯友兰、梁漱溟等老先生意见均表赞成，这就有了"中国文化书院"这个名称。[1]那时还在设计放在北京大学内建独立学院，所以当时用这个名称的意思并不是指"中国的"文化书院，而是"中国文化的"书院。也正是这样的解释，后来才可以在北京市成人教育局完成登记注册。第三件事就是把筹备建立中国文化书院的情况写信向时任中共中央总书记的胡耀邦汇报，希望得到支持，耀邦同志收信后做出了批示。[2]这为中国文化书院得以建立提供了重要支持。

10月后，因有耀邦同志批示，国家教委和北京大学都表示了支持，对于如何支持，也邀请了汤一介前去参会商量。此时，汤一介站到了第一线，代表文化书院与国家教委、北京大学协商、谈判文化书院的建制等事项[3]，但终因对于在北京大学内办一个独立实体的中国文化书院，有关方面不能松口，几经会商，无果而散。

12月16日，中国文化书院召开会议，宣布"中国文化书院筹备委员会"成立[4]；12月下旬，又在东厂胡同一号的中国社科院近代史所召开了"第一次全体导师会议"[5]。

这就是历时九个月的中国文化书院发起、筹备、创立的大致经过。

---

[1] 李中华：《〈师道师说：冯友兰卷〉跋》，《师道师说：冯友兰卷》，东方出版社，2013年1月第1版，第449页。

[2] 汤一介：《我与中国文化书院（一）》，载汤一介《我们三代人》，中国大百科全书出版社，2015年9月第1版，第372页；《几度东风，几度飞花——汤一介先生谈中国文化书院》，载《中国文化书院大事系年（1984—2014）》，第8页。

[3] 汤一介：《我与中国文化书院（一）》，载汤一介《我们三代人》，中国大百科全书出版社，2015年9月第1版，第372页。

[4] 《"中国文化书院筹备委员会"成立》，1984年12月31日《光明日报》第2版。

[5] 关于"第一次全体导师会议"召开的时间，没有查到历史记录资料。汤一介先生有两个不同的记忆，一是在《我与中国文化书院（一）》："……并于12月16日在中国社会科学院近代史研究所召开了第一次全体导师会议"；二是在《几度东风，几度飞花——汤一介先生谈中国文化书院》："我记得是12月25号，我们在城里那个叫东厂胡同，近代史所，中国社会科学院近代史所，开了一个导师的会议，中国文化书院导师会议。"而实际上，这是两次不同的会议。

后来文化书院的各种简介和宣传品中有1984年10月创立和12月创立两种说法,所谓"12月说",自是以1984年12月16日的"筹委会成立"会议或此后的"第一次全体导师会议"为据,毋庸置疑。何以有"10月说"呢?缘由有二,一是1984年10月26日九州知识信息开发中心完成工商注册,"九州中心"可以视为文化书院的前身;二是1984年10月国家教委正式和文化书院洽谈、会商落实耀邦批示,可说是建立书院工作开始启动。但大多数文件和宣传品以1984年12月为中国文化书院建院,且每十年的建院庆典都在12月。

第3节 关于胡耀邦的批示

在1984年夏秋之际,中国文化书院的筹建者给时任中共中央总书记胡耀邦同志去信寻求支持,并得到了耀邦同志的批示。耀邦到底对建立中国文化书院做了什么批示呢?汤一介生前始终为之感慨:"中国的事就是那么奇怪,我们给胡耀邦总书记写的信,他既然有个'批示',就应该给我们看,可是到今天我们都没有看到过这个'批示'。"虽没有看到批示,但"据说批示是批给胡启立、田纪云和何东昌的,又据说批示只有几个字:'请考虑,酌办。'"[1]而常华在1994年整理的《中国文化书院大事系年》则明确记载:"胡耀邦总书记很快在信上批示:'我同意这件事,请胡启立、何东昌、彭珮云酌情处理。'"[2]但常华的依据何在?依然可以存疑。

给胡耀邦同志写信是谁的提议?这封信又是谁起草?谁签名?谁呈送的呢?

"给耀邦写信是鲁军的主意",信件初稿是鲁军、李中华等几个

---

[1] 汤一介:《我与中国文化书院(一)》,载汤一介《我们三代人》,中国大百科全书出版社,2015年9月第1版,第372页。

[2] 常华:《中国文化书院大事系年(1984—1994)》,"一九八四年十二月"条,载李中华、王守常编《文化的回顾与展望》,北京大学出版社,1994年12月第1版,第54页。

最早参与筹备的年轻人一起议的。[1]信件内容主要是"系统地申明了当时国际国内文化发展的趋势、改革开放与弘扬中国文化的关系、创办中国文化书院的意义等等"。最后的定稿冯友兰先生参与了意见。[2]关于这封信的签署者,有两种说法,汤一介回忆:"在这封信上签名的有冯友兰、张岱年等老教授和该教研室的一批中青年教师,当时我不在国内,但他们也代我签了名。"[3]而李中华2015年12月21日访谈时说,"只有冯先生一人签名",这和常华编的《中国文化书院大事系年(1984—1994)》记载一致:"为得到教育部的支持,'中国文化书院'筹备人员提议以冯友兰先生名义致信胡耀邦总书记申明意见。胡耀邦总书记很快在信上批示:'我同意这件事,请胡启立、何东昌、彭珮云酌情处理。'"[4]而且,李中华1994年留下的回顾文字中,对由冯先生署名有具体细节描述:"这封信是以冯友兰先生的名义发出的。……当时由我与冯先生联系,虽时值隆冬季节,但每次去冯先生家里,都感到温暖如春。他愉快地答应以他的名义给胡耀邦同志写信,但却反复琢磨信中的内容和用语,表现了对弘扬传统文化的高度使命感和一丝不苟的负责精神。"[5]当时汤先生不在国内,只是事后听说,李中华作为当事者的记忆尤其具有具体细节的记忆,应该是更准确的。但李中华关于"时值隆冬季节"的记忆是不准确的,创建文化书院的动议

---

[1] 2015年12月21日李中华访谈。

[2] 李中华:《梁漱溟、冯友兰与中国文化书院》,载李中华、王守常编《文化的回顾与展望》,北京大学出版社,1994年12月第1版,第19页。

[3] 汤一介:《我与中国文化书院(一)》,载汤一介《我们三代人》,中国大百科全书出版社,2015年9月第1版,第372页。汤先生的另一个说法虽没那么明确,但意思也是大家签的名,"然后就把那封起草的信签了一下名,以冯友兰为首签了一下名,就送上去了",见《几度东风,几度飞花——汤一介先生谈中国文化书院》,载《中国文化书院大事系年(1984—2014)》第8—27页。

[4] 常华:《中国文化书院大事系年(1984—1994)》,"一九八四年十二月"条,载《文化的回顾与展望》,北京:北京大学出版社,第53—54页。

[5] 李中华:《梁漱溟、冯友兰与中国文化书院》,载《文化的回顾与展望》,北京大学出版社,1994年12月第1版,第19页。

在 1984 年春，当年 10 月间国家教委就因耀邦批示找汤一介去会商了，关于隆冬去冯家的记忆不可能是为了修改和签署给胡耀邦的信。

这封信是谁呈送的呢？也有两种说法，王守常记得是孙长江呈送的[1]，2015 年 8 月 3 日孙长江访谈时，老孙也肯定地说，是他把办文化书院的材料递给胡耀邦的，他的太太孙伟女士记忆更确切："我记得很清楚，他回来说文化书院要成立，打了报告，他递给耀邦，耀邦非常爽快地说，好，我同意。就批了。"[2]第二种说法是李中华提供的："信是鲁军送的，他家里和耀邦有点来往。"[3]耀邦任中央党校校长时孙长江在党校理论研究室工作，有过直接接触，老孙呈递信件是有这个渠道的；鲁军以家庭渠道递信也有可能，并且也另有成功记录。这两种可能性都存在，就此留给读者判断了。

第 4 节　关于九州知识信息开发中心

在中国文化书院成立之前近两个月，九州知识信息开发中心完成工商注册。北京市工商行政管理局 1984 年 10 月 26 日颁发的京东乙字第 2228 号工商企业营业执照显示——企业名称："九州知识信息开发中心；地址：东城区东厂胡同一号；经济性质：集体所有制；经营方式：服务；核算形式：独立核算；经营范围：主营技术、信息咨询服务。"[4]当时的企业注册还没有法定代表人的登记，据李中华回忆"这都是鲁军操办的"。[5]注册地址为东城区东厂胡同一号，这是中国社会科学院近代史研究所的地址，据李林（时任《近代史研究》编辑）说"这应

---

[1] 2015 年 11 月 11 日王守常访谈。
[2] 2015 年 8 月 3 日孙长江访谈。
[3] 2015 年 12 月 21 日李中华访谈。
[4] "九州知识信息开发中心"营业执照副本复印件。
[5] 2015 年 12 月 21 日李中华访谈。

该是丁守和安排的"。[1]后来担任文化书院导师的丁守和时任近代史所的《近代史研究》主编。

为什么要成立这样一个企业性质的"九州中心"？

可以给出四种解释：一是所谓九州中心与文化书院是同样宗旨的实体，只是时间上有先后，即"前身说"；二是文化书院由九州中心改名而来，即"改名说"；三是鲁军等本来就是要办公司赚钱，公司赚不到钱才改为搞文化，即"赚钱说"；四是九州中心是为了书院实体化并且和书院并行运行，中心创利养书院搞文化，即"并行说"。我们具体分析这样四种说法。

第一"前身说"。这个说法出现在1994年，常华的《中国文化书院大事系年（1984—1994）》的第一条即是："1984年8月，北京大学哲学系一批年轻教师联络北京大学图书馆、中文系数名青年教员，在北京大学图书馆前草坪上聚谈、构想了一个民间学术团体的蓝图——九州知识信息开发中心。以此开创教育界、学术界的改革开放。1984年9月，北京大学哲学系中国哲学史教研室会上，李中华、王守常、鲁军三位青年教员倡议，为适应中国改革开放，应寻找一种'民间办学方式'来培（养）中外文化兼通人才，并强调中国传统人文教育仍有现实性。此即建立'中国文化书院'的最早设想。"[2]这里，九州中心和文化书院在出发点、功能、目的上是一致的，只是时间上有先后。但是，这并没有说清楚两个不同法人实体之间的关系。

第二"改名说"。李中华在2011年为《师道师说：冯友兰卷》写的"跋"中，抄录了在冯先生逝世四周年时写的《冯友兰与中国文化书院》全文，其中提到"最早提出'书院'这一名称，是在1984年10月，可能是汤一介先生、鲁军先生、王守常先生及我四人在一次碰头会上确定的。因为在'书院'名称产生之前，我们已经产生了一个

---

[1] 2016年5月25日李中华访谈。

[2] 常华：《中国文化书院大事系年（1984—1994）》，"一九八四年八月"条，载《文化的回顾与展望》，北京大学出版社1994年12月第1版，第53页。

实体,叫'九州知识信息开发中心'。这一名称当时还觉新鲜,但不久,各式各样的'中心'纷纷出现,似乎成了一个多中心的世界。因此越来越感到,'九州知识信息开发中心'的名称既俗且陋,它既不像一个学术团体的名称,又带有浓重的商业气氛。但改名叫'书院',也有人反对,大概觉得它太陈旧。……有冯先生的支持和理解,我们便很快统一了思想,确定了中国文化书院的名称"。[1]但是,"改名说"无法解释在有了中国文化书院即"改名"后,何以九州中心还长时间存在且有大量的活动。

第三"赚钱说"。田志远回忆:"最初的想法鲁军和我聊是成立一个公司,实际就是为了赚钱。议过炒老玉米豆,还想养蝎子,我还专门找过生物系的教授请教,还议过倒钉子、麻袋、车皮,都议过。从3月到10月议各种项目,也可以说都是无用功。怎么转到文化上来?这些道都走不通,就想到与中国文化有关的讲习班了。想办文化事业,办讲习班,靠我们这些人是不够的,想到找老先生,而有的老先生我们请不动,要找汤先生这样的去请。"[2]田志远的说法得到魏常海的一定支持,魏在访谈中也回忆道:"就是没钱,戴逸的儿子也参与了商议经商的事。倒电脑,到广东汕头看电脑的水货,我和林娅爱人去看货的。他懂,说是不能用,就没要。"[3]尽管八十年代的时代背景和今天很不一样,个人赚钱发财的努力具有充分的正当性,然而,"赚钱说"依然无法说明只是为个人发财,还是为了支撑新的文化事业?

第四"并行说"。这不仅是说文化书院和九州中心在同一时间段并行存在,而且这是一种以商养文的设计。常华编的《中国文化书院大事系年(1984—1994)》"一九八五年一月"条:"早于此时,在东城工商局注册的'九州知识信息开发中心'便与'中国文化书院'在领

---

[1] 李中华:《〈师道师说:冯友兰卷〉跋》,载《师道师说:冯友兰卷》,东方出版社,2013年1月第1版,第449页。
[2] 2016年3月14日田志远访谈。
[3] 2016年4月7日魏常海访谈。

导机构上统一起来。"确切地说,就是一套人马两块牌子,文化教育活动、学术交流用中国文化书院,经营性活动用九州知识信息开发中心。只是术有专攻,这些学人下海难免喝几口水,就回头上岸了。这和"前身说"可以统一,和"赚钱说"也并不冲突,因为田志远还有一段更生动的回忆:"鲁军的表姐从日本带回来一个服装设计的式样,我们就翻译印制了,发行到新疆等地的没有回款,就还不了印刷厂的钱。那个图样我、中华都去推销过,大冬天,下雪骑车见一个门店就敲门推销,没成的。这时我们在《红旗》杂志社地下室租的小公室。我们几个天天发愁:'还不了钱,真要蹲监狱谁去?'说是陈占国、李中华可以去,我不能去蹲,因我孩子7月才出生。这样的困境下想出来办函授班,第一年回来96万,把印厂的钱还了。"[1] 而且,文化书院初期最有影响的大型活动——1985年3月的中国文化讲习班,就是书院和九州中心联合出面举办的,这正好说明文化书院和九州中心此时并行,九州中心的经商赚钱努力虽未成功,但和书院的生存是一体的。

那么,九州中心作为文化书院的经营活动机构与书院并存了多长时间?

因为时隔久远,我们在工商信息系统已无法查询其注销记录。在中国文化书院的历史档案资料中,可以看到九州知识信息开发中心在1985年的经营活动是相当活跃的[2]:

九州中心与小红门装订厂:"国外服装纸型系列"装订协议,1985年4月17日;

九州中心与保定联盟电器机械厂:委托加工10万套订书机,1985年5月11日;

九州中心与都乐书屋:都乐书屋订购包销12.9万套《日本服

---

[1] 2016年3月14日田志远访谈。
[2] 以上合同均见中国文化书院存档文件。

装纸型系列》，1985年5月；

九州中心与北京侨龙服务公司：服装纸型经销协议，1985年5月8日；

九州中心与驹子房装订厂：64万份服装纸型装订，1985年5月22日；

九州中心与青谊经济有限公司：订购纸型合同，1985年5月13日；

九州中心与燕山出版社：合作出版《日本服装纸型》协议，1985年7月28日；

九州中心与武钢钢铁研究所：数控编程软件购销合同，1985年7月8日；

新疆天山联营总公司向九州中心购买5万份服装纸样合同，1985年7月21日；

展望出版社发行部包销九州中心《日本服装纸型》8万套协议，1985年11月；

九州中心向市委党校租房协议，1985年12月（办班用）；

九州中心与外交学院：中外文化比较班礼堂、贵宾室租用及食宿费协议，1985年11月28日；

九州中心与东四贸易信托商店：磁带购买合同，1985年11月12日。

这期间，1985年8月，因个体书刊经营者王书明拖欠5107.2元书款两个月，九州知识信息开发中心还专门致函北京东城工商局，反映问题并"要求予以解决"[1]，这从一个侧面反映出八十年代的民营企业并不怕官、躲官。

---

[1] 九州知识信息开发中心致北京市东城区工商局函，1985年8月。

第 5 节　关于成立大会

中国文化书院的成立大会于何时何地召开？

我们查到了 1984 年 12 月 31 日《光明日报》在第二版刊登的一则消息，标题为：《"中国文化书院筹备委员会"成立》，全文如下："为了发扬祖国文化的优良传统，促进中外文化交流，北京的知名学者发起建立'中国文化书院'。12 月 16 日，二十余名学者在北京大学举行筹建'中国文化书院'的座谈会，成立了'中国文化书院筹备委员会'。座谈会由中国哲学史学会会长、北京大学教授张岱年主持。'中国文化书院'将设在圆明园旧址。"这则连标题 134 个字的报道，是我们目前查到的关于文化书院成立的唯一原始记载。这和李中华在 1994 年回顾文章中"1984 年 12 月底，中国文化书院在北京大学勺园召开了正式筹备会议"，在地点和名称上一致，时间上不完全一致；和汤一介《我与中国文化书院（一）》中"并于 12 月 16 日在中国社会科学院近代史研究所召开了第一次全体导师会议"的回忆，在时间上一致，地点和名称不一致。常华的《中国文化书院大事系年（1984—1994）》对成立大会没有记录。

魏常海回忆："12 月 16 日的会议实际上还是汤先生主持，名义上是张先生。任继愈先生慷慨激昂：'我们白手起家，像当年办草棚大学一样！'汤先生还宣布在座的都是筹备委员。"[1] 汤一介和李中华都记得当时每人自掏腰包，出一百块钱，凑了一千多块钱作为文化书院的筹备资金。[2]

1984 年 12 月 16 日成立的是"筹备委员会"，无论寻找书院存档的历史文件还是查阅当时的报刊，都没有发现这个"筹"字何时以何

---

[1] 2016 年 4 月 7 日魏常海访谈。
[2] 《几度东风，几度飞花——汤一介先生谈中国文化书院》，载《中国文化书院大事系年（1984—2014）》，第 8—27 页；李中华：《梁漱溟、冯友兰与中国文化书院》，载《文化的回顾与展望》，北京大学出版社，1994 年 12 月第 1 版，第 19 页。

种形式被取消的记录。询问当事人，也都没有有关取消"筹委会"的记忆，估计这个"筹"字是不了了之的。

在现有的历史资料中，最后一次出现这个"筹"字是1985年3月举办第一期"中国文化系列讲习班"，举办者为"中国文化书院筹委会和九州知识信息开发中心"；最早出现没有"筹"字的文件，是1985年9月27日一封给参加过第一期中国文化讲习班的学员信，通知他们参加第二期讲习班可免收报名费，落款为"中国文化书院、九州知识信息开发中心"。[1]

另外，可以肯定在"筹备会议"后不久，又有一次全体导师的会议。现任文化书院副院长的李林回忆："当时我在近代史所的《近代史研究》当编辑，主编是丁守和老师。我们近代史所在东厂胡同一号。那天挺冷的，不是1984年12月，就是1985年1月，丁老师找我，要我帮忙，说中国文化书院下午来这里开会，让我帮着搬凳子。会议不是在所里的会议室，那是装修好的，而是在活动室，在二楼，它下面是食堂。我就搬了好多凳子椅子进去，下午大约三十多人，梁漱溟、冯友兰、张岱年都来了，都是大人物，他们都讲了话，汤先生也讲了，守常也讲了话。"[2] 汤一介先生两次回忆"第一次全体导师大会"，虽然会议时间一次说是12月16日，一次说是12月25日，但地点都确定为东厂胡同一号的近代史所。[3] 李中华、王守常、陈占国都记得1984年12月底在近代史所开了导师大会，但都说梁先生、冯先生没有参加，李中华说："那天下大雪，老先生根本不可能去。"[4]

关于这两次会议，虽然文化书院的档案中都没有保存文字资料，

---

[1] 1985年3月中国文化系列讲习班招生通知；举办第二期中国文化系列讲习班给学员的信，1985年9月27日。

[2] 2016年5月26日李林访谈。

[3] 汤一介：《我与中国文化书院（一）》，载汤一介《我们三代人》，中国大百科全书出版社，2015年9月第1版，第372页；《几度东风，几度飞花——汤一介先生谈中国文化书院》，载《中国文化书院大事系年（1984—2014）》，第8—27页。

[4] 2016年6月6日书院老员工座谈。

中国文化书院院务委员会会议

但已查到1984年12月31日的《光明日报》报道12月16日勺园会议上中国文化书院筹备委员会成立的消息。而12月25日左右的导师大会,从当事人回忆看有这次会议没有疑问,只是对出席人员的记忆有所不同,在当年的报纸上没有查到报道消息,《光明日报》再次刊登文化书院的消息是1985年1月25日,预告中国文化书院(筹委会)和九州知识信息开发中心联合举办"中国文化讲习班将于3月开办"。[1]但毋庸置疑,1984年12月的勺园会议和近代史所会议,是中国文化书院最早的宣布组建和启动成立的大会。

因此,中国文化书院此后以"1984年12月"为建院日期。

第6节 建院设计

在中国文化书院保存的历史档案资料中,有三份不同版本的建院

---

[1]"中国文化讲习班将于3月开办",《光明日报》1985年1月25日,第2版。

设计,分别为2800多字的《关于建立书院的设想》,其附录中提出的六个书院名称建议中并无"中国文化书院",估计成文时间应为1984年12月中国文化书院成立之前,或1984年10月确定书院名称之前,为最早的建院设计,可称其为A版;第二份为《关于建立中国文化书院的方案》,2600多字,文末注明1985年4月,内容和前者大同小异,主要差别为前者以在北京大学内建院为主要设想,而此方案已立足直接面向社会自主办学,可称其为B版;第三份同样名为《关于建立中国文化书院的方案》,同样注明1985年4月,约1200字,系第二份的简略版本,可称其为C版。

A版《关于建立书院的设想》[1],至晚成文于1984年12月前,正文共分八个部分:一、书院的宗旨;二、书院的培养目标;三、书院的教学方式;四、书院的教学内容(课程设置);五、书院的组织形式;六、书院的招生及入学;七、书院的财务收入与支出;八、书院开办成功后的设想。附录三个部分:一、建立书院的必要性(提纲);二、建立书院的可行性(提纲);三、书院名称(供参考)。

该"设想"确立"书院以推动中国文化的研究与教学、阐扬中国文化的传统与精神、增进世界人民的相互了解与友谊为其宗旨","书院以培养从事中国哲学、宗教和思想历史研究的学者为目标","将根据学生的学习年限和成绩,分别授予学士、硕士和博士学位"。教学方式将创新运用读书研讨与导师授课为主,教学实习与教学旅游为辅的新方式。学生"主要招收外国学生,同时招收少量港、澳、台地区和华侨学生"。招生不采用考试制,而是两名教授推荐后书院招收委员会审查录取的方式,并期望建立起国际中国哲学史研究中心,刊行一份中、外文版的杂志,创建一个研究所,出版丛书。

书院的组织关系有a、b两方案,a方案是"作为一个具有独立性的机构附设于北京大学",名称可为"北京大学xx书院";b方案是"作

---

[1]《关于建立书院的设想》,未注明时间。

为一个完全独立的机构存在,但创始之初困难较多,拟不考虑"。书院用学生学费和赞助收入支撑,并在按 a 方案"北京大学保留书院中原属北京大学编制人员的原有待遇",书院向北京大学上缴纯收入的10%—20%,并逐步提高上缴比例。

B 版《关于建立中国文化书院的方案》[1],文件注明为 1985 年 4 月,全文十个部分:一、问题的提出;二、书院的宗旨;三、书院的性质;四、书院的培养目标;五、书院的机构;六、书院的教学工作;七、书院的教学方式;八、书院的学术工作;九、书院的招生及入学;十、书院的财政管理。明确书院的性质为"民间教育研究机构",宗旨为"通过对中国文化的教学与研究,承继并阐扬中国文化的优秀传统;通过对中外文化的比较研究,加强世界各国的学术交流和学者的往来,促进中国传统文化的现代化"。

此方案对比《关于建立书院的设想》,除了措辞更明确严谨,主要差异在于:一、宗旨中增加了"促进中国传统文化的现代化";二、不再考虑和北京大学建立组织关系;三、招生方式中增加了"经一定考试";四、生源中增加了"国内代培研究生、进修生"及"向国内开展中国传统文化、中西比较文化的函授教育";五、在书院的收入中增加了"书院初建时期,由教育部拨专款作为开办费"。

C 版《关于建立中国文化书院的方案》(简本)[2],文件注明为 1985 年 4 月,全文六个部分:一、书院的宗旨;二、书院的性质;三、书院的教学工作;四、书院的学术工作;五、书院的机构;六、书院的经费。内容上对 B 版没有修改,只是一个简本。

从上述三个文本的比较可见,真正对中国文化书院的建设发生影响的是 B 版《关于建立中国文化书院的方案》。

这里有一个疑问,《关于建立中国文化书院的方案》设想请任继愈先生担任院务委员会主席,梁漱溟先生担任基金会主席,为什么最

---

[1]《关于建立中国文化书院的方案》,1985 年 4 月。
[2]《关于建立中国文化书院的方案》(简本),1985 年 4 月。

终两职都由梁先生担任了呢？作者撰写此书时，梁先生、任先生和汤一介先生已经逝世，几经询问，均无作答。我比较赞同乐黛云先生的推断："可能是任先生没有接受，不可能书院改主意不要任先生担任。"

本章是对中国文化书院创院过程的追溯，所谓回到出发点去看历史，这份《关于建立中国文化书院的方案》，就是出发点。当然，还有一些宏伟的畅想没有写进这个"方案"，比如鲁军等几个青年人曾这样展开梦想的翅膀："当时我们还想着，有钱了，建一座楼，三十几层，每层都有一部分是一个省的文化介绍！"[1]

第7节 中国文化书院合法性的取得

一些人组合起来成立一个团体，这在现代社会被称为与自然人对应的民事主体，叫作"社团法人"。法人应具备的第一个条件就是依法成立。可是在八十年代初的中国，根本不具备这样的条件。一切团体、机构都是由各级政府或执政党机关的文件批准成立，至少是在党和政府已成立的机构下"生出"的新机构，这样的新机构当然也是属于党和政府体制内的机构。虽然已开始有个体工商户，但连能不能雇七个以上的员工这个禁区都还没有打破[2]，连工商企业都是审批制而不是登记制，何况要成立一个民间自发组织的教育文化机构。

中国文化书院如何取得合法性呢？开始，书院筹备者们寄希望于给胡耀邦写信获得支持，可以让北京大学"生出"一个独立的学院。1984年秋和1985年春与教育部[3]、北京大学领导的几番协商交涉后，希望破灭，决心自己办"草棚大学"。1984年10月，集体所有制的九州知识信息开发中心已获得工商注册，有了一个企业法人的资格。那

---

[1] 2016年3月14日田志远访谈。

[2] 八十年代初已允许开办"个体企业"，但同时规定"个体户雇工不得超过七人"，企业主本人也必须从事劳动，因马克思《资本论》中有关于"八倍于本人劳动"来界定资本家的论述。

[3] 1985年6月后成立国家教育委员会，教育部撤销；1998年3月后国家教委更名为教育部。

么，文化书院呢？

改革的八十年代，为了打破原有的党政体制覆盖一切的社会结构，创造性地有了一个叫作"挂靠"的做法。一个新的民间机构可以用签署协议的方式"挂靠"在某个党政机关或已有的体制内机构下获得合法性。"挂靠"者，外来依附也，既是外来者挂靠就非完全属于上级单位，而有独立性，只是依据双方契约，规定权利与义务。八十年代中期中国大地上冒出来的许多民间机构，如"走向未来"丛书编委会等都是得益于挂靠的方式获得合法性的。八十年代社会组织的蓬勃生机，"挂靠"乃是一剂重要的催化剂。

中国文化书院最初就是用挂靠在北京高等学校哲学教学协会的形式取得合法形式的。汤一介在2011年时回忆说："当时正好林娅在北京市有一个高教哲学研究会，她可能是秘书长。她就把这个（中国文化书院）挂在它下面。"在文化书院现存的档案资料中有一份《中国文化书院注册申请报告》的底稿，文首开宗明义"中国文化书院筹委会就中国文化书院正式成立向政府教育行政部门申请注册，申请报告如下"，而"如下"的内容基本就是文化书院的"建院方案"，文末署名为中国文化书院筹备委员会，没有落款时间，没有呈报对象的名称。[1]另一份文件是中国文化书院筹备委员会1985年4月呈报给北京市成人教育局的："兹送上'关于建立中国文化书院的方案'，请审查并准予登记。"[2]这两份文件都是直接向政府部门申请注册，是因所挂靠的北京高教哲学教学协会要求向政府部门提交材料？还是希望绕开挂靠单位，获得比挂靠关系更可靠的合法性，即直接注册？从档案资料上今天无从考证，也不知得到什么反馈没有。

据经手此事的林娅回忆：当时的北京高等学校哲学教学协会共有六位负责人，谢龙是会长，我是秘书长，经我们两人提议也就同意了文化书院挂靠在协会。书院要办班，就想报到成教局去注册，没有

---

[1] 中国文化书院注册申请报告底稿。

[2] 中国文化书院报北京成教局的申请登记材料，1985年4月。

成功,提出"你中国文化书院研究文化也不一定是搞教育的"。这样,我们找了北京市教工委一位姓刘的老师(后来去了海淀区委),他同意试试和陈昊苏去打个招呼。陈昊苏是副市长,给了个批示。这样成教局就同意由北京高等学校哲学教学协会出面举办文化书院,也就此批准文化书院可以办班、搞教育。[1]

1986年2月25日,中国文化书院终于获得政府认可其办"大学后继续教育"的正式文件。这使文化书院的合法性在八十年代再没有出现问题,而且,这也是书院获得的唯一一份允许其办教育的政府批文,九十年代后的书院登记已是社团登记,不具有办学资格。这份文件编号为(86)成教字第021号的北京市成人教育局复函[2],全文如下:

> 北京高等学校哲学教学协会:
> 　　你会一九八六年一月二十四日为中国文化书院补办批准手续的申请收悉。经研究,我局同意你会举办中国文化书院,并补办批准手续。中国文化书院目前暂办面授讲习班,是大学后继续教育,不涉及国家承认学历问题。希望你们做好组织工作,合理收费,健全财务制度,保证办班质量,为首都的教育事业做出贡献。今后如要开办新的学科或专业,采用新的办学形式,应报我局审批。
> 　　此复
> 　　　　　　　　　　　　　　　　　　北京市成人教育局
> 　　　　　　　　　　　　　　　　　　一九八六年二月二十五日
> 　　抄报:市政府文教办、国家教委

这个北京市成教局批文,使中国文化书院不仅具有法人机构存在的合法性,而且有了收费办班搞教育的合法性。当然,从批文看,允许办的班,性质是不涉及学历教学的大学后继续教育,形式是面授讲

---

[1] 2016年5月26日林娅电话访谈。
[2] 北京市成人教育局给北京高等学校哲学教学协会的复函,1986年2月25日。

习班。对前一点，文化书院始终遵守，对后一点，在第二年就有了突破：办起了一万多学员的两年制函授班。

1990年后，中国文化书院再次面临合法性困境。

汤一介先生曾说："从1989年春到1992年夏，在相当长的时间里书院虽然没有合法地位，但是实际上我们并没有停止活动。"[1]其实，这段"没有合法地位"的时间，应该是从1990年初至1993年10月。为什么会失去"合法性"？从1989年6月12日北京市成人教育局的《关于社会力量举办高等院校进行清理、登记的意见（征求意见稿）》[2]，1990年第26号北京市人民政府令发布的《北京市社会力量办学管理办法》[3]，北京市成人教育局（90）京成教社字第017号文件发布的《〈北京市社会力量办学管理办法〉实施细则》[4]三个文件，可以看到此时政府收紧了社会力量办学的政策尺度，仅从用"中国"字头要国家教委批准、不得在本市行政区域外招收学生，兼职教师须经受聘人所在单位同意等条款看，就不难明白文化书院失去"合法性"的缘由了。

于是，在1992年初至1993年秋，中国文化书院有了争取合法性的第二次努力。这次努力的主帅是汤一介院长，所有的文件都是他审核或起草。

1992年4月2日，中国文化书院正式向中国比较文学学会行文申请挂靠[5]，乐黛云先生是比较文学学会的会长，接受挂靠自然没有问题；但1992年7月20日中国比较文学学会向民政部提出文化书院的登记申请[6]，却没有结果。

于是，1992年9月中国文化书院转向中国国际文化交流中心，申请

---

[1] 汤一介：《我与中国文化书院（二）》，载汤一介《我们三代人》，中国大百科全书出版社，2015年9月第1版，第384页。

[2] 北京市成人教育局：《关于社会力量举办高等院校进行清理、登记的意见（征求意见稿）》，1989年6月12日。

[3] 北京市人民政府令1990年第26号：发布《北京市社会力量办学管理办法》，1990年9月1日。

[4] 北京市成人教育局文件（90）京成教社字第017号：印发《〈北京市社会力量办学管理办法〉实施细则》的通知，1990年11月29日。

[5] 关于中国文化书院挂靠中国比较文学学会的请示，1992年4月2日。

[6] 中国比较文学学会致民政部：关于中国文化书院的登记申请，1992年7月20日。

"贵中心作为书院的主办单位,帮助我们在国家教委成人教育司注册登记"[1],仍未果。

1993年3月5日,中国文化书院向国家教委中国教育国际交流协会呈文,申请挂靠[2],但国家教委中国教育国际交流协会向民政部提出中国文化书院的登记申请[3],还是未果……

在九十年代初为获取合法性而屡败屡战的中国文化书院,直到1993年5月17日书院申请挂靠北京图书馆[4];5月20日书院向文化部申请登记注册[5];6月10日文化部向书院发出"关于同意'中国文化书院'申请登记的复函"[6],并指明委托北京图书馆负责管理;6月18日北京图书馆向文化部办公厅发出"关于同意中国文化书院挂靠在我馆的报告"[7];7月25日书院向民政部递交"中国文化书院登记申请书"[8];1993年10月25日,民政部部长多吉才让签发了"社政字第1516号""中华人民共和国社会团体登记证"[9]——名称:中国文化书院;类别:学术性团体;宗旨:继承和发扬中国文化;业务范围:学术交流、咨询服务;活动地域:全国;会址:北京;负责人:汤一介。

在这一个个文件的背后,在比这更多的未能留下来的文件背后,蕴含了汤一介先生和他的同事们,多少次争取,多少次希望,以及多少次失望与无奈……为中国做事,为中国文化做事,争取一个合法性,总是要付出努力、努力、再努力的。

---

[1] 致中国国际文化交流中心:要求挂靠并帮助注册登记,1992年9月。
[2] 中国文化书院致中国教育国际交流协会的挂靠请示,1993年3月5日。
[3] 中国教育国际交流协会致民政部:关于中国文化书院的登记申请。
[4] 关于中国文化书院申请挂靠北京图书馆的请示报告,1993年5月17日。
[5] 关于中国文化书院申请登记注册的请示报告(致文化部),1993年5月20日。
[6] 文化部"文办函(1993)1113号"关于同意"中国文化书院"申请登记的复函,1993年6月10日。
[7] 北京图书馆"图办字(93)44号"(报文化部办公厅)关于同意中国文化书院挂靠在我馆的报告,1993年6月18日。
[8] 中国文化书院登记申请书(报民政部),1993年7月25日。
[9] 中国文化书院社团登记证("社证字第1516号"),1993年10月25日。

第二章　创院的人们

中国文化传统是重整体性，不突出个体的主体性；强调传承，不强调代际意识。但是在20世纪有两个例外，一是在"五四"时期，二是在八十年代。"五四"是青年狂飙运动，是一代新人"冲决罗网"，通读《新青年》，"我们"这两个字常常扑面而来。八十年代是又一个代际意识突起的年代，源于"红卫兵运动"，发于"文革"后的反思文学，1979、1980年的校园刊物中起名《我们》《这一代》的相当突出，"代沟"理论风靡一时。一本分析中国社会几代人代际特征和差异的书《第四代人》[1]，一出版即畅销。

八十年代改革大潮中既有所谓"一代人的事业"这样的自我认同，更有国家干部政策中新老交替需求的支持[2]，甚至"中青年"[3]成为一种特别的称呼，几乎成为改革者的一种特别概念。在北京的民间、半民间的文化和经济改革的圈子里，无论美术界的星星画展、85'新潮群体，文学界的《今天》诗刊，经济学界的农村发展组、青年经济学会，还是文化学术界的《青年文稿》、"走向未来"丛书、"文化：中国与世界"编委会，都是有"中青年"这样一种认同的，《青年文稿》

---

[1] 张永杰、程远忠：《第四代人》，东方出版社，1988年8月第1版。

[2] 1982年，经陈云提议，中组部成立了青年干部局，专门负责后备干部的选拔和任用。

[3] 据说"中青年"这一概念来自1984年在杭州莫干山召开的"全国中青年经济科学工作者讨论会"，首创者为时任"走向未来"丛书编委、《经济学周报》负责人的张钢。见柳红：《八〇年代：中国经济学人的光荣与梦想》，广西师范大学出版社，2010年10月第1版，第427—444页。

在文章作者署名后注明作者的年龄[1],"走向未来"丛书编委会还内部规定了编委不超过45岁。然而,中国文化书院是一个特例。

在代际意识凸现的八十年代,中国文化书院是跨代际文化的集合,在文化书院的发起人和最早的导师队伍里,年龄跨度整整60年,正好呈现三代人的架构。

以"创院五老"梁漱溟、冯友兰、张岱年、季羡林、任继愈为代表的老先生一代,诞生于19世纪末至20世纪前一二十年,他们经历了"五四",经历了抗战,在新中国成立前已有了自己的学术和社会根基。当在欧洲徘徊百年的马克思的"共产主义幽灵",变身为中国大地上摧枯拉朽的红色风暴席卷而来时,他们或赞同,或反对,或观望,或接受,无论怎样,表达的是他们的态度,他们自己的根还是扎在原地。即使后来,曾经反对的成为赞成,以前观望的改为迎合,依然是对有的事心服,对有的事口服,偶尔还有心口皆不服的。八十年代来了,他们从自己的根基上直起腰来,将完成一次伸展。中国文化书院与其说是他们的舞台,不如说是他们在自我伸展中愿意照应的一片绿林。

以汤一介、庞朴、孙长江、乐黛云等为代表的中年一代,诞生于20世纪二三十年代。他们青春的前半期目睹战后国民党统治的腐败与无能,倾心左倾意识形态;他们青春的后半期投身于火红的岁月。他们在红色飓风来临时随风而去。他们当时还没有扎根,就企图让自己的根生长在风暴里,让自己成为红色风暴的一分子。但风暴不是土壤,他们大多被风暴抛弃。八十年代,他们已过天命之年,守时耳顺之际,对他们中的大多数人来说,真正属于自己的学问生命之根这时候才开始扎下,汤一介说:"走了30年的弯路,把最可能有创造力的时光白

---

[1]《青年文稿》为八十年代最早的青年群体出版物,属于以书代刊,仅出版第一辑《历史的沉思》,共十篇文章,除一篇文章,其他的作者都注明作者年龄和工作单位,年龄最小的26岁(梁中锋,中国社会科学院马列所工作人员),年龄最大的36岁(刘青峰,《自然辩证法通讯》杂志编辑)。见《历史的沉思》(青年文稿),生活·读书·新知三联书店,1980年12月第1版。

白度过。我想,这不是我一个人遇到的问题,而是一两代学人遇到的问题。正如冯友兰先生所说,他在 20 世纪 50 年代之前的学术历程中是有'自我'的,但在五十年代后则失去了'自我',只是到八十年代又找回了'自我'。因此,严格地说,我是八十年代才走上学术研究的正轨。"[1] 正是在这种学术生命的意义上,他们属于八十年代,他们是八十年代的人。这中年一代是中国文化书院的中流砥柱,八十年代的中国文化书院是他们的舞台。

以鲁军、李中华、王守常、魏常海、林娅等为代表的青年一代,诞生于 20 世纪四五十年代。对于这一代人来说,红色风暴不是外来物,它是诞生他们的母体,他们就是风暴之子,他们还"时刻准备着"以生命和热血掀起新的风暴。就一代人的整体来说,他们被愚弄得最深,也被抛弃得最早,所以,这一代人的自我觉醒,往往比中年一代更早。这所谓"中青年"的一代人,对八十年代,他们有一种特殊的认同,他们理解为是他们的时代。在中国文化书院,年轻人是最早的发起者,书院成立后又是第一线的执行者,中国文化书院是一个舞台,他们不是这个舞台上最辉煌的舞者,但他们将是这个舞台的所有者,如果八十年代的历程没有被打断的话。

这样三代精英跨越代际文化,在创建中国文化书院的过程中融汇一体,完成一次跨文化的结集。

第 1 节 最早发起创立书院的几位年轻人

2011 年春节期间,中国文化书院创院院长汤一介先生在杭州作了专门回顾中国文化书院的录像谈话,他说:"中国文化书院成立于 1984 年,首先是由北京大学哲学系的年轻教师鲁军、李中华、魏常海、王守常、林娅,还有田志远 6 人提出这个想法(田后来去了加拿大)。

---

[1] 汤一介:《汤一介集第一卷哲学与哲学工作者》,中国人民大学出版社,2014 年 4 月第 1 版,第 1 页。

首先创意成立中国文化书院的6位年轻人,左起鲁军、王守常、李中华、林娅、魏常海、田志远

当时他们都是助教,没什么影响力,就找了冯友兰先生、张岱年先生,还有朱伯崑这些个教授、副教授,提出来成立一个中国文化书院。"[1]对最早发起创立书院的几位年轻人有三种记忆:一是鲁军、李中华、王守常、魏常海、田志远和陈占国;二是鲁军、李中华、王守常、魏常海、田志远和林娅;三是鲁军、李中华、王守常、魏常海、田志远5人。在八十年代中期书院最早的简介中,鲁军、李中华、魏常海、王守常都介绍为发起人之一、院务委员兼学术委员、导师;田志远介绍为发起人之一、院务委员;陈占国介绍为院务委员兼学术委员、导师;林娅介绍为院务委员兼学术委员。[2]

早期参与中国文化书院筹建的还有当时在北京大学图书馆系的萧东发,他参与了有关书院的谋划和筹备,还协助李中华负责1985年的中国文化讲习班。由于他较早脱离了书院的工作,在文化书院的历史记录中未能反映他对书院筹备和早期建设做出的贡献。李中华特别提

---

[1]《几度东风,几度飞花——汤一介先生谈中国文化书院》,载《中国文化书院大事系年(1984—2014)》,第8—27页。

[2] 八十年代的大黑本中国文化书院简介(1987年3月)。

鲁军在中国文化书院举办的活动上

出"书院的历史应该提到萧东发,没有记录是遗憾的"。

陈占国和林娅都是 1984 年底至 1985 年初参与文化书院工作的。虽然他们在八十年代时未被列为书院的发起人,但属于参与文化书院建院筹备的成员,并在书院成立后担任重要的工作任务,在书院院务委员会的老中青结构中他们有一席之地。因此,他们和鲁军、李中华、王守常、田志远、魏常海一起被视为书院参与创院的年轻人。

鲁军,建立文化书院的第一个发起人,在书院筹备和创建初期,他是书院执行团队中的灵魂人物。他在八十年代最早的书院简介[1]中公布的简历为"1953 年出生于北京,原籍台湾。1975 年毕业于北京大学哲学系,留校任教,1978 年至 1982 年在北京大学哲学系攻读中国哲学史专业在职研究生,获硕士学位,现任北京大学哲学系讲师,曾开设中国近代哲学、西方进化论与中国哲学、外来文化输入史等课程。主要著作有《严复的经验哲学》《进化论在中国的传播的哲学影响》《晚

---

[1] 本节中所有人物介绍引用的简历,除特别注明,均用八十年代的大黑本中国文化书院简介(1987 年 3 月)中的个人简历。

清西学输入的历史教训》等"。由于鲁军较早退出了学术和社会活动的公共视野，他后来的经历我们无从得知。

中国文化书院成立后鲁军担任院务委员会执行委员、学术委员会委员、副院长兼秘书长，从1984年12月文化书院成立到1988年7月，一直是鲁军主持文化书院的日常工作。鲁军的风格是敢于作为、勇于担当，又具有学人队伍中罕见的行政操作能力，可以说，文化书院最初的框架设计和种种经营、管理方面的前卫性措施，多是鲁军的作为。这在本书后续篇章中将会一一展开。

1988年秋分家后，鲁军在外建立了中国企业文化研究院，又和文化书院大部分导师发生严重冲突，1989年10月20日鲁军被免职并除名。

鲁军是中国文化书院最早的发起者和前期主要领导者之一，从最早的筹备谋划到文化书院建立后由初创走向鼎盛，鲁军付出的努力和他的开拓精神为书院做出重要贡献，为此汤一介先生在二十多年后的回顾中，依然肯定"应该承认鲁军的工作"。[1] 当然，他在1989年与汤一介等书院大多数导师冲突中的所作所为对书院的伤害也不小，后面将有专章述评。文化书院九十年代后的活动鲁军自不能参与，而且，在本书成稿过程中，未能有机会访谈鲁军，深为遗憾。

李中华是发起创院的几位年轻人中年龄最大的，既善谋又敢断，鲁军当时许多事都先和李中华商量，而当鲁军几乎与整个执行团队分裂时，李中华又是被大家推出来和鲁军针锋相对者。李中华在当时公布的简历为"1944年4月生，辽宁省法库县人，1964年入北京大学哲学系，毕业后留校任教，1978年至1982年在北京大学哲学系攻读中国哲学史专业研究生，获硕士学位。现任北京大学讲师。研究方向中国哲学，目前主要研究魏晋玄学、中国文化史等。主要著作有《庄子与郭象人生哲学异同》《郭象哲学的特点》等多篇论文，以及与人合

---

[1]《几度东风，几度飞花——汤一介先生谈中国文化书院》，载《中国文化书院大事系年（1984—2014）》，第8—27页。

作的《魏晋玄学史》《中国无神论》（魏晋南北朝卷）等专著"。

李中华现为北京大学哲学系博士生导师、北京大学中国哲学暨文化研究所所长。作为书院的最早发起人之一，1984年底中国文化书院成立时他担任院务委员会执行委员、学术委员会副主席。1985年中国文化书院打开局面的系列文化讲习班，由李中华主要负责。1987年中至1988年中他出国进修，回国后已面临书院领导层的分裂，"大田凉了，陈占国被赶走了，魏常海也有意见，把我推出来了"，他站在多数一边并成为这边的代表者，质疑鲁军的"任人唯亲"，并坚持"量入为出"与鲁军的"量出为入"发生争执。[1] 1988年10月后文化书院分为社会哲学部与人文科学部两大部门，分别由鲁军和李中华担任负责人，并增补李中华为副院长，担任至今。

在文化书院筹备及初创期，无论是顶层设计的积极谋划，还是穿街走巷地具体推销，李中华都是最核心的成员之一。而且，他不仅在与冯友兰等老学者的联系方面起了重要作用，在参与创院的七位年轻人中，魏常海、陈占国是经他联络的，林娅是经他和魏常海联络的。因此，李中华在文化书院的创院中和鲁军一样，具有举足轻重的地位。1988年下半年后，他成为书院的主要行政领导之一，并始终在文化书院发挥着重要作用。

王守常现为北京大学哲学系、宗教学系教授，北京大学中国哲学与文化研究所副所长。他是中国文化书院的发起者和主要领导者之一，参与了文化书院的策划、筹备、创立的全过程。王守常在八十年代公布的简历为"1948年8月生，辽宁省海城县人，1973年入北京大学哲学系，1982年任哲学系中国哲学史教师。1984年（应为1985年在新加坡做访问学者一年——作者注）赴新加坡东亚哲学研究所做访问学者。研究方向为中国近现代哲学史，主要论著有《儒家中庸论之发展》

---

[1] 2015年12月21日李中华访谈。

《中国明清思想家王夫之》,并编辑《熊十力选集》等"。

1984年12月中国文化书院成立后他担任院务委员会副主席、中国文化书院发展基金会副主席、学术委员会委员。因院务委员会主席梁漱溟先生当时已逾90高龄,所以院务委员会的常务召集均是王守常负责。季羡林先生接任院务委员会主席后,王守常依然担任副主席负责院务委员会的日常工作,同时协助汤一介院长的学术组织工作,协助鲁军副院长的院务行政,担任《学报·读书版》主编。王守常在整个八十年代的文化书院领导班子中,是一个全方位、多角色状态。他常说:"别人大事化小,小事化了,何必多此一举?我就直接大事化了!"因此,他以"大事化了"的智慧平息纷争,以通达开放的态度合作补台,是一个杰出的二传手。

九十年代后半期王守常成为汤一介先生执掌文化书院最主要的助手。进入21世纪,根据民政部规定,年过70的汤一介先生不能再担任文化书院法定代表人、院长,王守常接任中国文化书院院长、法定代表人之职。作为第二任院长,王守常已成为中国文化书院新一代的标志性人物。

魏常海,八十年代公布的简历为"1944年8月生,河北安平县人,1964年考入北京大学哲学系,毕业后在北京大学哲学系中国哲学史教研室任教。1983年赴日本进修,现任北京大学东方哲学教研室讲师。开设课程有:中国哲学史通史,日本文化概论等。主要论著:《李大钊对封建道德的批判》《蔡元培评传》《荀子的思想》等,目前主要研究方向为中日思想史比较"。

魏常海现为北京大学哲学系、宗教学系教授、博导,北京大学《儒藏》编纂与研究中心常务副主任。

1984年6月,在日本进修的魏常海接李中华信获悉创办书院的设想,应允一起发起,10月从日本回国即投入书院的筹备。中国文化书院成立后,魏常海担任院务委员会执行委员、学术委员会委员,1988

年1月任学术委员会副主席。魏常海除了在院务委员会和学术委员会任职推动书院的整体建设,还负责组建了中国文化书院中国学咨询中心,担任秘书长,负责出刊《中国学导报》。书院分为人文、社哲两部后不久李中华出国,魏常海就接任人文科学部负责人,直到书院恢复一元体制。

魏常海为中国文化书院的发起人之一,参与了文化书院的筹备、创立,及以后发展的全过程,并且为人方正、为学严谨的魏常海始终是中国文化书院学术组织工作的主要领导者之一。

田志远是这批创院的年轻人中最年轻者之一,和鲁军同年,1953年出生于北京。文化书院八十年代的简介中没有公布其简历,他1977年2月入北京大学中文系新闻专业学习,毕业后于1980年2月到北京大学出版社做编辑。1987年调北京大学中文系任《比较文学》期刊编辑。1989年8月,田志远赴加拿大,后在加拿大定居。

田志远为中国文化书院最早几个策划创立书院的发起人之一,参与了书院策划、筹备的全过程。1984年底中国文化书院成立后任院务委员会委员、学术委员会委员、出版部主任,1987年12月调任书院副秘书长。田志远从彻夜畅谈、为之兴奋、参与书院最早的谋划开始,到书院初创期栉风沐雨、全力投入、备尝艰辛、多有贡献,但在书院进入鼎盛期后,与鲁军同在运营一线的田志远与鲁军的冲突也最激烈,遂被边缘化。1989年夏天田志远出国,从而未再参与中国文化书院九十年代后的工作。

林娅,文化书院八十年代的简介上没有公布其简历。1945年出生于黑龙江省哈尔滨呼兰。1964年考入北京大学哲学系,1969年毕业任中学教师。1979年10月至1982年7月在中国人民大学哲学系攻读研究生,获哲学硕士学位。1982年任北京大学马列教研室教师,2000年晋升为教授。著作有《未来与选择——关于可持续发展的哲学思考》

《环境哲学概论》《大师们的人文素质》等。

林娅在1984年底至1985年初参与文化书院的工作。中国文化书院成立后,林娅担任院务委员会委员、学术委员会委员。在为书院用挂靠方式解决合法性问题上,林娅做出重要贡献。当时,林娅作为北京大学哲学系的教师兼任着北京高等学校哲学教学协会的秘书长,会长是北京大学哲学系马列教研室副教授谢龙,经林娅的介绍,谢龙支持文化书院挂靠在哲学教学协会,后来谢龙还担任了书院导师和院务委员会副主席。

林娅负责了《中国文化书院学报》函授版的创刊工作。在文化书院万人规模的中外文化比较班,林娅组织面授工作成绩卓著,受到各方称赞。在八十年代的文化书院,不论你名列什么委员、什么长,指挥多大场面,也常常要动手干杂事,比如打捆函授图书资料,比如抄写信封(办比较文化班就发了10万封信!),林娅办事之执着、实干、利索,当年的老员工胡晓瑜30年后说起来还是称赞不已。

1989年11月后林娅出任中国文化书院副院长,此后一段时间的各种办班活动,大都在林娅领导下开展,为经历大波折的文化书院得以坚持做出了贡献。这20年来,林娅一直是书院的主要领导之一。

陈占国公布在八十年代书院简介上的简历为"1944年4月生,北京房山县人,1965年入北京大学哲学系,毕业后任张家口医学院哲学教员,1978年入北京大学哲学系读研究生,1981年毕业,获哲学硕士学位,现任北京市社会科学院哲学所中国哲学史研究室主任,助理研究员。目前正研究中国伦理价值观等学术问题。主要论著有《嵇康与玄学三论》《魏晋人的道德观》《魏晋玄学散论》等多篇论文及与人合作的《魏晋玄学史》《中国无神论史》(魏晋南北朝卷)等专著"。

陈占国1984年底至1985年初参与了文化书院建院工作,中国文化书院成立后任院务委员会委员、学术委员会委员,并担任函授部主任。函授部是建院初期文化书院最大的部门,也是最主要的创收部门,

汤一介先生（右3）与王守常（右1）、李中华（右2）、魏常海（右4）、刘若邻（右5）、陈少锋（右6）等

担任函授部主任的陈占国对初创期的文化书院做出重要贡献。1987年7月，因与鲁军意见不合，陈占国辞去函授部主任，虽仍为中国文化书院院务委员会的执行委员，但也就此淡出。九十年代后，陈占国不再在中国文化书院兼职，一直在北京社会市科学院从事哲学史研究，任哲学所所长。

30年已过，当年所谓的年轻人早已青丝染霜，但在中国文化书院的创院史上，他们永远是蓬蓬勃勃的"年轻人"。

第2节 创院五老：梁漱溟、冯友兰、张岱年、季羡林、任继愈

梁漱溟、冯友兰、张岱年、季羡林、任继愈五位老人，在中国当

代人文学术史上大名鼎鼎，他们汇聚在一起，举起了中国文化书院的大旗，在文化书院的历史上可以称之为"创院五老"。

梁漱溟先生（1893—1988），著名思想家、哲学家、教育家、社会活动家，现代新儒家的早期代表人物之一。20世纪30年代创建山东乡村建设研究院，投身农村工作，探索新农村建设；40年代参与发起创建中国民主同盟并任秘书长；新中国成立后担任第一、二、三、四届全国政协委员，第五、六、七届全国政协常委；1980年后出任中华人民共和国宪法修改委员会委员等职。[1] 他在众目睽睽之下向毛泽东当面陈词，磊落直言。毛泽东虽大怒，梁漱溟仍耿骨不折，成为一个时代的绝唱。关于梁与毛之争，所争何事？当时都是从《毛选》五卷上毛泽东对梁漱溟犀利尖刻的批判之词来想当然地认为争的是农民与工人是否有九天之上与九天之下的差别，其实不然。这只是起因，这个观点引起了毛的不满，而对这个外部事物的评价，梁并没有自己的看法一定比毛、周更高明的自信，梁不屈不挠所争的是我是拥护过渡时期总路线的，不接受扣在我头上一顶反总路线的帽子，君子之心坦荡，我自己的心思我当然比你们更有发言权！而且，一般人所不知的是这个争论从生前一直争到死后——梁漱溟遗体告别仪式上要发的《梁漱溟生平》定稿是由高层给出的，依然写上当年反对总路线之类的说法，梁家遗属则坚持："父亲生前不接受的说法，我们不能替他接受，如果一定要照高层定稿发布，全体遗属将不出席遗体告别仪式。"最后解决的方式是完全删去有关1953事件一段[2]，以就此不提作罢。

梁漱溟先生是中国文化书院的第一任院务委员会主席。文化书院在筹建过程中得到梁先生的支持，李中华在书院十周年时回忆："书院

---

[1] 参见《梁漱溟先生生平》，1988年；《师道师说：梁漱溟卷》"作者简介"，东方出版社，2013年1月第1版。

[2] 见梁培恕：《我生有涯愿无尽——记父亲梁漱溟》，香港世纪出版有限公司，2014年8月第1版。

梁漱溟先生1984年—1988年担任中国文化书院院务委员会主席、中国文化书院发展基金会主席

梁漱溟先生

成立时,大家讨论院务委员会主席这一人选时,都认为此一职务,最需德高望重者承担,而梁先生最堪此任,唯一担心的是梁先生年事已高,再加上他晚年的幽闭,一生的坎坷,担心他不愿出山。但出乎预料的是,梁先生非常愉快地接收了大家的推举,并表示说,中国文化的复兴,他期盼了一辈子,没想到在他有生之年还能为此尽绵薄之力,实在是改革开放之功。从此,梁先生对中国文化书院关心备至,且身体力行,有求必应。"[1]虽然,已年逾90高龄的梁先生并不能日常到院视事,一般由王守常到梁先生府上报告。[2]但梁先生听取汇报,接待学者访问不厌其烦,担任了院务委员会主席还兼任着中国文化书院发展基金会主席。[3]

梁漱溟先生自1953年事件后一直处于"闭门思过"和当反面教

---

[1] 李中华:《梁漱溟、冯友兰与中国文化书院》,载李中华、王守常编《文化的回顾与展望》,北京大学出版社,1994年12月第1版,第11—12页。

[2] 2015年11月11日王守常访谈。

[3] 见"中国文化书院机构",鲁军:《院务工作报告》(1986年—1987年)。

员的处境,他是在中国文化书院举办的文化讲习班上重新登上讲坛的。据汤一介先生回忆:"1985年3月中国文化书院借青年干部学院场地举办了一期'中国传统文化讲习班'。这次讲习班是梁漱溟先生自1953年后的第一次公开演讲,当时梁先生已经88岁了(梁先生生于1893年,时年应为92岁。汤先生误记了——作者)。我们请他坐着讲,而梁先生一定要站着讲,他说这是一种规范。梁先生在演讲中高声地说:'我是一个拼命干的人,我一生都是拼命干。'这对在场二百多名听众是极大的鼓舞,也给了中国文化书院在风风雨雨的环境中得以支持下去的一种精神力量。"[1]1987年10月31日至11月2日,中国文化书院在北京举办了"梁漱溟思想国际学术讨论会",开幕式在"二七剧场"举行,六百余人与会,"老当益壮的梁漱溟先生应邀到会,并在主席台上站立讲话答谢"。[2]

存顺殁宁,是儒家的生死观。梁先生孙子梁钦东撰文说,祖父曾在抗战年代身处险境中写家信道:"《人心与人生》等三本书写成,我乃可以死得;现在则不能死。又今后的中国大局以至建国工作,亦正需要我;我不能死。我若死,天地将为之变色,历史将为之改辙,那是不可想象的。乃不会有的事!"而当他完成了一生使命的1988年6月23日,"临终前他几次轻声地说'我要休息!'""'我要休息!'这就是祖父留在人间最后的遗言"。[3]梁漱溟先生逝世,6月26日中国文化书院举行"梁漱溟先生追思会"。在各种纪念文章中一位农民的怀念格外醒目:山东高清县高城镇小套村农民王克锋致富后在村里办了文化室,1984年给梁漱溟写信请教"乡村建设",很快得到梁老回信,建议他到邹平文教机关调查。后来王克锋又在报刊上看到梁先生要出回忆录的报道,又去信询问,梁先生又复信:"承询及我的

---

[1] 汤一介:《〈师道师说:梁漱溟卷〉总序一》,载《师道师说:梁漱溟卷》,东方出版社,2013年1月第1版,第1页。

[2] 《中国文化书院简报第8706期》,1987年11月22日。

[3] 梁钦东:《病中未敢忘忧国》,载《中国文化书院学报》第16期第1版,1988年7月10日。

回忆录一书，我未写过此书，我写有《人心与人生》一书，最近上海绍兴路学林出版社印出，由上海新华书店发行，可径向该社或该书店购取之，书价一元七角。"梁先生病重之际还惦记着这位农民的愿望，嘱长子梁培宽去信询问，并在去世前一个月赠寄了《人心与人生》。王克锋在给《中国文化书院学报》的信中说："当今天捧读梁老给我的信函和书籍，他老人家对我这个农民的拳拳盛意，使我永远怀念他！"[1]

梁漱溟先生的这种学问责任和心系农民的情怀，表达在冯友兰先生哀悼梁先生的挽联中："钩玄决疑百年尽瘁以发扬儒学为己任，廷争面折一代直声为同情农夫而执言。"

冯友兰先生（1898—1990），"是中国现代学术史上，集哲学家、哲学史家及教育家于一身的著名学院派学者"。[2]他1924年获哥伦比亚大学博士学位，历任清华大学文学院院长兼哲学系主任、西南联合大学哲学系教授兼文学院院长、清华大学校务会议主席等职，被选为中国科学院哲学社会科学部常务委员，担任第二、三、四、五、六届全国政协委员和第四届全国人大代表。

中国文化书院在筹备过程中得到冯友兰先生的积极支持，据李中华记述："因为在当时的中青年教师中，我与冯先生较熟，所以大家都让我把成立书院的设想转达给冯先生，以征求冯先生的意见和看法，同时向他请教有关中国历史上的书院及传统文化的问题。我每次访问都从冯先生那里得到启发与支持。"不但"书院"的名称、弘扬传统文化的宗旨得到冯先生的赞同与首肯，而且有一次，冯先生还专门提出"我们从事文化教育事业的人，要向中国女排学习。中国文化也要冲出亚洲，走向世界"。冯先生对李中华说："我历来主张中西文化的

---

[1] 王克锋：《梁老对农民是有感情的》，载《中国文化书院学报》第17期第1版，1988年8月10日。
[2] 李中华：《〈师道师说：冯友兰卷〉跋》，载《师道师说：冯友兰卷》，东方出版社，2013年1月第1版，第446页。

冯友兰先生1984年—1990年担任中国文化书院名誉院长

差别不是地区的差别,要求同存异。随着中国经济的发展和科学的进步,总有一天,中西文化会在世界范围内融会贯通。这就是司马迁说的'一致而百虑,殊途而同归'。"冯先生的这一主张,成为中国文化书院的办院宗旨第二条:"为中国文化走向世界,积极开展国际的学术交流。"李中华说,创建中国文化书院时,为了获得支持,"我们起草了致党中央总书记的一封信,系统地申明了当时国际国内文化发展的趋势、改革开放与弘扬中国文化的关系、创办中国文化书院的意义等等。这封信是以冯友兰先生的名义发出的"。"当时由我与冯先生联系……他愉快地答应以他的名义给胡耀邦同志写信,但却反复琢磨信中的内容和用语,表现了对弘扬传统文化的高度使命感和一丝不苟的精神。后来,党中央总书记作了批示,使中国文化书院得以能在1984年成立。"[1]中国文化书院成立时,冯友兰先生被推举为名誉院长。在

---

[1] 均见李中华:《梁漱溟、冯友兰与中国文化书院》,载李中华、王守常编《文化的回顾与展望》,北京大学出版社,1994年12月第1版,第17—21页。

1985年3月的中国文化书院首次"中国传统文化讲习班"上,年近九十的冯先生登台讲课两个多小时。

1990年11月26日,就在中国文化书院即将举办"冯友兰哲学思想国际学术研讨会"前夕,冯先生与世长辞。研讨会如期在12月4日(冯先生生日)召开,研讨会与追思会合一,与会学者在研讨中悼念,在追思中求索冯先生的哲学之路。

张岱年先生(1909—2004),1933年毕业于北京师范大学,以一部《中国哲学大纲》奠定其中国现代哲学家、哲学史家的学术地位;先后担任清华大学、北京大学等高校哲学系教授,兼任中国哲学史学会会长、中华孔子研究会名誉会长等。[1]在张岱年先生提交给中国文化书院的其亲笔撰写的"张岱年简历"中概括了自己的学术研究分三个方面:第一方面是中国哲学史的研究;第二方面是哲学理论的研究;第三方面是关于文化问题的研究,提出"综合创新说"。[2]

中国文化书院筹备时,即获张岱年先生的支持与参与,文化书院的筹委会成立会就是张先生主持的。书院成立后张先生为院务委员会委员、学术委员会主席、首批导师之一,后任中国文化书院名誉院长。1988年1月10日,在宣布增设张岱年先生为名誉院长的院务工作会议上,张先生做了简短致辞,他特别指出:"追溯中国文化四五千年的文化历史是大有精华之处的,传统文化也有流弊之处。要弘扬中国文化,当前,任务很重,中年人任务很重,老年人也不轻。任务是艰巨的,又是光荣的。我们一定要坚持真理,不能随风转,又要对整个学术有比较精深的了解,才能促进中国文化的现代化。"[3]

在令人目眩的哲学史迷宫中,纵横捭阖、排列组合使之井然有序的张岱年先生,为人处事则以忠厚著称,木讷近仁。张先生对书院的

---

[1] 参见《师道师说:张岱年卷》"作者简介",东方出版社,2013年1月第1版。

[2] 《张岱年简历》(1995年)。

[3] 中国文化书院院务工作会议记录,1988年1月10日至11日上午。

第二章 创院的人们 | 43

张岱年先生（1988年—2004年）担任中国文化书院名誉院长

工作和活动，可谓有求必应，有请必到。有两件工作以外的小事，可见张先生的待人处世之道。一次文化书院为张岱年先生等举办贺寿雅聚，学术文化界的近二百人前来道贺，临到开场，却发现寿星张先生未到，原来负责接张先生的同志忘了，赶快去接！张先生自是早就穿戴整齐在家坐等，雅聚因此延迟近一小时，许多人都埋怨那位同志，也有当面责备的，而张先生，唯有对众人拱手"来了，来了！"，既无责备也未查询。世纪之交时我担任中华古诗文经典诵读工程全国组委会主任，张先生是顾问之一，一次去看望刚刚搬入新居的张岱年先生，在电话中约好了时间，没想到路上堵，到了小区又不认得，车在小区里转着找着，突然，看见某栋楼的单元门前站着一位老人，双手拄拐，腰板挺直，在寒风中矗立，是张先生！"您怎么在门外站着啊？"扶他进门上楼，连声问着。张先生的回答很简单："这里你没来过，不

1999年3月4日，祝贺张岱年先生90寿辰祝寿会上，贾亦斌先生（左2）向张先生（左1）祝寿，右为季羡林先生

好找。"为此，年已90的先生大冬天在门口立等！这两件事都是我亲历，张先生的恕道仁道就这样一笔一画地烙在书院同仁的心中。

然而当书院面临分裂危机时，张岱年先生拍案而起，当面斥责，正是他和季羡林先生等大多数院务委员坚持原则的态度，维护了文化书院大局的稳定。

季羡林先生（1911—2009），著名东方学家、印度学家、梵语语言学家、文学翻译家、散文作家、教育家，除担任北京大学副校长兼中国社会科学院/北京大学南亚研究所所长、北京大学校务委员会副主任外，还先后兼任着国务院学位委员会委员、中国外国文学学会会长、中国南亚学会名誉会长、中国语言学会会长、中国民族古文字研究会名誉会长、中国外语教学研究会会长、中国敦煌吐鲁番学会会长等众多社会职务[1]，而季先生曾多次表示：即使所有的社会职务、头衔

---

[1] 参见《师道师说：季羡林卷》"作者简介"，东方出版社，2013年1月第1版。

季羡林先生 1988 年—2009 年担任中国文化书院院务委员会主席

都辞了,中国文化书院的头衔还是要留着的。

中国文化书院成立后,季羡林先生是书院导师、院务委员会委员,并主持图书委员会。1988 年 6 月梁漱溟先生去世,季先生接任中国文化书院院务委员会主席。在 1988 年 7 月 15 日宣布季羡林先生接任书院院务委员会主席的会议上,季先生提出:"中国教育直至 1952 年都是双轨制的,历代都是如此,即公立私立两种,五二年院系调整时私立书院才取消,这是一个大损失。""几千年来的书院不仅有用,且非发展不可。""建议:国家教委和国务院学术委员会应承认书院的学位,培养高精尖人才。"[1]

季先生当院务委员会主席,书院的大事决策是直接过问的,院务委员会的许多会议就是在季先生家开的。书院的许多活动、和各方面

---

[1] 见 1988 年 7 月 15 日下午院务委员会会议记录。

的交涉沟通，常常要动用季先生的名头。当书院在1988年秋至1989年底，面临内部分裂的挑战时，季先生挺身而出，旗帜鲜明地以院务委员会主席的身份发布公告，处理问题，维护大局。季先生为文化书院所做的贡献本书后续篇章将屡屡提到。

我第一次见到季羡林先生是1991年8月28日，因为第二天的文化书院院务委员会扩大会议将要聘任我为副院长、院务委员会执行委员，负责书院的日常事务，此事已经汤一介、庞朴、孙长江诸先生酝酿多时，汤先生也和季先生商量过，故在会议前一天先要我见院务委员会主席季先生。8月28日下午汤一介先生带我去季先生家拜访。季家在北京大学朗润园，门前湖面的荷花好像当时还没有被命名为"季荷"。这一楼对门的两个单元都是季家，一边是生活区，一边是季先生的书房。我们在书房谈，书架林立，遮蔽光线，就像在图书馆里的非阅览区。这次见面，我记忆最深的是他给我提出的一个问题，我当天的日记这样记录："下午三点到汤一介家，汤先生带我到季羡林先生家拜访。在季先生的书房谈，他认为中国教育历来有私学的传统，文化书院将来必须大有发展。问我：'从梁漱溟到后来的，你看出书院有什么传统吗？''骨气。'汤一介说：'就是季先生80寿辰上，庞朴说的康德那句话，有价值和尊严，价值是可以转让的，尊严却是不可转让的。'当时，两位先生都表达了对我的期望，季先生还说了'拜托'的话。"在九十年代末，季先生说过"真话不全说，假话全不说"，还引来一些批评，但真要做到这假话全不说，恐怕就要用到季先生引为中国文化书院的传统的"骨气"二字。这是我第一次见季先生，后来二十几年中这里成为熟悉的地方，谈书院、谈社会、谈人谈事，我常在此聆听教诲，表达愚见。而我实在是辜负两位先生，既是能力不及，又是没有全身心投入。

2003年后，季先生一直住院，但始终关心着书院。2009年7月11日季羡林先生去世，中国文化书院举行了"季羡林追思会"，缅怀我们的导师。

任继愈先生（左2）在1989年5月的"中国宗教的过去与现在国际研讨会"上发言

任继愈先生（1916—2009），著名哲学家、宗教学家、历史学家。1978年起先后担任北京大学教授，中国社会科学院研究生院教授、博导，国务院学位委员会学科评议组成员和哲学组召集人，中国宗教学会会长，中国无神论学会理事长，中国哲学史学会会长，国家社会科学基金宗教组召集人……当然，任先生最重要的任职是八九十年代，先后担任中国社会科学院世界宗教研究所所长、名誉所长和北京图书馆[1]馆长、名誉馆长。

任继愈先生是中国文化书院的院务委员会委员、首批导师之一，八十年代参加文化书院的各种讲课、学术研讨会，1989年中国文化书院举办的"'五四'与中国知识分子"[2]、"中国宗教的过去与现在"[3]等

---

[1] 北京图书馆1998年12月21日更名为中国国家图书馆。

[2] "五四"国际学术研讨会日程、分组名单，1989年5月。

[3] "中国宗教过去与现在"会议手册，1989年5月。

国际学术讨论会，任继愈都到会发言。在1988、1989年书院发生内部危机时，任先生在院务委员会上和多数委员一起维护了书院大局。尤其在1993年中国文化书院获准民政部登记，是出于文化部同意作为文化书院的主管单位并委托北京图书馆负责日常管理，"任先生是北图馆长，是做出贡献的"，中国文化书院现任院长王守常至今对此感念不断。

1985年4月的"建院方案"曾拟请任继愈先生担任中国文化书院院务委员会主席，但后来任先生毕竟没有担任文化书院的领导职务，那么，把任先生和先后担任院务委员会主席的梁漱溟、季羡林先生，担任名誉院长的冯友兰、张岱年先生并称为中国文化书院的"创院五老"，是否有些牵强呢？其实，创院者，既有出任领导，担纲履职；也有谋划行政，组织团队；还有以思想参与创院，一言数语谋划未来的。任先生正是后者，正当筹建书院与教育部和北京大学党委的协调受阻时，是任先生率先提出以办"草棚大学"的精神自力更生办书院。这种"草棚大学"精神不仅在1984年时促使了中国文化书院的诞生，而且此后屡被汤一介、鲁军等八十年代的院领导提及，用以激励同仁克服各种困难。[1]任继愈先生在中国文化书院的创院中是有历史地位的。

第3节　汤一介与中国文化书院

汤一介先生（1927—2014）是我国哲学和思想文化界开风气之先的代表性人物之一，关于他的生平简介在网络和媒体上已比比皆是。现录2014年出版的十卷本《汤一介集》的"作者简介"作为概括："汤一介，1927年生，湖北省黄梅县人。1951年毕业于北京大学哲学系，后一直任教于北京大学哲学系，现为北京大学哲学系资深教授。1990年获加拿大麦克玛斯特大学荣誉博士学位，2006年获日本关西大学荣

---

[1]　汤一介：《我与中国文化书院（一）》，载汤一介《我们三代人》，中国大百科全书出版社，2015年9月第1版，第373页；鲁军：1987年院务工作报告，1988年1月。

汤一介先生在主持中国文化书院举办的活动

誉博士学位。曾创办中国文化书院、中国哲学与文化研究所等学术研究机构。主要著作有《郭象与魏晋玄学》《早期道教史》《佛教与中国文化》等，主编有《20世纪西方哲学东渐史》《儒藏》(精华编、九卷本)《中国儒学史》等。"[1]十卷本的《汤一介集》定稿于2013年11月(见其"前言""自序")，出版于2014年4月，其作者简介应可视为汤先生最后审定的自我介绍。当然，出于学人的自谦，汤一介先生曾获北京大学哲学系哲学教育终身成就奖、孔子文化奖、吴玉章人文社会科学终身成就奖等荣誉，这里就没有提及。[2]

纵观汤一介先生一生所为：一是以在北京大学哲学系带研究生为主线的教学生涯；二是以写作《郭象与魏晋玄学》、主编《儒藏》(精华编)为代表的学术著述与编撰；三是以创办中国文化书院为代表的

---

[1] 十卷本《汤一介集》"作者简介"，中国人民大学出版社，2014年4月第1版。
[2] 见汤一介先生遗体告别仪式上发的"汤一介教授生平"，2014年9月。

社会事业。

以"汤一介与中国文化书院"这样一个视角来谈汤先生,需要从两个方面出发,一是从汤先生出发,来看中国文化书院在他人生中的位置;二是从中国文化书院出发,来看汤先生在文化书院历史中的位置。

我们先从汤先生人生的角度,来看文化书院在这里有什么样的位置和影响。

第一是"认定"。汤先生自己怎么认定他创办和主持文化书院这件事?八十年代以来,汤一介先生的社会兼职众多,先后担任中国文化书院院长、中国炎黄文化研究会副会长、国际道学联合会副主席、中国哲学与文化研究所所长、中华孔子学会会长、什刹海书院院长等众多学术文化机构职务。中国文化书院院长,只是他众多兼职之一吗?晚年回顾时他说:"我先后做过不少民间学术文化团体的负责人。但只有中国文化书院是我全心全意为它尽力的,这是我自己的事业。"[1] 自己的事业——这就是汤先生心目中对文化书院在他人生中的位置认定。而外部认定和他的自我认定是一致的,一本《汤一介学记》中约三分之二的追忆文章都特别提到汤先生创办中国文化书院[2],可见在人们的心目中中国文化书院是与汤一介的名字紧密相连的。

第二看"付出"。汤先生在不同文章中多次说到他的学术研究是在八十年代才真正走上正轨的,如从八十年代算起,在汤先生的学者生涯黄金时间中,为中国文化书院是付出时间最多,承受的风险和委屈也最多。时间上,当了20年院长;风险上,1990年初至1993年10月间文化书院未获注册登记,实际处在"非法"状态;承受的委屈举一例即可说明,九十年代书院财政困难时,汤先生不得不出面"化缘",书院曾经邀请并接待一个号称"世界儒学研究促进会"的访京团,某

---

[1] 汤一介:《我与中国文化书院(三)》,载汤一介《我们三代人》,中国大百科全书出版社,2015年9月第1版,第403页。

[2] 雷原、赵建永主编:《汤一介学记》,新华出版社,2015年3月第1版。

会长信誓旦旦地当众宣布要每年捐10万元给中国文化书院,"请汤院长笑纳",但不到24小时就食言了。汤先生也就不得不收回给他的聘书并一一致函当时在场者,说明此事。[1]为此等事,本非汤公所擅,然身在其位,事不避难,汤先生都一一承担。

第三论"影响"。创办中国文化书院的经历对汤一介先生本身产生了什么影响呢?首先是这使汤先生完成人生事功的一面,使他不仅仅自限在书房和讲台,而是立足于大时代大潮流下搏击进取的大平台;其次,此举奠定了汤先生从北京大学名教授到学界领袖的基础;第三,这段经历,尤其书院和国际学术界的积极互动,促使汤一介先生在九十年代中期支持和参与建立乐黛云先生的跨文化研究院,并在世纪末提出一系列关于新轴心时代的思考,从而为跨文化学在中国的创立奠定了基础。[2]

"汤一介的文化书院"在八九十年代几乎是中国文化书院的别名。我们从中国文化书院的角度看,汤一介先生在其中又具有什么样的位置?

第一,从汤一介在文化书院的角色和作用看,他是中国文化书院的创院院长,在八十年代,汤一介先生对外是文化书院的代表,对内是中枢之轴,无论是代表文化书院和国家教委、北京大学有关领导进行会商、交涉[3],还是书院名称的拟定[4],都是汤先生直接进行的。在1985年至1989年的书院发展并达到全盛阶段,汤一介先生作为书院院长,对外是书院的代表人,是书院活动的主持人;对内是书院老中

---

[1] 香港世界儒学研究促进会访京团宴请北京学者时黎昇致辞、汤一介答谢词,1997年10月16日;汤一介就黎昇食言给当时在场者的通报信,1997年10月20日。

[2] 陈越光:《跨文化学在中国:成因与面向》,2016年9月。

[3] 汤一介:《我与中国文化书院(一)》,载汤一介《我们三代人》,中国大百科全书出版社,2015年9月第1版,第372—373页。

[4] 李中华:《〈师道师说:冯友兰卷〉跋》中说:"最早提出'书院'这一名称,是在1984年10月,可能是汤一介先生、鲁军先生、王守常先生及我四人在一次碰头会上确定的。"《师道师说:冯友兰卷》,东方出版社,2013年1月第1版,第449页。

青三代学者承上启下的中枢环节,是决策机构院务委员会指导执行机构行政工作班子的代表。在1988年秋至1989年底,书院面临内部争执以致分裂的动荡阶段,汤一介先生是院务委员会和多数导师的代表,是稳定书院的决定性人物。在九十年代,汤一介先生是文化书院人、财、物、事一统的决策者、指挥者。在21世纪,汤先生是文化书院的精神领袖,即使不再担任院长的最后十几年里,据《中国文化书院大事系1984—2014》[1],他依然是出席活动最多的书院代表者,也依然是书院重大决策的灵魂人物。

第二,汤一介对中国文化书院产生了什么样的特殊影响呢?中国文化书院在八十年代举起中国文化的大旗,体现出一条面向未来的传统主义思想路线,这当然是汤先生所力行的,但并不能说这属于汤一介个人加之于文化书院的影响,"创院五老"梁漱溟、冯友兰、张岱年、季羡林、任继愈,以及庞朴等诸公都是这样。汤先生对文化书院最大最独特的影响,是他的开放与融合的风格,不拘观点,不拘学派,不拘学科,甚至不拘泥于是否限于学术界。在这一点上,没有人比得上他,甚至此风格一时不被理解。但也正是这一点,开出了此后跨文化研究的新学术之路。

第三,汤先生留在今日中国文化书院的事业遗产是什么?今日的中国文化书院,已不再以机构组织的方式进行研究性项目,我们不从精神传承的角度,而从事业传承来看,除了主办学术会议和九十年代延续至今的"汤用彤学术讲座""蔡元培学术讲座",有两条线是汤先生从八十年代的中国文化书院一脉相承至今日的。一是面向社会、面向基层的文化普及事业,从八十年代"文化热"开启的书院"办班",到本世纪初的"京大培训学校",再到目前书院支持的三智道商国学院。二是从八十年代中国文化书院最早打出"中国学"的旗号,创刊《中国学导刊》,到九十年代中建立中国文化书院跨文化研究院,到目

---

[1] 陈越光编:《中国文化书院大事系1984—2014》,中国文化书院印制。

前参与主办《跨文化对话》丛刊、创建跨文化学的学术基地。这两条事业线是汤一介留给中国文化书院的事业遗产。

我在八十年代认识汤一介先生，又有幸在九十年代被汤先生吸纳在中国文化书院的团队。二十多年来，汤先生每每以忘年之交的平等态度和我作交心之谈，以老师的责任感教我帮我，又以长辈的宽容容忍我的各种变化甚至无礼，要谈汤先生，要谈"汤一介与中国文化书院"，有太多个人的记忆，但在这里，我只提出一个论述的框架，以供思考。

当人们颂扬杜润生为"中国农村改革之父"时，杜老说"我只是农口的一个符号而已"。符号者，标志也，中国文化书院的符号无疑是汤一介先生。

第4节　两大柱石：庞朴与孙长江

2014年12月在中国文化书院30周年庆典上，授予汤一介先生"中国文化书院30周年特别贡献奖"，授予庞朴、孙长江、谢龙、陈鼓应先生"中国文化书院30周年贡献奖"。这获奖的五位先生中，汤先生是创院院长自不必说，谢龙先生对书院的突出贡献在于使书院挂靠在其任会长的北京高等学校哲学教学协会，并通过北京市成人教育局解决了书院最早的合法性问题；陈鼓应先生对书院的突出贡献，不仅在八十年代他为书院的学术建设做出贡献，而且在九十年代帮助解决书院在北京大学治贝子园落户。而作为汤一介院长左膀右臂的庞朴、孙长江两位先生，对书院的突出贡献，在于他们曾经是中国文化书院的坚强柱石。

庞朴先生（1928—2015）是我国当代著名的历史学家、哲学史家、文化史家和出土简帛研究专家，他的"一分为三"理论备受瞩目。他是八十年代"文化热"的重要推动者，八十年代以来担任《历史研究》主编，中国社会科学院研究员和清华大学、西安交通大学、四川大学

庞朴先生（右）与季羡林先生（左）在中国文化书院1987年举办的"梁漱溟思想国际学术讨论会"上

等诸多大学的兼职教授，山东大学终身教授，以及联合国教科文组织《人类科学文化发展史》国际编委、国际简帛研究中心主任等职，获第二届孔子文化奖。

当然，对我们来说，庞公更亲切、更重要的是，他是中国文化书院的学术委员会主席。

中国文化书院的筹建工作基本上是在北京大学的圈子里完成的，在中国社会科学院的庞朴并没有过多参与，书院成立时庞朴为院务委员、首批导师之一。1988年1月张岱年先生出任书院名誉院长后，庞朴接任张岱年，为第二任学术委员会主席[1]，成为中国文化书院的主要

---

[1] 在1988年1月10日的院务工作会议上决定"增设张岱年为名誉院长；增设魏常海为学术委员会副主席"，当时并未宣布张岱年不再担任学术委员会主席并由庞朴担任。但在1988年2月24日，庞朴即以中国文化书院学术委员会主席的身份出席书院第三届高级学术研究班开学典礼。见《中国文化书院简报第8801期》，1988年2月2日；《中国文化书院简报第8802期》，1988年3月1日。

领导人之一。庞朴是八十年代有代表性的知识分子,他通过自己的著述和各种社会活动推动了一个时代的文化热潮,同时也对中国文化书院的学术研究和出版工作做出了重要贡献。作为学术委员会主席,书院的学术活动自然常由庞公主持或出面,在使书院享有盛誉的"中外比较文化研究班"中,庞公不但讲课面授,为学生操心[1],而且联系地方协助接待前去面授的导师。[2]

1988年6月梁漱溟先生去世后,梁家把出版《梁漱溟全集》的事务委托给中国文化书院,是由梁先生之子梁培宽、梁培恕与庞朴签约的,代表版权所有人与山东人民出版社签约出版《梁漱溟全集》的也是庞朴。《梁漱溟全集》由中国文化书院学术委员会编、山东人民出版社出版,庞朴就是不署名的主编。他本着"既是对历史负责,也是对梁先生的纪念;当然也就为关心者、研究者提供了方便"[3]这样一个出发点,从制定编辑思路,和梁家协商,到和两岸四五家出版社接触、比较、谈判签约;从强调"是全集不是文集,是学者著作不是自传"的收文原则,到组织编辑队伍,数次主持召开编辑工作会议安排、落实、检查;从提出"以《史记》第十册的点校后记为准"的编辑要求,"一天一万字"的进度指标,到编辑费分配[4]……庞公事事操心,事事力行,事事率先。全集共八卷,每卷卷首都有一篇"出版说明",一一列出本卷主持者和参与编辑者的名字,但庞朴的名字未在其中。全书末有一篇六百多字的《编后记》,为全书出版时间拖迟了两年,向读者抱歉;说明出版梁先生《全集》的意义;报告《全集》编成后又新发现两篇梁文;向为《全集》辛劳者致谢,署名"庞朴",并用小字

---

[1] 一些学员和在书院实习并参与工作的青年学生常去找庞朴,见"学员操军致庞朴信",(1989年)4月29日;"学员傅承经致庞朴信",4月1日;"学员李办农致庞朴信",1988年11月21日。
[2] "庞朴致孙达人信",(1987年)7月27日。
[3] 庞朴:《编后记》,载《梁漱溟全集(第八卷)》,山东人民出版社,1993年6月第1版,第1179页。
[4] 梁先生《全集》编辑委员会工作会议记录,1988年10月28日,1989年1月13日。

庞朴先生（左1）与孙长江先生（左2）等在中国文化书院院务委员会会议上

加括号标出："中国文化书院学术委员会主席"。此中他的一切努力和辛苦，无从觅影。这就是我认识的庞公，这就是庞公在中国文化书院所做工作的一个缩影。

在1988年的书院"分家"之争和1989年的"鲁军事变"中庞朴都起了中流砥柱的作用，后文将有专章叙述。汤一介说："1988年底到1989年一段，我身体不好，实际是庞朴在代理我做书院的常务工作，我算休息状态，所以庞朴在转折点起的作用比较大，就稳住了"。[1]1988年11月20日的院务委员会会议推选庞朴为院务执行委会召集人，并在汤一介病休两个月期间代行院长职权[2]；在1991年8月，因汤一介院长出国访问，院务委员会再次决定由庞朴代理中国文化书院院长行

---

[1]《几度东风，几度飞花——汤一介先生谈中国文化书院》，载《中国文化书院大事系年（1984—2014）》，第8—27页。

[2]《中国文化书院简报》1988年12月8日。

使职权。[1]在书院成立后的十年内,庞朴先生是中国文化书院的坚强柱石。

本世纪初庞朴逐渐淡出了文化书院的领导层工作。

"孙长江,福建泉州人,1933年1月15日生。中国人民大学历史教研室1955年研究生毕业。曾任中国人民大学哲学系讲师、中共中央党校理论研究室副主任、《科技日报》副总编辑。著有《论谭嗣同》《康有为哲学思想研究》《论孔子与子产》等哲学史论义,《真理的求索》时论集等,是《实践是检验真理的唯一标准》的主要撰稿。现为首都师范大学政法系教授、东方文化研究所所长,中国近代哲学研究会副会长,中国文化书院副院长。"[2]——这是1995年孙长江亲笔撰写的个人简介,保存在中国文化书院历史档案资料里。在孙长江的人生历程中,八十年代是他人生事业的顶峰时期,主要是他在中共中央党校和《科技日报》社的任职中做出的贡献。孙长江是思想解放运动中理论界的名将,尤其作为《实践是检验真理的唯一标准》的主要撰稿人之一[3],曾备受关注。支持和参与中国文化书院的建立,也是他在人生事业高峰状态上的浓重一笔。

孙长江作为汤一介的好朋友,在中国文化书院的筹备期就有了参与,鲁军、李中华、王守常等通过汤一介结识孙长江,视他为顾问。除了前面提到的他是呈送书院给胡耀邦信件的两种可能渠道之一,不说创院五老等老先生们,相比于北京大学的教授们,在判识大势、谋划进退等一应社会事务上,孙长江自是高出一筹的。汤一介说:"开始

---

[1]《中国文化书院执行委员会1991年8月29日会议纪要》;《中国文化书院第三号通报》,1991年8月29日。

[2] "孙长江简历",1995年。

[3] 孙长江撰写、修改该文的原稿已被中国历史博物馆收藏。关于《实践是检验真理的唯一标准》撰写和修改情况见沈宝祥著:《真理标准问题讨论始末》,中国青年出版社,1997年12月第1版,第66—96页。

孙长江先生（左3）与鲁军（左2背面）、张文定（左1）、王守常（左4）等中国文化书院负责人商议工作

办的时候他们基本上都是找孙长江，当时大家没钱，而且只有鲁军有个破摩托车，常常带着他们跑孙长江家里去讨论，怎么办，办不办，很多意见都是孙长江出的主意。……所以老孙在开始的时候，对文化书院建立有比较大的功劳。"[1] 很快，他有了"中国文化书院的狗头军师"（王守常语）的戏称，几位书院的主要筹备者常常跑去孙家讨主意，孙长江的夫人孙伟大姐笑称"那时没少来吃饭"。书院成立时孙长江是院务委员、首批导师之一，他当时虽然没有担任书院的领导职务，但无论季羡林先生，还是汤一介、庞朴先生都常与之商量书院的大事方针。因为老孙善谋通变，又尊姓孙，季先生、庞先生常戏称他"孙猴子"，虽是玩笑，却有本事非凡之赞誉。1994年后，孙长江出任中国文化书院副院长。

---

[1]《几度东风，几度飞花——汤一介先生谈中国文化书院》，载《中国文化书院大事系年（1984—2014）》，第8—27页。

孙长江先生对中国文化书院的贡献，在八十年代主要表现在"出主意"；九十年代则主要在"找人脉"，引入杜润生、李锐、吴明瑜等一批老干部参加文化书院的活动，以及帮助文化书院建立和企业家的联系，从而使文化书院整体视野更加开阔和更加关注文化与经济、社会的互动。

庞朴和孙长江，都是在中国文化书院很受尊重的领导人。他们是中国文化书院的中流砥柱，是汤一介最重要的左膀右臂，庞朴的作用主要在书院成立后，发展、全盛、经历分裂危机及此后坚守这前后十年间，孙长江的贡献主要在书院筹备期和 1994 年后的十年中。就我个人来说，对于这两位先生，也有着特别的敬意和亲切感。和庞公认识是在 1986 年 3 月，他来参加"走向未来"丛书编委会主办的"当代学术思潮讨论会"，到 1989 年"五四"国际学术讨论会上，我们都是大会的执行主席，已是比较熟悉的了。和孙公认识则是在 1986 年，因金观涛出国，我主持"走向未来"丛书编委会的日常工作，常到孙公家去请教，来往得更多些。1991 年我出任书院副院长，得到孙、庞二公的力挺。此后不仅我在书院的工作一直得到他们的关心和指导，书院以外的事也多有支持，我组织开展中华古诗文诵读工程，庞、孙二公就一直是我的支持者。但 2004 年后庞公重心移到山东大学，逐渐少了来往。最令人遗憾的是，2014 年底，我和守常定了 12 月 24 日去济南看庞公，送去书院刚刚给他颁发的"中国文化书院 30 周年贡献奖"奖牌和奖金，跟庞公都约好了，却在 23 日晚接山东大学电话说庞公这两天有点感冒，去了也谈不了，等他好点随时通知我们再去，没想就此错过！等转年的 1 月 13 日再去，就是中国文化书院王守常、魏常海、陈越光、苑天舒、刘若邻、江力一行赶到济南为庞公送行了。

第 5 节 创院期的书院导师

套用对企业评价的语言，中国文化书院的核心竞争力就在它的导师队伍。据汤一介回忆，九十年代"在一次书院的聚会上，季羡林先生曾说：'中国文化书院开会邀请哪位，这位学者一定会来参加，而这一点某些中央领导也做不到的。'"[1]且不说此言是否"夸张"了，中国文化书院在学界相当有号召力是公认的，孙长江常说"书院不靠权力靠魅力"，这种魅力的形成是因为有一批人文社科的顶尖学者为书院导师。文化书院今天的导师队伍是几十年中不断扩大发展而成的，而首批导师就已形成了这支队伍的"制高点"。所谓首批导师，指中国文化书院1984年至1985年初成立时聘请的导师。

要确定首批导师的名单并非易事，能找到的最早名单已是1987年的记录了。一本1987年春印制的16开黑面42页全铜版纸《中国文化书院》简介，其中刊登了"中国文化书院导师简介"，为：梁漱溟、冯友兰、张岱年、虞愚、袁晓园、周一良、季羡林、侯仁之、何兹全、金克木、吴晓铃、牙含章、阴法鲁、任继愈、丁守和、石峻、朱伯崑、汤一介、庞朴、戴逸、李泽厚、谢龙、乐黛云、陈鼓应、许抗生、孙长江、包遵信、杜维明、陈占国、李中华、魏常海、王守常、鲁军，共33位导师。查阅了从1985年11月20日至1987年4月29日的所有《中国文化书院简报》和现存所有院务委员会决议、会议纪要，未见有增补导师的记录（当然无法排除记录缺失的因素），而且李中华、王守常、魏常海也认可这是最早的导师名单，故此，可基本判定这就是中国文化书院创院期的导师队伍。

这些书院创院期的导师们，自然个个都对中国文化书院的创院、对八十年代的文化书院贡献良多，除了本章已有专项介绍的，需要特别一提的是：谢龙、陈鼓应、乐黛云、梁从诫、包遵信、李泽厚等

---

[1] 汤一介：《我与中国文化书院（三）》，载汤一介《我们三代人》，中国大百科全书出版社，2015年9月第1版，第402页。

李泽厚先生（中）、刘梦溪先生（左）八十年代时出席中国文化书院的活动

诸位先生。

谢龙先生（1930—2016），对于中国文化书院的同仁来说，怀念谢龙先生，还要记得他对书院的独特贡献。据林娅回忆，应她的介绍谢龙老师接触并了解了书院，成为中国文化书院最早的导师之一。时任北京高等学校哲学教学协会会长的谢龙，支持林娅提议，由该协会出面向北京市成人教育局申请批准文化书院建立，从而解决了中国文化书院的合法性问题。1987年11月后，谢龙先生担任中国文化书院院务委员会副主席。在1989年秋书院出现内部分裂、动荡时，谢龙先生在关键时候挺身而出，以上级主办单位负责人的身份旗帜鲜明地坚持原则、维护大局，为中国文化书院在转折中得以继续生存、发展做出重要贡献。2014年12月21日的中国文化书院30周年庆典上，谢龙先生获"中国文化书院30周年贡献奖"。

陈鼓应先生在中国文化书院举办的会议上发言

陈鼓应先生（1935—　），师从著名哲学家方东美、殷海光，1984年到北京大学任教，是享誉国际的道家文化学者。1985年起陈鼓应先生就参与中国文化书院的各种讲习班授课，后担任书院导师、院务委员，由于陈鼓应先生有在台湾大学和美国大学的任教经历，他帮助文化书院更好地建立起和国际学术界的联系。陈鼓应先生不仅参加了八十年代文化书院的大部分讲座授课，而且参与书院决策层的会议，是导师中参与书院活动最多的几位之一，在后续篇章中还要讲到。九十年代后，陈鼓应先生帮助联系了一笔20万美元的捐款，重修了北京大学治贝子园，也使文化书院可以在此办公。在文化书院30周年庆典上，陈鼓应先生获"中国文化书院30周年贡献奖"。

乐黛云先生（1931—　）是我国跨文化研究的开创者，曾任中国比较文学学会会长、国际比较文学学会副主席。乐先生参与了文化书院筹备、创立的全过程，书院一成立就是院务委员和首批导师。1995年，乐黛云负责建立了中国文化书院跨文化研究院并出任院长，跨文化研究院以举办学术讨论、书刊出版等活动推动多元文化与知识互动，

乐黛云先生

组织过多次国际学术讨论会,在中、法两国同时出版中文版与法文版的《远近丛书》和《跨文化对话》。乐黛云先生对文化书院贡献良多,但由于是汤一介院长的夫人,在整个八十年代,乐先生除了为书院讲课,只是在季羡林主持的图书委员会担任委员,30年后乐老师笑谈往事:"文化书院的会议有的不让我去,怕我插嘴多说,老汤怕开'夫妻店'啊!"[1]

梁从诫先生(1932—2010),出身名门世家,祖父梁启超,父亲梁思成、母亲林徽因,本人北京大学历史系研究生毕业,从1958年到1988年,先后在云南大学历史系任讲师,外交部国际关系研究所从事世界史研究,中国大百科全书出版社任《百科知识》月刊负责人、文学艺术编辑部代主任,兼任《知识分子》季刊顾问、主编[2],但梁先生最终以著名民间环保人士享誉社会。

我认识梁先生是在1986年,当时我担任《走向未来》杂志的常务副主编,梁先生把他写的《不重合的圈——从百科全书看中西文化》给我,发表在当年第4期《走向未来》杂志上。这是一篇约1.3万字

---

[1] 2016年5月16日乐黛云访谈。
[2] 分别见"中国文化书院试用人员登记表"(1988年)、梁从诫提交给中国文化书院的"个人简介"(1995年)。

季羡林先生（左2）、梁从诫先生（左1）在1990年举办的"冯友兰哲学思想国际研讨会"上

的学术思考文章，本以为他将就此在中西文化比较研究领域里深耕细作，一展风采，但他就此打住，很快转向。梁从诫先生从体制内转向民间、从学术转向行动的转身起步就在中国文化书院。这一转身的缘起，是1987年夏天的一封信——"从诫同志：很久没有见面，但常常听一些同志谈到你，总希望有机会见面。我们办了一'中国文化书院'，已成立快三年，做了一点事，但也有不少困难。现在请书院同志把有关材料送你，请你有空看看，提提意见。我12日去香港，大概23日回北京，回来后想和你见面谈谈，如何？顺祝暑安！汤一介8月6日"。[1] 我们无法知道汤先生和梁先生此后如何见面，如何商谈，但五个月后的1988年1月28日在文化书院与生活·读书·新知三联

---

[1] 汤先生这封信未写年份，但从文化书院"已成立快三年"可知是1987年。这封信在中国文化书院档案中一个写有"梁从诫先生公共事务信函"的文件袋里，无信封，但信纸上别有一张中国文化书院秘书处主任魏婕的名片，估计是由魏婕送达的。

书店会商联合办编译馆时,鲁军向沈昌文"透露一个消息,梁从诫先生将放弃'大百科'的铁饭碗到书院来,可全部身心投入进来"。[1]此后,3月19日的文化书院院长办公会上,即一致推举梁从诫先生为"中国文化书院编译馆"负责人。从此,梁从诫先生成为中国文化书院院领导中唯一一个全职人员。文化书院的全职员工多的时候七十几人,少的时候二三人,但从创办至今,完全把人事关系放在文化书院的全职院领导仅梁先生一人。

梁从诫先生虽然不是中国文化书院创院期的导师,但1988年进入书院后担任中国文化书院导师、院务委员,负责文化书院的编译馆,为书院的各种讲座、培训班讲课,出面为书院向改革与开放基金会申请资助[2],为文化书院付出不少努力。现存一封贵州省黔西南布依族苗族自治州册亨县的学员覃正安给梁从诫的信,与其交流对办好书院的一些看法,"因您是书院学界师生中唯一的新增的第七届全国政协委员,又是书编译馆的'领班'"[3],可见梁先生在文化书院的工作有相当知名度。1989年11月梁先生任副院长,还担任了中国文化书院文化发展基金会主席(第一任主席是梁漱溟先生)。

1995年后梁先生创办的《自然之友》,以中国文化书院绿色分院注册,文化书院聘任梁从诫先生为绿色分院院长。梁先生从此开始民间环保之行,获中国环境新闻工作者协会和香港地球之友颁发的"地球奖"、国家林业局颁发的"大熊猫奖",在中国环保史和社团史上都留下重彩一笔。

另外,包遵信先生(1937—2007)和李泽厚先生(1930—)作为中国文化书院创院期的院务委员会委员、导师,都是为文化书院扩

---

[1]《与三联书店洽谈合作》记录稿,(1988年)1月28日。
[2] "梁从诫、王守常致原改革与开放基金会善后小组毛国华、郑晓梅:申请资助文化书院活动9000元",1990年4月29日。
[3] "学员覃正安致梁从诫信",1989年4月。

大了影响力的。

　　李泽厚先生在中国当代思想史上具有重要的位置,在八十年代,李泽厚被年轻人称为"导师"和"精神领袖",他的著作影响了一代人。李泽厚和八十年代的三大民间文化机构都有联系,但成为其中一员的只在中国文化书院。[1]李泽厚作为中国文化书院的导师和院务委员会委员,在八十年代参与书院的活动,主要是书院办班中讲课和出席书院举办的研讨会,这在当时的简报上多有记载。在现存的院务委员会会议记录中没有发现有关李泽厚参加会议的记录,但是在一些图片资料中有李公参与院务工作会议的照片。李公的著作获学界和市场双重认可,他本人虽然在八九十年代也常常卷入各种被批判的风潮,甚至文化书院的一些老先生也参与了批判[2],但总体上他是被普遍认可的著名学者,既在青年学子中有感召力,又被吸纳为全国人大代表、政协委员。他在八十年代被称为"四大青年导师"之一,他的"积淀说""西体中用"观,他的美学理论、"近代思想史论""古代思想史论"在八十年代的青年知识分子中掀起一阵阵飓风。所以,李泽厚作为书院导师的讲课和他出去讲演,媒体多有报道[3],这也增加了中国文化书院的影响力。

　　中国文化书院创院期的导师,人人光彩夺目,个个自成一体,一旦汇聚则宛若一串璀璨的珍珠。

---

[1] 李泽厚在《李泽厚:我和八十年代》中,关于他"既是'中国文化书院'的成员,也是'走向未来'丛书的编委"的记忆并不正确,李泽厚先生是'走向未来'杂志的作者,并不是丛书编委。《李泽厚:我与八十年代》,载马国川《我与八十年代》,生活·读书·新知三联书店2011年6月第1版,第46—70页。

[2] 见李泽厚《浮生论学》对话集中"耿耿于怀张岱年"一节。李泽厚:《李泽厚对话集·浮生论学——与陈明对谈》,中华书局2014年第1版,第226—227页。

[3] 《李泽厚、汤一介月中莅港就中国文化问题作演讲》,《明报》1987年8月4日;《李泽厚与汤一介中旬赴香港访问》,《澳门日报》1987年8月9日。

第三章 "文化热"(上)

"文化"一词,中国典籍中最早见之于西汉刘向的《说苑》,指以文德来行使教化。文化而成为热潮,在中国20世纪先后出现两次,一次是"五四"前后的新文化运动,它以反传统的伦理革命和白话文运动为标志;第二次就是八十年代的"文化热"。今天,如果在百度上搜索"八十年代文化热",相关论文数以万计,可见,当时之热30年后还保持着相当温度。

八十年代"文化热"于何时成为热潮? 1985年。

"文化:中国与世界"丛书主编甘阳,在1987年6月出版的"文化:中国与世界"(第一辑)中发表《八十年代文化讨论的几个问题》,指出:"1985年以来,所谓的'文化'问题已经明显地一跃而成为当代中国的'显学'。从目前的阵阵'中国文化热'和'中西比较风'来看,有理由推测:八十年代中后期,一场关于中国文化的大讨论很可能会蓬勃兴起。"[1]

为什么是1985年?其起源又在何时?

这一点甘阳并未论及。1988年1月出版的《中国文化热》,大概是第一本关于"文化热"的专著。该书认为"八十年代的中国文化热","发端于中国文化史研究的重新崛起",具体则是"1982年6月和12月,在上海复旦大学举行了两次'中国文化史研究学者座谈会'"[2],但是

---

[1] 甘阳:《八十年代文化讨论的几个问题》,见《中国文化研究年鉴(1989年)》,台北国文天地杂志社1990年12月初版,第93页。

[2] 吴修艺:《中国文化热》,上海人民出版社,1988年1月第1版,第1页。

"文化讨论在我国真正'热'起来,是从1984年开始的"。尤其在"1985年上半年,中国文化书院筹委会和九州知识信息中心在北京举办了第一期'中国文化讲习班',由中外著名学者冯友兰、梁漱溟、张岱年、任继愈、李泽厚、杜维明等人主讲。演讲集中在'中国传统文化的性质、意义和基本精神''中国传统文化的价值和前途'等宏观课题上。在此以后,中国近现代文化史的研究、中西文化比较研究、中国传统文化与现代化关系的讨论,南北呼应,此起彼伏,比及全国"。[1]八十年代时为中国文化书院院务委员会副主席的王守常,在1994年出版的《文化的回顾与展望》一书中撰文《中国文化书院与八十年代"文化热"》,他判定"文化热"的源头比吴修艺又早了半年,是1981年的两次学术讨论会:"一是10月15日至21日在杭州召开的'全国宋明理学讨论会',一是紧随其后,10月27日至11月2日在桂林召开的'中外哲学史比较讨论会'。这两次讨论会是'文革'以来规模最大的学术讨论会。"[2]王守常同样指出:"但到1985年初'文化热'骤然升温,其最明显特征即是,有关'文化'问题讨论迅速成为全社会各阶层人士关注的热点问题。而造就这种声势的原因,与中国文化书院在北京举办的'中国传统文化讲习班'不无关系。"[3]对于中国文化书院对"文化热"的推动,其实在当时就被认可,早在1986年,《学习与探索》发表的文章就指出:"在文化学研究热潮中,中国文化书院主办的'中国文化讲习班'影响最广。"[4]从这些当事人在当时(或近于当时)的论述可知,判定八十年代的"文化热"于1985年成为热潮,是这一年缘起于学术界的"文化热"转向了社会,中国文化书院起了

---

[1] 吴修艺:《中国文化热》,上海人民出版社,1988年1月第1版,第21—22页。

[2] 王守常:《中国文化书院与八十年代'文化热'》,载《文化的回顾与展望》,北京大学出版社1994年12月第1版,第41页。

[3] 王守常:《中国文化书院与八十年代'文化热'》,载《文化的回顾与展望》,北京大学出版社1994年12月第1版,第41页。

[4] 刘伟:《当代文化研究的宏观思考》,载《学习与探索》,1986年第2期。

重要的推动作用。

八十年代"文化热"是怎样形成的？可以说有五股热源向当时的"文化热"提供热能：

一是"论述"。学者们的各种新观点、新论述，往往不胫而走，引领风潮，如金观涛的"超稳定结构"、李泽厚的"西体中用"、严家其的"三个法庭说"、庞朴的"文化结构三层次说"、王元化的"新启蒙"等等，都引起广泛讨论。

二是团体。尤其一些八十年代作为新生事物出现的民间文化团体，如被称为"'文化热'中北京地区形成三个主要文化团体：中国文化书院，"文化：中国与世界"编委会，二十一世纪研究院"[1]，这些文化团体成为各种会议和文化活动的积极组织者。

三是会议。会议之多是当时学术繁荣的一大标志，也是"文化热"的一大推手，以1985、1986年为例，在当时比较有影响的文化会议和讲座，在1985年一年中有中日文化交流史研究会学术年会、中国文化书院举办的中国传统文化讲习班、中华孔子研究所成立大学暨第一届学术讨论会、老子学术思想讨论会、金岳霖学术思想讨论会、现代科学与文化讲习班、中国人民大学文化讨论会、纪念熊十力诞生一百周年学术讨论会等十余次，而1986年一年中猛增至三十余次，有首届国际中国文化学术讨论会、文化建设与发展问题座谈会、老舍学术讨论会、传统文化与现代化讨论会、上海文化发展战略讨论会、东西文化和中国现代化讲习班、中国社会主义文化建设中继承与交流问题座谈会、中国传统文化思想学术讨论会、对"文革"的历史反思讨论会、鲁迅与中外文化学术讨论会、跨世纪的中国学术讨论会、全国文化事

---

[1] 王守常：《中国文化书院与八十年代'文化热'》，载《文化的回顾与展望》，北京大学出版社，1994年12月第1版，第41页。二十一世纪研究院是"走向未来"丛书编委会组建的实体机构，于1989年初建立，当时有全国性影响的三大民间文化团体应为："走向未来"丛书编委会，中国文化书院，"文化：中国与世界"编委会，王守常是把二十一世纪研究院视同为"走向未来"丛书编委会了。

业发展战略讨论会，等等。[1]

四是交流。不分政府学术机构还是民间文化团体，无论国内还是国外学者，各种讲学、聚会，来往交流频率空前之高，仅中国文化书院1987年下半年的不完全统计，就接待了新加坡、美国、日本、澳大利亚、意大利和中国台湾、香港的32位境外来访学者。[2]

五是规划。1985年被认为是"文化热"大兴之年，是因为这一年它由文化界、学术界范围内的讨论走向了社会。走向社会的热流即时分流，一股热流由历史情怀而转向现实的关注，并以大众传播的手段呈现，出现如《河殇》及对其争论的文化现象，引向政治体制改革的讨论；另一股则从"1985年3月，由上海率先开展文化发展战略的研讨活动，以后逐渐波及北京、广州、武汉等地区"[3]，形成了《关于上海文化发展战略的汇报提纲》《广州文化发展战略构想（1986年—2000年）》等一批地区性文化规划蓝图，以"企业文化""社区文化""饮食文化""环保文化"等方兴未艾地跨越了世纪。

在这"论述""团体""会议""交流""规划"五股热源中，第一股主要是学者个人的作用力，第五股主要是地方政府的作用力，而二、三、四股都需要社团的作用。所以，今日学者如只从当时发表的论文和言论中分析八十年代"文化热"，是不能把握全貌的。

从本章和第四章，我们可以看到中国文化书院在八十年代"文化热"中的作为，也可以从一个个案，了解一个民间文化团体是怎样和一个时代的文化运动互动发展的。

---

[1]《中国文化研究年鉴（1989年）》，台北国文天地杂志社1990年12月初版，第327—363页。
[2]"来访学者名录"，见中国文化书院《1988年院务工作报告》，1988年1月。
[3] 吴修艺《中国文化热》，上海人民出版社1988年1月第1版，第42页。

第1节 历史把讲台还给了它的主人：1985年、1986年的文化讲习班

课堂、讲坛，自古是师者的道场。但在"以阶级斗争为纲"的时代，三尺讲坛就成了"无产阶级不去占领就被资产阶级占领"的阶级斗争前沿阵地，大搞"泥腿子登讲堂""工农兵进学校"。狂躁的思想泡沫破灭后，中国人回归常识理性，术有专攻，知识总要由知识者传承。

1985年3月4日至3月24日，北京，中国文化书院筹委会和九州知识信息开发中心联合举办第一期"中国文化系列讲习班"。

这是中国文化书院成立后举办的第一项大活动："有大陆梁漱溟、冯友兰、张岱年、任继愈、侯仁之、金克木、虞愚、牙含章、石峻、吴晓铃、戴逸、何兹全、丁守和、阴法鲁、朱伯崑、汤一介、庞朴、李泽厚、孙长江等19名著名学者，海外杜维明、袁晓园以及台湾知名学者陈鼓应等为讲习班作了精彩的讲演。"[1]"听课学员二百余人，来自全国各地。"[2]

讲习班1985年1月10日开始报名，2月5日截止，名额有限，按报名先后录取，学费每人200元。3月4日开班，24日结束，共20讲。200元的学费在当时是什么概念呢？查《中国经济年鉴》可知1985年中国居民平均每人全年生活费支出为673.20元[3]，这是当时一个中国居民近4个月的生活费啊！这里的生活费支出，包括了食品、衣着、医疗、燃料、文娱等购买商品支出，也包括了房租、水电、学杂、交通等非商品支出，而且同期农民平均每人的年生活消费支出仅317.42

---

[1]《中国文化书院简报第一期》，1985年11月20日。

[2] 陈越光汇编：《中国文化书院八十年代大事系年（1984—1991）》"1985年3月4日至24日"条，见本书附录一。

[3] 国务院发展研究中心主办《中国经济年鉴》1990年刊（北京版），经济管理出版社，1990年10月第1次印刷，第128页。

元！但如饥似渴的人们争先恐后，是为了这样一份名单和讲题[1]：

冯友兰（政协委员、北京大学教授）:《中国哲学特质》
梁漱溟（政协委员、中国著名学者）:《中国文化要义》
张岱年（中国哲学史学会会长、北京大学教授）:《中国文化与中国哲学》
任继愈（社会科学院宗教研究所所长、研究员）：题目待定
牙含章（社会科学院民族研究所所长、研究员）:《藏学与汉学》
吴晓铃（社会科学院文学研究所研究员）:《中国古典戏曲》
戴　逸（人民大学清史研究所所长）:《明清思潮》
石　峻（人民大学教授）:《佛教与中国文化》
虞　愚（社会科学院哲学研究所研究员）：
　　①《中国书法艺术》
　　②《中国名学、印度因名学及西方逻辑的异同》
阴法鲁（北京大学教授）:《中国古典音乐》
朱伯崑（北京大学教授）:《易学与中国文化》
汤一介（北京大学教授、中国哲学史教研室主任）：
　　①《道教的产生与特点》
　　②《中国传统哲学的真善美问题》
杜维明（美国哈佛大学教授）:《儒家哲学与世界现代化》
陈鼓应（中国台湾知名学者、哥伦比亚大学客座教授）:《老庄哲学与尼采哲学比较研究》

第一位演讲者就是92岁高龄的梁漱溟先生。汤一介先生后来回忆："在这次讲习班上梁漱溟先生以《中国文化要义》为题作了两个多小时的演讲，这是1953年梁先生受到毛泽东批判后的第一次公开演讲。

---

[1] 中国文化系列讲习班招生通知，1985年。

这可以说是中国文化书院历史上不能不记下来的一页。"[1]对于这不能不记下来的一页,李中华先生留下了生动的文字——

  1985年3月,文化书院在中国青年政治学院(中央团校)举办了第一期"中国传统文化讲习班"。梁先生是我们邀请在该班上作讲演的第一个人。当我们带着讲习班的宗旨和要求去请他时,他同样愉快地答应下来,并提出了许多建议。开班的那一天,北京城内晚冬的残寒尚未退尽,寒风席卷着干旱的沙尘,吹打在人们的脸上,有一种麻木窒息的感觉。我们坐在礼堂讲台一侧的休息室里,等待着梁先生的到来。这时台下的摄像机早已架好,各式各样的录音机几乎摆满了讲台的周围,礼堂的座席上也已坐满了来自祖国四面八方的听众,准备聆听这位与世隔绝达30年之久的传奇式学者的讲演。大家怀着一颗与其说是敬仰的心情,还不如说是一种好奇的心理,因为梁先生自1953年发生了那起与中国最高领导人顶撞的事件后,几乎是断绝了与社会的联系。在政治上,梁漱溟简直被塑造成跳梁小丑,在许多人的眼里,梁漱溟的名字是与反动分子画等号的。因此,这次讲演是梁先生沉默30年后,第一次在公开场合讲话,所以引起许多人的好奇。
  讲演于上午9时开始,梁漱溟先生准时来到会场。当他坐到演讲席上时,台下一片寂静。虽然当时梁先生已是92岁高龄的老人,但口齿、思路都很清楚,讲话亦很生动幽默。如在讲到近代中国何以落后于西方列强时,他说:"原因不是中国进步慢,或中国人不聪明。慢倒不要紧,慢慢腾腾地进步也总有个到的时候啊!""问题就在这里,如果走得慢,也能赶上。可是中国人走岔了路,走到另一边去了。"讲到这里,梁先生以启发式的口吻提出问题说:"中国人走到哪边去了呢?中国人的心思、思想、精

---

[1] 汤一介:《我与中国文化书院(一)》,载汤一介《我们三代人》,中国大百科出版社,2015年9月第1版,第377页。

1985年3月,92岁高龄的梁漱溟先生在中国文化书院举办的第一期"中国传统文化讲习班"上做《中国文化的要义》专题演讲(这是梁漱溟先生五十年代受批判后的第一次公开演讲)

神用到哪里去了呢?"他略微停顿一下,然后说:"中国人把文化的重点用在了人伦关系上。所谓父慈子孝、兄友弟恭、夫妇和好等等,这都是人与人之间的关系问题。"而西方却与中国不同,"近代的西洋人,我常以八字概称之,即:'个人本位,自我中心'。西方人要求自由、平等,都是从此而来的。这恰好与中国不同。中国的道理是彼此互以对方为重。按中国传统的话叫作'礼让为国',也就是以对方为重,不是强调自己。这一精神与'个人本位,自我中心'刚好是两回事,刚好相反"。

那么,未来社会,人类究竟要走哪一条路呢?梁先生说:"我以为,就人类的前途来看,'礼让'二字必将取代西洋人的'自我中心',将来一定要讲'礼让'。……所以,如我所信,如我所见,世界的前途将是中国文化的复兴。也就是物支配人的资本主义社会必将转而为人支配物的社会。人为主、人支配物的社会是必然要到将来的社会主义社会、共产主义社会,这是我所信奉的。"
……

梁先生的讲演历时近两个小时,我们担心他过于劳累,曾几次请他休息,但他都不以为然。当时正值换季时节,讲演厅里已断了暖气,我们坐在舞台一侧的小屋子里,尚感到时有寒气袭来,阵阵阴冷。但梁先生讲演专一,其精神早已与台下听众融为一体。看他老人家精神抖擞,不但没有一点寒意,还不时用手帕擦抹额头上的污渍。从旁看去,真是一幅绝妙的夫子授学图。11点讲演结束,但未等梁先生走下讲台,便被几十位好学青年团团围住。有的请他题字,有的向他请教问题。梁先生毫无倦意,顺笔题笺,侃侃而答,此时他所焕发出来的朝气,不啻一个刚刚毕业走上讲台的年轻人,可此时梁先生已值92岁高龄![1]

"对这次讲习班,《人民日报》《光明日报》《北京日报》《北京晚报》上海《文汇报》《读书周报》以及《中国日报》《美中交流通讯》、新加坡《新明日报》等几十家报纸都作了报道。"[2]

首期文化讲习班的一举成功,极大地鼓舞了文化书院的创建者,比之于此前"炒老玉米豆,养蝎子,倒钉子、麻袋、车皮"的各种以商养文的馊主意,收费办班,以文养文,一举中的。于是,在1985年9月27日发出了第二期讲习班的招生通知。[3]"10月中旬,由汤一介同志主持研究了关于举办第二期讲习班事宜,决定在1986年1月1日至16日,文化书院在京举办第二期讲习班,主要内容为'中外文化比较',并开始着手招生工作。"[4]

---

[1] 李中华:《梁漱溟、冯友兰与中国文化书院》,载《文化的回顾与展望》,北京大学出版社,1994年12月第1版,第12—14页。
[2]《中国文化书院简报第一期》,1985年11月20日。
[3] 举办第二期中国文化系列讲习班给学员的信,1985年9月27日。
[4]《中国文化书院简报第一期》,1985年11月20日。

1986年1月中国文化书院举办的"中外文化比较研究班"开学典礼

1986年元旦第二期讲习班开班。"1月1日在外交学院礼堂举行了开学典礼。中外著名学者梁漱溟、张岱年、任继愈、汤一介、李泽厚、庞朴、孙长江、包遵信、乐黛云、邹谠、杜维明、成中英、魏斐德、姜允明、赵令扬、刘年令、冉云华及来自祖国29个省市自治区的七百余名学员,来自新加坡、日本、西德的十几名外国学员参加了开学典礼。梁漱溟、张岱年、汤一介、李泽厚、邹谠、杜维明等在开幕式上讲了话。"[1]

这里,我们有必要关注一下学员的构成。

参加"中外文化比较"讲习班的七百多名学员中,来自高校、科研单位的占60%以上;具有大学以上文化程度的占97.4%,其中已毕业和在读的硕士、博士研究生185人,约占学员总数的24.6%,具有教授、副教授、讲师职称的130余人,约占学员总数的20%,有的

---

[1]《中国文化书院简报第二期》,1986年1月10日。

还是知名学者、学部委员;学员中年龄最小的19岁,最大的65岁,19—30岁的,约占学员总数的53%,31—49岁的,约占学员总数的37%,50—65岁的,约占学员总数的10%。[1]

文化讲习班的热烈气氛不但鼓舞着主办者,授课讲师们也被激励、被感染着。第二期讲习班授课讲师共18位中外学者,做了20场专题讲座。[2]其中,来自美国、加拿大、英国、澳大利亚、新加坡等国家的近十名外籍教授,在历时16天的讲习班中做了12次学术专题讲座。面对"七百余名全国各地的学者济济一堂,共同研讨东西方文化问题,

---

[1]《中国文化书院简报第二期》,1986年1月10日。
[2]见《中国文化书院简报第二期》,1986年1月10日。

梁漱溟	我国著名学者、全国政协常委	《中国、印度及西方文化的异同》
周谷城	复旦大学教授、全国人大常委会副委员长	《文化汇合论》
季羡林	北京大学教授	《中印文化异同》
周一良	北京大学教授	《魏晋南北朝史学及其对日本的影响》
汤一介	北京大学教授	《从印度文化的输入看中国文化的发展》
庞朴	中国社会科学院研究员	《中国文化的民族性与时代性》
乐黛云	北京大学副教授	《从东西文化的相互影响看文化的汇合》
严绍璗	北京大学副教授	《中国文化比较》
包遵信	中国社会科学院副研究员	《明清思潮和文艺复兴》
邹谠	美国芝加哥大学讲座教授	《西方理论与中国政治学》
杜维明	美国哈佛大学教授	《中国文化及其创新》《从东西文化的比较看中国文化发展前景》
成中英	美国夏威夷大学教授	《从本体诠释学看中西文化异同》《西方现代哲学发展趋势》
冉云华	加拿大麦克马斯特大学教授	《印度禅与中国禅》
姜允明	澳大利亚马克里大学教授	《中国传统哲学中普遍性和现代性问题》
赵令扬	香港大学教授	《香港与中外文化交流》
陈鼓应	美国加州大学研究员	《庄子与尼采哲学比较》
刘年令	美国哈佛大学研究员	《西方当代文学艺术》
魏斐德	美国加州大学教授	《当代西方学者对中国文化的评论》

冯友兰先生和与会者交流

使国外学者非常吃惊。新加坡教育部课程发展署的教育行政学专家刘惠霞博士说:'我经常参加世界各种学术会议,到处跑,像这样大型的学术会议是非常少见的。我从上海、广州一路上来,走了好几个地方,到处都在议论中外比较文化研究班,有的化学研究所和工厂都有许多人想来参加,中国这样多人关心文化问题,真是不简单。'美国夏威夷大学教授成中英先生说:'我是第一次来中国,这样大型的学术讲座,很难得,而且学术气氛很活跃,我觉得非常好。'美国加州大学研究员陈鼓应先生在讲座开端神情激动地说了这样一段话:'我们所有参加这次研究班的教授、学员都要特别珍惜这次机会。这样的大型研究班能办成非常不容易。这在台湾是不能想象的。那里30人以上的集会就必须报警方。研究班说明:大陆确实开明。'"因为气候原因航班停飞,在机场等候了两天两夜的澳大利亚马克理大学姜允明教授说:"中国文化书院和中外比较文化研究班能够在中国学术界引起这样大的反响,使我深深感觉到中国确实是一个文明古国,礼仪之邦,她正在前进。"姜教授不顾疲劳,为讲习班开了第一课,他兴奋地表示:"我身体有些疲劳，但我的精神却从未像今天这样好。"美国哈佛大学杜维明教授说："后工业社会的世界文明将转向以中国传统文化为核心的文明。"[1]

讲习班的学术空气非常活跃，学员们自发地组织学习小组交流讨论，有的以宿舍为单位，有的以生源地为范围进行交流活动。讲习班还组织了各种专题座谈会，如："理工科大学生中的社会科学建议"座谈会；"如何改进和加强高校的马列主义教学"座谈会；"文化的未来"讨论会；"中外哲学家对话"座谈会。[2] 其中，以"如何改进和加强高校的马列主义教学"为内容的高校哲学教学改革座谈会，与会者人数最多，因本次讲习班学员中有近一百六十名学员是从事马克思主义哲学教学工作的，1月10日下午举行的座谈会，有八十余人参加，北京市高校哲学教学协会会长谢龙主持了座谈会。[3]

参加讲习班的学员普遍反应强烈，辽宁省社会科学院语言文学所所长张明说："现在中国正处在一个伟大的变革时期，不恰当地比喻，可以说在某种意义上有些类似文艺复兴时期。你们这个班开了文化教育的新风之先，是值得称颂的。"春风文艺出版社的邵光说："通过学习，对中国文化有了进一步的了解，感到祖国文化的精华必须继承，同时也感到对传统文化改造的艰巨性。"学员们称赞讲习班的授课方式，南京师范大学历史系刘曼春说："通过讲课，使我们增长知识，广开思路，知道别人是怎样想的、怎样做的，再由我们自己加以比较，就可以做出有益的结论。"参加讲习班的还有不少来自工矿企业的领导和技术人员，江西汽车制造厂的党委书记杨洪基、宣传部长杜彬、总工程师张吉良一起来参加了讲习班。当被问到搞企业为什么对此有兴趣？企业界的学员说：没有现代化的人，现代化的企业就难以奏效。现代化的企业是现代科技、信息、管理的综合体，必须建立在现代文

---

[1] 均见《中国文化书院简报第五期》，1986年2月1日。
[2]《中国文化书院简报第二期》，1986年1月10日。
[3]《中国文化书院简报第三期》，1986年1月15日。

中国文化书院在1985年、1986年举办的"中外比较文化系列讲座"场景

化知识的基础上,必须依靠具有现代文化素质的人。[1]

1986年8月,中国文化书院"在北京大学开办第三期文化系列讲习班,主题为'科技与文化'。主讲人有:余谋昌、李绍崑(美国)、吴允曾、马希文、包遵信、殷登祥、张岱年、金观涛、丁守和、柳树滋、方药宗、沈德灿、沈小锋、吴良镛等"。[2]

1986年12月,"中国文化书院举办第四期文化系列讲习班,主题为'文化与未来'。主讲人为:汤一介、秦麟征、庞朴、乐黛云、王勇领、陈传康、詹姆士·阿伦·戴特(James. A. Dator,世界未来学会及罗马俱乐部成员)、维克多·斯卡迪格列(Victor Scardigli)、佛兰克·费瑟(Frank Feather)、鲁尔夫·霍曼(Rolf Homan,世界未来联合会执行委员)、吉姆·戴特(Jim Dator,世界未来研究联合会秘书长)、盖

---

[1] 均见《中国文化书院简报第四期》,1986年1月18日。
[2] 常华:《中国文化书院大事系年(1984—1994)》"一九八六年八月"条,载《文化的回顾与展望》,北京大学出版社,1994年12月第1版,第56页。

伊·克里斯托佛林（Gaye Christffersen）、埃利欧罗娜·玛西妮（Eleonora Barhieri Masini，世界未来联合会主席）。这次讲习班着重介绍、探讨了世界文化的未来发展，东西文化交流冲突之历史及中国文化的前途等问题"。[1]

这几期大规模的文化讲习班，为初创的中国文化书院展示了形象，奠定了其在八十年代中国思想文化运动中的地位。

第2节 面向驻京外国友人的"中国文化系列讲座"

中国文化书院是怀有让中国文化走向世界的大志向的，千里之行，何不始于足下？

1987年12月30日，中国文化书院提出《关于"中国文化系列讲座"的初步设想（征求意见稿）》[2]，拟以驻京使团、商社人员，驻京外国记者和其他外国友好人士为招生对象，开办"中国文化系列讲座"：讲座安排4周，共8讲，收费80美元；在《中国日报》刊登了3次办班广告，发出180余份听课申请表后，截至2月2日收到14封咨询信。[3]

1988年2月29日，面向驻京外国友人的"中国文化系列讲座"在北京饭店举行了开幕式，由杨宪益先生进行了第一期讲座。根据要求授课语言主要为英语，也可以汉、英语同时进行。[4]中国文化书院学术委员会主席庞朴、副院长鲁军、院务委员会副主席王守常、导师梁从诫、副秘书长魏婕等出席讲座，美国、英国、意大利、墨西哥、丹麦5个国家的13名外国友人听讲，庞朴和梁从诫主持讲座，杨宪益先生讲演的题目是"中国早期与东罗马的交往"，外宾们听课认真，

---

[1] 常华:《中国文化书院大事系年（1984—1994）》"一九八六年十二月"条，载《文化的回顾与展望》，北京大学出版社，1994年12月第1版，第56页。

[2]《关于"中国文化系列讲座"的初步设想（征求意见稿）》，1987年12月30日。

[3]《中国文化书院简报第8801期》，1988年2月2日。

[4] 举办面向外国友人的"中国文化系列讲座"请导师支持函，1988年3月2日。

1988年中国文化书院举办面向驻京外国友人的文化讲座,庞朴先生(中)在和外国友人交流,左为梁从诫先生

1988年中国文化书院举办面向驻京外国友人的文化讲座,中国文化书院导师杨宪益先生(右2)与外国友人交流

1988年中国文化书院举办面向驻京外国友人的文化讲座听课现场

提问踊跃。在讲座的同时，书院举行了记者招待会，王守常回答了新华社、《光明日报》等记者的提问。[1]

在3月份，又相继举办了5次讲座，听课的外宾达50余人，分别由刘叶秋、梁从诫、钟志邦、吴晓铃和白化文五位先生讲授了"北京的季节风俗——春节""中西大百科全书的比较""儒家文化与基督教文化的对话""昆曲""近现代的汉化寺庙"。[2]

这5次面向外国人的中国文化讲座，虽然规模和影响都不大，但却是中国文化走出去、讲好中国故事的早期探索。

第3节 梁漱溟思想国际学术讨论会

1987年10月31日是梁漱溟先生94寿辰和从事教学科研70周年。中国文化书院于10月31日至11月2日，在北京香山饭店举办"梁漱溟思想国际学术讨论会"以示庆贺。

1987年9月25日中国文化书院发出的该学术讨论会请柬，要求

---

[1]《中国文化书院简报第8802期》，1988年3月1日。
[2]《中国文化书院简报第8803期》，1988年4月5日。

梁漱溟先生出席"梁漱溟思想国际学术讨论会"签到（1987年10月）

梁漱溟先生观看"梁漱溟思想国际学术讨论会"图片和出版物展览（1987年11月）

与会学者于10月20日前报论文题目,并选择住房标准。会议提供香山饭店单人套间(人民币430元/日)、双人房(人民币210元/日),松林村单人套间(人民币60元/日),蒙养园单人套间(人民币30元/日),四种住房标准,供与会者自行选择,费用自理(中国文化书院导师会议期间不收住宿费)。[1]

"梁漱溟思想国际学术讨论会"开幕式,于1987年10月31日上午9时30分在北京"二七剧场"举行。"二七剧场"在当年是一个大剧场,有贵宾室、外宾室、休息室,有标准的乐池、舞台,一楼座位846个(二楼还有354个座位,共有1200个座位)。[2]开幕式来宾600余人。[3]在主席台就座的有:梁漱溟、费孝通、周谷城、贾亦斌、胡德平、叶笃义、张学书、李铁铮、李渊庭、田慕周、高山、郑洪溪、吴德耀、赵令扬、陈方正、和崎博夫、山口一郎、林毓生、冉云华、汤一介、张岱年、任继愈、季羡林、阴法鲁、牟小东、孙越崎、任宁芬、柯鲁克夫妇等29人。[4]开幕式由中国文化书院院长汤一介主持[5],议程为:张岱年教授致辞;周谷城先生讲话;费孝通先生讲话;北京大学副校长张学书致辞;任继愈先生讲话;新加坡东亚哲学研究所所长吴德耀教授讲话;梁先生的学生李渊庭先生讲话;学员代表方敏同志发言;宣读大会贺电、贺信;当然,还有梁漱溟先生的答谢讲话。[6]汤一介认为94岁高龄的梁先生还亲自参加会议,是"他希望听到对

---

[1] "纪念梁漱溟先生从事教学科研70周年学术讨论会请柬",1987年9月25日。
[2] "二七剧场座位图"。
[3] 《梁漱溟思想国际学术讨论会专辑》,见《中国文化书院简报第8707期》,1987年11月30日。另外,在一份开幕式的纪要稿中,称与会者"1000人",见纪要稿《开幕式》,1987年10月31日。
[4] 梁漱溟思想国际学术讨论会主席台就座名单。
[5] 《梁漱溟思想国际学术讨论会获得圆满成功》,见《中国文化书院简报第8706期》,1987年11月22日。
[6] 《梁漱溟先生从事教学科研70周年国际学术讨论会会议文件》"开幕式议程"。

梁漱溟先生在"梁漱溟思想国际学术讨论会"开幕式上作答谢讲话（1987年10月）

他思想的批评"。[1]

张岱年在致辞中认为梁先生在《人心与人生》一书中对人的自觉能动性的见解是精湛的，值得我们认真体会。张先生指出，梁先生的学术思想是兼宗儒佛而自成一家，有人把他作为新儒家的一个代表，这不全面，也不准确。张先生说，梁先生是一个对于民族有真情实感的爱国主义思想家，他提倡学术救国、教育救国，不免带有空想主义的色彩，但他热爱民族、热爱祖国的感情是真实的。[2]

费孝通先生在讲话中指出，梁先生是一位一生从事思考人类基本问题的学者，他的思想永远是活的，从不僵化，可以包容各个学科，

---

[1] 汤一介：《中国文化书院十年》，载《文化的回顾与展望》，北京大学出版社，1994年12月第1版，第7页。

[2] 纪要稿《开幕式》，1987年10月31日；《梁漱溟思想国际学术讨论会专辑》，见《中国文化书院简报第8707期》，1987年11月30日。

而当今的知识分子，有几人能不唯上、唯书、唯经、唯典地敞开思考？

贾亦斌盛赞梁先生坚持真理、威武不能屈的品格，特赋诗一首："数十年前识老翁，文章道德世尊崇。门生早已满天下，巨著何啻遍域中。恒守贞知坚似铁，敢陈卓见响如钟。每逢盛会来京日，必伺熊师拜我公。"

任继愈先生在发言中指出，梁先生当年以敏锐的眼光抓住了中西文化的精神，他提出的问题我们还没有解决。任先生说，不同文化在交流中有一个势差问题，高水平的文化向低水平的文化传播。文化水平的高低仍然应以历史唯物主义关于五个社会发展阶段的理论为标准。[1]

开幕式后，学术讨论会转到香山饭店举行。参加学术讨论会的有多少人呢？常华《中国文化书院大事系年（1984—1994）》"一九八七年十月十一日"条记载："'中国文化书院'在北京香山召开了'梁漱溟思想国际学术讨论会'。周谷城副委员长等领导和中外学者近200人参加。"[2]这里，10月11日的时间显然有误；周谷城副委员长参加了开幕式，没有任何资料显示周谷城还参加了此后的学术讨论会；200人的数字，如果包括开幕式明显少了，仅指学术讨论会人数则又多了。当时会议筹备组的"新闻发布稿"提供的数字是"70余人"[3]，1987年11月30日出的第8707期《中国文化书院简报》上，分别记录了10月31日下午"到会50人"，11月1日上午"到会50人"，11月1日下午"到会51人"，11月2日上午"到会38人"。[4]

有多少学者在会上宣读了论文或发言？一则《梁漱溟思想国际学术讨论会获得圆满成功》的简报称："除正式发言者20人外，还有许

---

[1] 纪要稿《开幕式》，1987年10月31日。

[2] 常华：《中国文化书院大事系年（1984—1994）》"一九八七年十月十一日"条，载《文化的回顾与展望》，北京大学出版社，1994年12月第1版，第57页。

[3] 《〈梁漱溟思想国际学术讨论会〉新闻发布稿》，1987年10月28日。

[4] 《中国文化书院简报第8707期》，1987年11月30日。

邓广铭先生（签字者）和侯仁之先生出席"梁漱溟思想国际学术讨论会"的招待宴会

多人即席发言，各抒己见，热烈讨论，生动地体现出学术自由、百家争鸣的活跃气氛。"[1]

第一次讨论会，10月31日下午，主持人庞朴。发言人：成学炎、郭齐勇、陈方正、林琪。

成学炎介绍了10月20日在山东邹平召开的"梁漱溟乡建运动学术讨论会"概况，回答了与会者的一些问题。

郭齐勇的发言题目是《梁漱溟的文化比较模式析论》，他认为梁漱溟进行中西文化比较的基本模式：西方文化：身的文化——人对物（自然）的关系——人心之妙用（用）——理智——有对——向外——人类第一期文化；中国文化：心的文化——人对人（社会）的关系——人心之美德（体）——理性——无对——向内——人类第二期文化。这个模式是不科学的。但在"全盘西化"的民族虚无主义思潮处处以

---

[1]《梁漱溟思想国际学术讨论会获得圆满成功》，《中国文化书院简报第8706期》，1987年11月22日。

西方近代文化作为参照系的文化背景下，这一模式的意义在于提出了区别于西方中心论价值标准，在于肯定了世界文化的多样性和中国文化不同于西方文化的特殊价值。它的意义还在于批判了科学主义对人类本质的片面理解和对于生动丰富多层面的文化生命的肢解。郭齐勇指出，梁漱溟文化比较中的漏洞和矛盾实际上是中西文化冲突融合与中国文化新旧嬗替之际，中国知识分子理智与感情的矛盾心态的反映。根本问题仍然是文化发展中的普遍与特殊、一般与个别、统一与多样的问题，亦即文化的时代性与民族性问题。梁漱溟提出的这些问题，我们今天仍未完全解决。

林琪的发言是《人心与团体》，认为梁漱溟所有的著作都在强调心理学与实际行动之间的密切关系。包括哲学与心理学在内的纯粹抽象的人生问题与在中国应如何实践的具体的社会问题是梁漱溟关心的两个领域，这两个领域最终归纳成建立起一个新的中国社会生活团体，而他的团体社会结构的理论和心理学理论都是以他的心的隐喻为基础的。梁希望给这种社会团体以一种能力，这种能力以思想者为其特征。梁认为，自然、人心与社会是一致的，而这一点一直未曾被西方思想家们注意过。

陈方正的发言为《儒家思想与科学精神》，他把中国人近百年来对儒学的态度分为三个时期：一、1860年至辛亥革命，中国人企图通过吸收西方文化以维持儒家的正统地位；二、辛亥革命至"文革"十年，是儒家学说的全面崩溃；三、对儒家思想重新反省，这种反省在国外华人中自1949年即开始了，在大陆则自"文革"结束开始。陈方正指出，在反省儒学时必须认清今日世界是由科技推动的剧变的世界，儒学要超越时代，必须发生蜕变。今日人类的普遍关怀（general consideration）已非儒学所能包容了，因此没有必要再把人伦振作起来，将来的社会是人的作用更重要，而不是他的道德。

在对以上发言的热烈讨论和提问中，金春峰不同意陈方正的一些观点，认为"五四运动"后中国知识分子（即使是那些西化派）的忧

"梁漱溟思想国际学术讨论会"小组讨论会（1987年10月）

患意识，救国的勇气还是来自儒家精神。儒家学说的重建应自"五四"始。

第二次讨论会，11月1日上午，主持人王守常；发言者：吴德耀、周策纵、和崎博夫、李弘祺、林毓生等。

吴德耀主要介绍新加坡东亚哲学研究所做的工作。他说，过去的古代文明，为什么只有儒家的东西能够流传下来呢？最重要的是它谈到人，有同情心的人（humane being），以及人与人之间的关系。儒家将来还有希望发展，因为那时还有人。

周策纵宣读论文后，陈方正、霍韬晦等就梁先生的"意欲"与叔本华的"will"的比较，及印度文化是后退、西方文化是前进、中国文化是持中的理论进行了讨论。周策纵认为梁先生的"意欲"较叔本华的"will"要复杂、广阔，它包括"智、情、意"，不一定都是外在的。

李弘祺做了题为《从敏锐的直觉说起——略谈思想史上理智的几

个问题》的发言后,陈方正、林毓生、林春才、王守常等与之就直觉与悟性,梁先生如何看待这两个概念及其关系进行了讨论。

林毓生宣读了论文《胡适与梁漱溟关于"东西文化及其哲学的论辩及其历史含义"》后,金春峰、霍韬晦、陈方正等又就论文中提及的梁先生体系的内在矛盾以及一元、二元、多元,主体性、道德性进行了讨论。

第三次讨论会,11月1日下午,主持人包遵信;发言者:坂垣弘子、庞朴、萧萐父、霍韬晦。

霍韬晦发言题目为《如实观的哲学》,主要探讨佛教哲学问题。他认为梁漱溟提出直觉可能与他研究佛教有关。

萧萐父发言的题目是《中西文化异同辨》。他认为梁漱溟在思想和学术上有三点一直保持其生命力,一是辨异,二是重视文化的民族性,三是寻根意识。他指出,梁先生的思想超越了晚清流行的文化认同,他在"五四"以后首先提出文化的辨异问题,打破了华夏中心主义,从全球的考虑出发,分文化为三大系,对当时风气是一突破。梁先生强调文化的民族性并非复古,他也揭示了中国文化的五大病,不否认中国文化要走向现代化,他向往社会主义并不把腐朽视为神奇。在辨异之后,他还做了文化的汇通的工作,他的工作触及了东方世界现代化的特殊道路问题。萧先生指出,寻根问题至今仍未解决,要找到中国特色的现代化的源头活水,它是否就是儒家,尚未定论。

庞朴的论文题目《文化的民族性问题》,认为梁先生强调三大文明的特殊性问题是20世纪文化模式说的先声。中国人对文化史的研究有两个阶段:明万历年间至"五四运动"时人们只把文化作为一种文化现象看待;"五四"以后则把它作为一种社会现象看,这反映了对文化性质的由浅入深。梁先生的贡献在于提出文化的民族性问题,他的缺点和钱穆一样,都用民族性否定时代性。

袁伟时指出,梁先生的思想对中国进步有多大影响、对他应肯定的多还是否定的多,尚待研究。"五四"以后第一个提出东西类型之分的并非梁漱溟。

萧萐父说，对中国文化中哪些成分过时还有待探讨。

陆人龙说，梁先生主观上受到"五四"时文化单一性风气的影响，还在讲阶段性。

庞朴说，不同文化在接触中，开始是容忍，再是排斥，然后是融合。

方立天认为庞朴忽视了文化的共同性，庞朴却认为共同性寓于特殊性之中。

第四次讨论会，11月2日上午，主持人陈鼓应、鲁军；发言者：包遵信、金春峰、沈鹏年、田慕周、郭蒸晨、林春才、马秋帆。

袁伟时说，文化有民族性、时代性、人类性，但主要应是时代性。

庞朴说，文化传统和传统文化有不同，人们往往用文化传统来反传统文化。传统文化是死的，文化传统是活的，需要转化，也一定可以转化。

林毓生主张应迈出"五四"以光大"五四"，"五四"的人们心太热，缺乏冷静。中国道德中没有柏拉图、马基雅维利提倡的 public self，但不必全打碎它原有的 private self，应把儒学的末流和主流分开。对西方民主和自由的东西研究，中国人做得还不够，要解决这一问题，还要等一段时间。

金春峰认为包遵信把传统确定为一个僵死的东西，其实它是活的，可以转化。

林春才论文的题目是《梁漱溟的双重人格与他的事业》，认为梁先生常常同时以三种社会角色出现：现实主义者，具有东方理性色彩的文化反思者，现代大儒。这三种互相矛盾的社会角色构成了他复杂的双重人格特质：带有传统色彩的现实主义者，带有儒家实践色彩的人文主义者。

马秋帆在发言中提出，应把梁先生关于东西文化、中国传统文化和人类心理发展的论述，同他的教育思想融会贯通起来。

郭蒸晨介绍和评论了梁先生在邹平的乡村建设实践活动。

一部分学者不同意金春峰认为梁比胡适更深刻的见解。林毓生认为，胡适对人权的看法和梁漱溟、陈独秀有相同之处，讲人权不能只强调梁漱溟。人权是"五四"的一大贡献，研究"五四"人物，既要看到异，又要看到同。[1]

会议期间，每天都安排了宴请聚会：10月30日晚中国文化书院宴请全体与会代表；10月31日晚6时民盟中央费孝通宴请国外学者，8时生活·读书·新知三联书店董秀玉与香港学者座谈；11月1日国际文化交流中心程思远宴请；11月1日晚九三学社周培源宴请（注明了不包括洋学者）；11月2日晚中国文化书院宴请，为全体与会者饯行。[2]

中国文化书院为举办"梁漱溟思想国际学术讨论会"，做了相当周密的筹备和会务工作。大会秘书组有四位工作人员，负责人魏常海，负责大会论文、文件、简报、纪要，安排宴会。大会宣传组七位工作人员，负责人梁波、田志远，负责录音、摄影、摄像，记者接待，展览角，售书（会场出售梁先生三本著作及文化书院教材）。大会签到组四位工作人员，负责人张庆，负责开幕式签到，核对出席名单，分发会议文件，安排题词。大会会务组工作人员八位，负责人谢瑞林、孙贤惕，负责食宿，布置会场，安排接送学者，开幕式接待、引座，准备讨论会茶水，准备讨论用文具、工作人员胸卡，宴会服务，大会用品登记、管理，订票。[3]

"梁漱溟思想国际学术讨论会"召开的当天晚上，中央电视台在

---

[1] 上述会议讨论情况汇总王宗昱整理《梁漱溟思想国际学术讨论专辑》，见《中国文化书院简报第8707期》,1987年11月30日;纪要稿《讨论纪要》10月30日下午、11月1日上午会议纪要、11月1日下午讨论纪要、11月2日上午讨论纪要;《梁漱溟先生从事教学科研70周年国际学术讨论会会议文件》"开幕式议程"。

[2]《纪念梁漱溟先生从事教学科研70周年学术讨论会会议文件》。

[3]《梁漱溟思想国际学术讨论会筹备工作计划》。

梁漱溟先生（前排左6）与出席"梁漱溟思想国际学术讨论会"代表合影

新闻联播节目中予以报道。另据不完全统计，《人民日报》、《人民日报》（海外版）、《光明日报》、《文汇报》、《科技日报》、《北京晚报》、《人民政协报》、中国国际广播电台等都分别对会议作了报道。[1]但是，据说另一种"反响"也出现了，梁漱溟的儿子梁培恕在回忆父亲的书中说："1987年举行'梁漱溟学术思想国际讨论会'，会后报纸发了消息。这又构成另一次余震。上边追问为什么开这个会，并具体指示'对梁漱溟这样的人，不宜宣传过分。'"[2]

第4节 中日近代化比较研讨会

20世纪的中日关系史上，除了历时14年的日本侵华战争给中华

---

[1]《梁漱溟思想国际学术讨论专辑》，见《中国文化书院简报第8707期》，1987年11月30日。
[2] 梁培恕：《我生有涯愿无尽——记父亲梁漱溟》，香港世纪出版有限公司，2014年8月第1版，第358页。

民族和两国关系史打上了血泪斑斑的烙印，还有两次中国人对日本充满兴趣的了解和学习的热潮，一次在世纪初，第二次在八十年代。八十年代的思想文化运动中，中国知识分子反思近现代历史。19世纪中叶，中日两国几乎同时在西方武力威逼下打开国门，为什么同样学西方强兵建军办洋务，甲午一战，中国割地赔款？为什么日本的"明治维新"成功了，而中国的"戊戌变法"就失败了？在近代化道路上中国需要总结什么样的教训？为什么二战后的战败国日本，不仅很快经济复苏，而且成了世界经济强国？而我们有着先进的社会制度保障，却在错误的道路上迅跑了一段，突然发现"国民经济面临崩溃的边缘"，依然处在封闭落后的格局中？中国人在"落后就要挨打""要被开除球籍"的自我警醒中，希望在对"日本为什么成功"的剖析中，找出自己的问题和方向。一时间，各种介绍、分析日本历史和经验的书籍、研讨会此起彼伏，方兴未艾。

1988年10月，中国文化书院举办"中日走向近代化比较研究国际学术讨论会"，日本立命馆大学教授竹内实、东京大学松本三之介及日本企业界代表出席讨论会。中国文化书院导师周一良先生担任主席，魏常海先生任秘书长。[1]

研讨会从10月7日至10月9日共3天，大会发言共13人。

10月7日的大会发言，厉以宁："战后日本价格改革对我们的启示——中日价格与企业问题的比较研究"；竹内日："从中国近代史看日本的近代"；吕万和："19世纪中叶中日两国社会诸因素之比较"；田中正俊："中法战争对日本的意义"；平野绚子："经济发展与资本积累、市场——中国与日本"。

10月8日的大会发言，松本三之介："近代日本对西欧思想的受容"；依田憙家："比较日中两国近代化的前提"；高增杰："明治维新新论——关于它在文化发展中的作用"；王晓秋："近代中日维新之比较"。

---

[1] 中国文化书院"中日近代化比较研讨会"负责人名单，1989年10月。

10月9日的大会发言,周一良:"日本推理小说与清代考据之学";小岛晋治:"日中两国农民起义思想的比较——在19世纪中期";严绍璗:"日本传统汉学在明治时代的命运——日本近代文化运动的经验和教训";王家骅:"论日本晚期封建社会——兼论近代中国和日本走上不同道路的内部原因"。[1]

这次研讨会的预算为29305.20元,中国文化书院提供8975元,向中国改革与开放基金会申请资助20330.20元。1988年9月27日,双方就此达成协议;9月30日改革与开放基金会郑小梅致函周一良:"您已经获得了20330元人民币的资助。北京办事处从中扣除管理费3%。该基金是允许您进行'中日近代比较研究'项目。这笔基金将由基金会北京办事处直接给您。"[2]资助款的3%扣作北京办事处的管理费,是依据美国税法对私人基金会的管理规定,由资助方和受助方在资助协议中约定。

第5节 1988年的几次小型研讨会:《河殇》及其他

1988年,中共十三大后开局的第一年,"文化热"已从学界走向大众,并已经分野为两股潮流,一股从反省文化传统到探究政治改革,文化反思的高潮是电视片《河殇》;一股则在地方政府主导下着力于城市或地区文化发展规划和企业、旅游、社区、休闲等文化的发展。中国文化书院的关注点,离前者更近,当然观点上各有不同。在这一年里,文化书院主办或参与主办了若干个座谈会、讨论会。其中,比较重要的有"海峡两岸文学讨论会","东西文化与人格暨健康人格理论学术讨论会",两次"传统与现代化问题讨论会",《河殇》座谈会"。

1988年1月30日上午,中国文化书院和北京大学比较文学研究

---

[1]"中日近代化比较研讨会"大会发言次序。
[2] 为举办"中日近代比较研讨会"向中国改革与开放基金会申请20330.20元人民币资助预算表及批准协议、通知函,1988年9月27日。

所合办"海峡两岸文学讨论会",汤一介、乐黛云、陈鼓应、刘再复、刘宾雁、谢冕、王守常、冯宗璞、王拓、林斤澜、郑万隆、黄子平、刘树钢、邵燕祥、戴晴、沈昌文、金克木、陈建功及香港《文汇报》、《大公报》,中新社,《中国文化报》等十多家报社的记者参会,陈鼓应主持,汤一介最后致谢。

会议是因台湾乡土文学作家王拓来访而组织的,先请王拓主题发言介绍台湾的乡土文学。然后刘再复主题发言,题目是"主体性和新时期的文学精神"。此后谢冕谈诗歌情况,黄子平谈文学批评,刘宾雁谈报告文学。乐黛云、林斤澜、邵燕祥都发了言,刘树钢谈了戏剧的情况。半天会议,36页打印记录稿,非常完整,收录在本书附录。

"传统与现代化"问题贯穿了整个八十年代"文化热"的始终。1988年文化书院举办的讨论会中有两次专题讨论传统文化与中国现代化问题。

2月12日,中国文化书院为欢迎台湾学者王晓波先生,在北京西苑饭店举办了"传统文化与现代化"学术讨论会,除了书院导师张岱年、庞朴、包遵信、朱伯崑、梁从诫、石峻、陈鼓应、方立天、叶朗、金春峰等,辛冠洁、赵复三、金观涛、刘笑敢、沈昌文、黄宣民、牟钟鉴等学者也应邀出席会议,与会者约二三十人。庞朴、鲁军主持会议。台湾学术界曾在五六十年代对传统文化和现代化的关系进行了热烈的探讨、研究,近年来大陆学者也出现了"文化研究热",现在两岸学者要面对面讨论,王晓波先生首先以"古代与现代的对话"为题发言。接着,庞朴、包遵信、金观涛、刘笑敢、梁从诫、叶朗等先生相继发言,大家各抒己见,会场气氛相当热烈。当晚的中央电视台"晚间新闻"对会议作了报道,中新社,《瞭望》周刊,《光明日报》,香港《文汇报》《大公报》,《中国文化报》,《中国青年报》等媒体派记者对会议进行了采访。[1]

---

[1]《中国文化书院简报第 8802 期》,1988 年 3 月 1 日。

1988年1月30日中国文化书院和北京大学比较文化研究所合办海峡两岸文学讨论会，与台湾乡土文学作家王拓座谈，陈鼓应（右1）、汤一介（右2）等人出席

5月27日、28日两天，每天上午9点至12点，下午2点至5点，在中国文化书院会议室举行"传统与现代化问题"讨论会。出席人员为：庞朴、包遵信、张立文、成中英、赵令扬、林毓生、朱小康、丁守和、汤一介、韦政通、钟志邦、陈来、王守常、鲁军、叶朗、孙长江、谢龙、梁从诫、方立天、陈俊民、李金生，《人民日报》主任编辑马立诚，《工人日报》记者胡健、胡舒立，《瞭望》海外版编辑徐民和。汤一介、张立文、包遵信作了主题发言。[1]

在八十年代，人格心理学、弗洛伊德都是热门话题。一时间似乎没有一本《梦的解析》，对"本我"、"超我"和各种"情节"不知一二，你简直就在中青年文化圈里成了边缘人了。但是如何看待中国传统文化孕育的人格？现代人应该树立怎样的健康人格？

---

[1] "传统与现代化问题"研讨会会议通知，1988年5月10日。

1988年4月9日至11日,中国文化书院和北京市社会科学院主办的"东西文化与人格暨健康人格理论学术讨论会"在北京召开,中国文化书院院长汤一介,北京市社科院副院长马玉田,著名学者张岱年、包遵信、阴法鲁、丁守和、梁从诫和陈占国、王润生、黎鸣、郑也夫、魏常海、魏磊、许金声、丁小卒等中青年学者及来自全国各地的与会者共70人出席,收到论文40篇。当时正值部分地区甲肝流行,3月25日发出会议邀请与报到通知特别注明:"与会者持通知报到。江苏、浙江二省及新疆、上海市的同志须持肝功能检查合格证明。"[1]

讨论如何评价中国传统文化与人格,张岱年认为文化的核心问题就是人格问题,中国传统文化留下了宝贵遗产。黎鸣则说张老先生推崇的古代精英人格与现代健康人格并非一事,"现代化固然不可能等于西化,但不可否认在很大程度上就是'西化'"。"只有当现代的藐视权威、敢于证伪的科学批判精神渗透到中国人的人格时,中国才会有真正独立的健康人格。"

关于理想人格的设计,许金声认为传统的旧有的理想人格设计已不适用,并不等于理想人格没有必要。如雷锋型人格,在很大程度上仍属于片面道德力量型,也有自身的优点,但已不能完全适应改革的需要。时代要求设计出新型的、代表历史进步,又富有感召力的人格。[2]

就在"文化热"高潮的1986年,中日电视界的一个联合拍摄、各自剪辑播出的合作项目——关于黄河的电视纪录片,日方已以《大黄河》的片名播出了,中国中央电视台除了要剪出30集《黄河》纪录片,决定让26岁的青年编导夏骏利用同样的素材再编一部小型系列节目。这个决定由时任中央电视台副台长的陈汉元拍板,而这个决定最终引发了一场旋风——夏骏把文化理论界的思想探索和电视媒介结合起来了!

这部电视片开始的片名叫《大血脉》,最后定名为《河殇》。《河殇》

---

[1] "东西文化与人格暨健康人格理论学术讨论会"会议通知,1988年3月25日。

[2] 何振整理《"东西文化与人格暨健康人格理论学术讨论会"会议纪要》,1988年4月。

的主创团队为——总撰稿：苏晓康、王鲁湘；编导：夏骏；撰稿：苏晓康、王鲁湘、张钢、谢选骏、远志明；解说：张家声；作曲：孟卫东；总监制：陈汉元；顾问：金观涛、厉以宁。应邀到《河殇》演播室接受访谈讲述的人文社科学者有23人之多。[1]这种以宏大叙述的解说词为总括、配以学者演播室讲述与实景拍摄结合的方式开创了中国电视政论片模式。

《河殇》的出发点是什么？总撰稿苏晓康说："有人说，应该砸碎儒家学说，实行全盘西化；也有人说，中国只能'西体中用'才有出路；还有人说，必须重建儒家文明的第三繁荣期。近年来，无论是中国知识界对儒家命运的反思和文化战略问题的大讨论，还是在曲阜出现的隆重的祭孔活动，都反映了中华民族的反省已经触及种族文化选择这个最深刻的命题。""然而，我们却必须重建中国人的文化——心理结构。这将是一项极为复杂的文化——哲学的系统工程。""这就是我们拍《河殇》的一点初衷。"[2]

1988年6月中央电视台播出六集电视政论片《河殇》，即刻成为八十年代文化热潮中最高的一个浪峰，集最多的关注和最大的争论于一身。当时不仅引起知识界的普遍关注，而且全社会注目："呼和浩特市某条街上有名的几个'泼皮'，正在街上胡闹，突然其中一人喊了声：'《河殇》开演啦！'于是作鸟兽散，跑步回家看电视。"[3]另一方面，作为有争议的电视片，连中央顾问委员会也专门安排了给老同志们播放。[4]理论界、文化界各种研讨会，各大媒体的评论、争议文章整版累牍，引起全球关注。此后，这种现象又从文化风波涉入政治

---

[1] 苏晓康、王鲁湘总撰稿：《河殇》，现代出版社，1988年6月第1版，第112页；崔文华编：《河殇论》，文化艺术出版社，1988年9月第1版，第97页。

[2] 苏晓康：《呼唤全民族反省意识——电视系列片〈河殇〉构想浅谈》，载崔文华编《河殇论》，文化艺术出版社，1988年9月第1版，第90页。

[3] 王单：《必要的辩护》，载《河殇论》，文化艺术出版社，1988年9月北京第1版，第205页。

[4] 王晓中：《中顾委工作纪实（1982—1987）》，香港天地图书有限公司，2013年6月初版，第20页。

风波。

1988年12月3日下午,中国文化书院召开《河殇》座谈会,李中华主持会议,说明应台湾《联合报》专栏记者王震邦之邀,请来《河殇》有关作者,一起讨论"中国知识分子与文化"。一般来说,人们很容易把中国文化书院视为对《河殇》持批判立场的一边,其实不但书院内观点多元,而且总体上持开放态度。

王震邦、苏晓康、王鲁湘、叶朗、金观涛、李泽厚、包遵信、庞朴、李中华、王守常、李林等先后发言,你一言我一语自由式讨论。这中间,苏晓康、王鲁湘是《河殇》总撰稿,金观涛是《河殇》顾问,书院导师叶朗、包遵信是在《河殇》中出镜分别讲述盛唐文化和民主意识与东亚工业文明的学者。[1]

王震邦说,大陆是文化源头,但不应与台对立、分割。

苏晓康说,《河殇》现象表现当代激进的现象,回归三十年代思想活跃,但水平停留在"五四",中青年学者中观点尖锐。台湾经济发展触动大陆,中国对理论感兴趣,但应实用,群众素质低,任务在开启民智。

王鲁湘说,《河殇》在台、陆的反响均大。创作中未往政治上想,只是兴起文化热为明确的社会目的。

金观涛说,对此没想到影响那么大,感觉把握也有不精确的。《河殇》触及很多观点,百家争鸣,开放的深层次目的,对传统文化的批评应该开放多元。传统可怕的是无意识,不在于好坏。文化不可能亡国的,若中国知识分子用旧心态继承之是不利的。

李泽厚说,没看,对国内外的影响没亲身体会,但是件大好事,此现象本身值得注意。"一言兴邦一言亡邦"不可能。文学作品可反映政治,对政治不满,是情绪、情感的表达,不是学术论文,不能深究、

---

[1] 苏晓康、王鲁湘总撰稿:《河殇》,现代出版社,1988年6月北京第1版。

学究之,或硬往政治上贴。

庞朴说,《河殇》用批三千年的方法批近三四十年,尝试可爱,学术不可究之;使群众发现,促改传统,不纠其批判,实是发展传统。

李中华说,原主题:知识分子——文化——《河殇》问题。对《河殇》的高度评价不仅是纯文艺作品,牵动人心的主题,高度,综合性作品。以这一形式谈当今的社会,有突破,为时代提出大课题。对传统与西化的核心问题,新角度主要是文化作品,影响达成唯一现象。新的反理智运动不可能,但有潜在的。应心灵开放,虽不是尽善尽美,但无之。对此现象应正确对待之,应深入讨论。[1]

以上的发言颇多断句,也有语焉不详之处,这是《河殇》座谈会记录稿的原貌,虽不宜就此一一做出观点的评判,但尚可感知这次《河殇》座谈会基本的氛围。

第6节 "'五四'与中国知识分子"

纪念"五四运动"70周年,举行"'五四'与中国知识分子"国际学术研讨会的第一份"邀请书"[2],由中国文化书院学术委员会于1988年8月25日发出,会期暂定4月29日至5月2日,邀请中外学者60人左右参加会议,当时并无与其他学术机构联合举办的安排。在此邀请发出后,汤一介在与"走向未来"丛书主编金观涛、香港中文大学中国文化研究所所长陈方正、香港大学文学院院长赵令扬的联系中商定了四家联合举办此会并扩大会议规模。因此,1989年1月10日发出的第二份"邀请书",由中国文化书院学术委员会、北京二十一世纪研究院(当时"走向未来"丛书编委会已开始实体化,组建了二十一世纪研究院,故金观涛、陈越光并非以"走向未来"主编、副主编的名义,而是以二十一世纪研究院院长、副院长身份参加此研讨

---

[1]《河殇》小型座谈会现场记录稿,1988年12月3日。
[2] 纪念"五四"70周年研讨会邀请书,1988年8月25日。

在 1989 年的"'五四'与中国知识分子国际学术研讨会"主席台上，左起陈方正、汤一介、金观涛、季羡林

会）、香港中文大学中国文化研究所、香港大学中文系共同署名发起。研讨会会期 5 月 1 日——5 月 3 日，会议规模准备扩大到"中外学者百余人参加"，会议地点为北京香山卧佛寺饭店。[1]

出席"'五四'与中国知识分子"国际学术研讨会的与会者 4 月 30 日报到，据 1994 年中国文化书院十周年庆典材料介绍："此次会议是中国文化书院召开的历届国际学术会议中规模最大的一次。中外学者达 200 余人。……十余家新闻单位作了报道。会后结集的论文集，分别由山东人民出版社及港、台出版。"[2] 在会议文件中可以逐一查到名字的与会者中，有参会学者 145 人[3]、会务组 9 人、记者 25 人[4]（记

---

[1] 纪念"五四"70 周年研讨会邀请书，1989 年 1 月 10 日。
[2] 六次学术会议简介，(1994 年)。
[3] 纪念"五四运动"70 周年国际研讨会与会学者名单，1989 年 4 月 30 日至 5 月 3 日。
[4] 纪念"五四运动"70 周年国际研讨会会务组、记者邀请名单，1989 年 4 月 30 日至 5 月 3 日。

者中包括属于主办单位的《中国文化书院学报》辛章平、左锋和《走向未来》杂志黄鸣），共179名。所以，总计"200余人"的说法也不会很离谱。

研讨会有六次全体大会，分别由庞朴、陈方正、金观涛、赵令扬、汤一介、陈越光主持；有四次小组讨论，分成四个主题小组。第一组主题"文化开放与现代化"，召集人范阳、陈万雄、方克立；第二组主题"传统与反传统"，召集人萧萐父、韦政通、朱维铮；第三组主题"'五四'与知识分子"，召集人丁守和、成中英、陈俊民；第四组主题"'五四'运动与'五四'人物评价"，召集人张磊、张忠栋、姜义华。[1]

22年后汤一介回忆说："'五四'运动70周年会在香山开的，开得非常松散，天安门已经游行，事都出来了。我们原想讨论中国知识分子的问题，实际上讨论得也很少，但是那个会上参加的人非常多，而且有各种各样的人，比如有金观涛和刘青峰，他和我们还有和香港的陈方正是主办方。……后来这个会议出了一本论文集，叫《传统与反传统》。"[2]

第7节 "中国宗教的过去与现在"

"中国宗教的过去与现在"国际研讨会，1989年5月20日至5月24日在北京香山饭店召开，会议由中国文化书院、美国新基督教研究会联合主办。"这次会议是由美国夏威夷大学教授、中国文化书院导师成中英教授提议，然后由中国文化书院和新基督教研究会经过一年的筹备，并由新基督教研究会资助。"[3]

---

[1] "五四"国际学术研讨会日程、分组名单，1989年4月30日至5月3日。
[2] 《几度东风，几度飞花——汤一介先生谈中国文化书院》，载《中国文化书院大事系年（1984—2014）》，第8—27页。
[3] "中国宗教的过去与现在"汤一介开幕词中、英文稿，1989年5月20日。

1989年5月"中国宗教的过去与现在国际研讨会"全体代表合影

在1988年8月7日发出的邀请函中,提出会议讨论题:1.中国社会与宗教;2.基督教与中国宗教;3.宗教与现代化;4.中国民间宗教的过去与现在;5.儒家与中国宗教;6.道家与中国宗教;7.佛教与中国宗教;8.马克思主义与中国宗教;9.中国少数民族宗教。[1]中国文化书院院长汤一介先生担任会议主席,美国夏威夷大学哲学系教授成中英先生、新基督教研究会副主席弗兰克·弗林博士担任副主席,会期从1989年5月20日至24日,会后有为期一周的西藏考察,自愿参加,费用自理(约1400美元)。[2]

汤一介后来回忆说:"那个宗教会议应该讲开得比较成功,出了《中国宗教的过去与现在》的论文集,这个论文集在大陆和台湾都出

---

[1] "中国宗教的过去与现在"邀请函,1988年8月7日。
[2] 汤一介致函"中国宗教的过去与现在"与会者,介绍宗旨和要求、回执(中、英文稿),1989年2月20日。

版了,而且出了一个英文版的论文集。"[1]之所以"成功",最重要的条件是会议筹备期间的认真准备。"这次会议除了有我国儒、释、道、少数民族宗教、民间宗教的学者参加,还有美国、加拿大、意大利、新加坡、荷兰等国家的宗教研究学者参加。所有参加会议的学者都向会议提交了论文,全部论文都在会上宣读并进行了较为充分的讨论",尤其重要的是"在会前,中国组织者组织人力把中国学者的中文论文译成了英文"[2],这不仅保证了会后英文版论文集的出版,而且大大提高了会议讨论的质量。

任何学术研讨会的质量根本上是由提供会议的论文质量决定的。这次会议有两个方向性的展开,一个方向体现在会议的两位副主席弗兰克·弗林博士和成中英教授及其他几位的演讲中,即要回应韦伯(Max Weber,德国思想家,1864—1920)《中国的宗教:儒教和道教》中关于中国这种儒道合一的传统与现代性的负面关系的权威论断。弗兰克·弗林博士的论文《韦伯、哈贝马斯与中国宗教研究》,威廉·加勒特教授的论文《〈中国的宗教〉一书中的儒教之谜:重估韦伯对中国社会生活中儒教伦理和道教的解释》,休斯顿·史密斯教授的论文《从世界的观点透视中国宗教》,成中英教授的论文《论儒学与新儒学中的宗教实在与宗教认识》,钟志邦教授的论文《从几个神学观点看中国现代化的一些问题》等等,都直接或间接地在回应着韦伯命题。[3]

会议的另一个方向,则如会议主席汤一介教授在开幕词中所说:"美国哈佛大学张广直在一篇文章中说:'我预计社会科学的 21 世纪

---

[1]《几度东风,几度飞花——汤一介先生谈中国文化书院》,载《中国文化书院大事纪年(1984—2014)》,第 8—27 页。

[2] 汤一介:《〈中国宗教过去与现在——北京国际宗教会议论文集〉后记》,载《中国宗教过去与现在——北京国际宗教会议论文集》,北京大学出版社,1992 年 10 月第 1 版,第 293 页。

[3] 汤一介主编:《中国宗教过去与现在——北京国际宗教会议论文集》,北京大学出版社,1992 年 10 月第 1 版。

是中国的世纪。'他认为,过去一两百年是西方社会科学旺盛的时期,而值得我们注意的一件事实是在西方社会科学里面所有的各种理论和方法都是根据西方的历史经验归纳出来的,因为过去西方社会科学者对东方历史的知识是比较贫乏的。但是从人类历史来看,中国历史记录十分丰富,再加上近年中国的考古发掘的材料也十分丰富,如果能在充分研究和吸收西方历史理论的基础上,来分析和研究中国的历史材料,将会大大丰富和发展当今的历史理论,得出一些新的更加普遍适用的社会科学法则来。我认为,张广直教授的这一看法很有意义,应为我们所重视。……如果说我们能在这次会议上提出某种研究宗教的新的系统的理论,当然很有意义,但这也许不容易实现。不过能否把它作为一个开始,使我们在会后能在对中国宗教的历史和现状系统而广泛地研究中提出一些新的更有普遍意义的理论来,这应该是可能的。"[1]汤一介教授的论文《论道教的产生和它的特点》,古正美教授的论文《中国佛教的过去与现在》,周绍良教授的论文《隋唐以前之弥勒信仰》,刘尧汉教授的论文《彝族虎图腾与太一神教》等等,则是体现了这个方向的。

而这两个方向的汇合,正是回到了韦伯的出发点,《新教伦理与资本主义精神》只是韦伯理论冰山展现在海面上的部分,那座冰山的整体是包括印度(印度教与佛教)、中国(儒教与道教)、犹太教、基督教和伊斯兰教的主要世界宗教的社会心理理论。当我们的视线从这座冰山自上而下地切入,对中国宗教的过去与现在的分析,自然是一次关于中国人现代性的证成,而这,也正是八十年代思想文化运动的一个内核。

---

[1] "中国宗教的过去与现在"汤一介开幕词中、英文稿,1989年5月20日。

第四章 "文化热"(下)

第1节 为期两年的"中外文化比较研究班"

在中国文化书院的历史中,如果要选一项规模最大的活动,那就是从1987年5月到1989年5月,为期两年的"中外比较文化研究(函授)班"。

1986年10月中下旬[1],中国文化书院发出《中外比较文化研究班(函授)招生简章》:"中国文化书院决定开设一个学制为二年的中外文化比较研究班,并破例向院外招收函授生。""这期研究班(函授)即是中国第一所(似应为第一次——笔者注)大学后继续教育的人文科学函授,所开设的15门比较研究课程,大部分是新课题,书院学术委员会主持编写的30部教材共700万字,执教人员,除本院导师,另邀集海内外知名学者共50位。"收费"第一学年80元(其中教材、函授学刊及邮费47元、学杂费31元、报名费2元)"。这80元一年的学费在当时收入水平也不低,但较之于1985年的"中国文化系列讲习班"20次讲座200元听课费,可谓是低收费了。由于是全国招生,报名人数突破了五位数!"报名者应具有大专学历(含电大、职大、业大及在校生)及具有同等学力者。对各级学校、党校、军队院校的教育工作者、理论宣传工作者及部队连以上干部可适当放宽学历

---

[1] "招生简章"并无落款时间,但从其引用了10月11日报纸新闻内容和规定报名从1986年11月1日起即可推知为1986年10月中下旬。

要求。"[1]其实，从报名办法中可知，只要把学费和填好的一张姓名、地址、年龄、职务、职称和学历的报名小条寄回文化书院，即可获得函授生资格。

招生简章一出，社会反响极为强烈，"最高峰时，招生办公室每日甚至要接待近百人，处理来信近千封"，"截止到4月2日，全国报名总人数为12704人，除了台湾，29个省市自治区均有报名。其中北京1135人，四川1033人，湖北672人，辽宁575人，黑龙江568人，河南568人，江苏550人，云南545人，广东542人，山东530人"。[2]据半年后统计，因故退学者322人[3]，补报入学者685人，实际注册学员为12754人，学历分布为：博士12人，硕士422人，大学5586人，大专3163人；职称分布为：教授149人，讲师1627人，助教7065人，编辑、记者495人。[4]时任书院函授部办公室主任的胡晓瑜回忆，当时寄招生简章和注册通知等"发10万封信！汇款单和来信还要一一核对出来，每天每人一大摞，天天干到晚上10点多回家，真是累极了"。[5]到1987年4月26日，学员的注册工作、学员证寄发、第一学期《学报》和第一批教材（三本）的邮寄工作全部完成。4月29日的第8701期"简报"称：准备就绪，以待开学。

中外比较文化研究函授班，1987年5月5日开学[6]，举行了盛大的开学典礼，新闻机构就来了几十家，后来的中央人民广播电台台长王求、中国国际广播电台台长王庚年、北京电视台台长刘爱琴当时都

---

[1]《中外比较文化研究班（函授）招生简章》，1986年10月。
[2]《中国文化书院简报第8701期》，1987年4月29日。
[3] 据鲁军在1988年7月15日的院务委员会会议所做上半年工作总结，"比较班人员减少了三千多人，主要原因是：(1)教材、学报的误投率高；(2)学员的要求，我们由于种种困难未予满足，像同学会、来稿等；(3)自然减员，因有些人最初不太清楚何为比较文化；(4)公费转自费后，学员无法负担学费"。见《中国文化书院简报8805期》，1988年8月7日。
[4] 鲁军：《院务工作报告》，1988年1月。
[5] 2016年6月6日书院老员工座谈。
[6]《中国文化书院简报第8704期》，1987年7月1日。

是参加典礼报道的记者。[1]

函授教学是以自学和通信辅导为主、面授为辅的教学方式，教材尤为重要。中外比较文化研究班一共开设15门课程：1.文化学概论；2.马克思主义文化；3.比较科学方法论；4.中国文化概论；5.日本文化概论；6.印度文化概论；7.西方文化概论；8.比较哲学；9.比较史学；10.比较文学；11.比较美学；12.比较法学；13.比较教育学；14.比较宗教学；15.比较伦理学。[2]因此，中国文化书院就陆续组织编写了这15部教材，至1987年末，已印刷出书《比较法学》《比较教育学》《印度文化概论》《西方文化概论》《比较史学》《比较方法论》《比较宗教学》，均为大32开本，每本约40万字。从几本保存的原书看，每本书分两部分，前半部为作者著述，后半部（甚至三分之二）为参考资料，即国内外该领域的论述摘编，眼界开阔，资料丰富，这是该教材系列的一大特色。

面对29个省市自治区的一万多学员，进行点对点的通信辅导是不现实的，于是，中国文化书院出了《中国文化书院学报·函授版》，每月一期，每期八版。教材和《学报》出版后"不仅满足了全国学员的学习需要，而且得到出版界和学术界的好评，全国各地纷纷来人来函索购（因本套教材属非卖品，且印量有限，不能满足需要），也有些大学将它列为开课教材"。"这份学报成为学术界抢手的读物。""学员们一再要求增加版面或增加期数，甚至许多人要求重印，因为他们手中的学报在周围朋友传阅后已成字迹模糊的纸片。"[3]此外，还编辑一份"限函授学员参阅"的《中外比较文化研究资料》，基本上每月一期，每期约80页，为国内外名家和前卫学者的专著、论文摘载。如余英时的《中国近世宗教伦理与商人精神》、金耀基的《现代化与中国现代历史》、胡秋原的《一百三十年来中国思想史纲》都有连载；

---

[1] "中外比较文化研究班开学典礼组织安排"，1987年4月2日。
[2] 《中外比较文化研究班（函授）招生简章》，1986年10月。
[3] 鲁军：《院务工作报告》，1988年1月。

1987年8月中外文化比较研究（函授）班广州面授点袁伟时教授讲课

1987年8月广州面授点学员、海南军区政治部叶主任听课

李泽厚的《漫说"西体中用"》、包遵信的《十八世纪欧洲"中国热"》、傅伟勋的《生死智慧与宗教解脱》、丁学良的《韦伯的世界文明比较研究导论》，也都很引人注目。[1]

中外比较文化研究班的面授集中在每年的寒、暑假，几十名著名学者，在几周内，奔波于十几个省城，进行几十场讲座，每每数百近千人听讲，这一学术场景，一时蔚为壮观！为此，副院长鲁军在1988年1月的院务工作报告中专门总结道："函授的面授工作，是我们计划中最无把握、难度最大的工作。近百名教授要在全国三十几个城市巡回面授，总行程超过三万公里。东巡诸海，西出阳关，南攀滇贵，北贯三江，何其不易！我们的导师们不辞辛苦，兢兢业业，在林娅先生的精心策划组织之下，在全国学员的积极配合下，终于顺利地开展了面授工作。"[2]要说这份辛苦，书院老员工黄信万回忆说："光是去，北京到昆明的火车，57个小时呢！"[3]

1987年暑期的面授从7月18日起至8月21日止，在全国分6条线17个省城开班：(1)银川—呼和浩特；(2)乌鲁木齐—兰州—西宁；(3)沈阳—长春—哈尔滨；(4)昆明—贵阳—桂林；(5)西安—成都—重庆；(6)武汉—长沙—广州。44名在哲学、历史、法学、教育学、文学、伦理、美学、宗教等学科造诣很深的专家举办47次专题讲座，对4000名学员进行了当面授课。[4]1988年暑期的面授工作依然在七八月中，分6条线12个省城开班：(1)西安—乌鲁木齐；(2)天津—哈尔滨；(3)济南—合肥；(4)杭州—福州；(5)武汉—广州；(6)成都—昆明。每位导师去一条路线两个城市，"每个城市讲课5小时，答疑1小时，每城讲课报酬为120元"。给导师的通知中还特别说明"不安

---

[1]《中外比较文化研究资料》10、13、14、15、17、19辑，1988年。

[2] 鲁军：《院务工作报告》，1988年1月。

[3] 2016年6月6日书院老员工座谈。

[4]《中国文化书院简报第8705期》，1987年10月7日。

排旅游，请导师谅解"。[1]授课教师阵容，从一份给学员的1988年寒假面授通知中可见：黄枬森（北京大学哲学系教授）、汤一介（北京大学哲学系教授）、乐黛云（北京大学中文系教授）、刘大椿（中国人民大学哲学系副教授）、王辅仁（中央民族学院副教授）在天津、济南面授；陈先达（中国人民大学教授）、陈志华（清华大学教授）、吕大吉（中国社科院研究员）、范达人（北京大学副教授）、包遵信（中国社科院副研究员）、王泰来（北京大学副教授）、沙莲香（中国人民大学副教授）在石家庄、太原、郑州面授；严绍璗（北京大学中文系副教授）、李士坤（北京大学哲学系副教授）、潘润涵（北京大学历史系教授）、朱德生（北京大学哲学系教授）、吴晓铃（中国社科院研究员）、金春峰（人民出版社副编审）、孙凤城（北京大学西语系副教授）在上海、南京、合肥面授；庞朴（中国社科院研究员）、张国华（北京大学教授）、杨克明（北京大学副教授）、何芳川（北京大学副教授）、周鸿志（北京师范学院副教授）、林建初（北京市委党校副教授）、陈荣富（江西大学副教授）在杭州、福州、南昌面授。[2]这样的教授阵容，恐怕是任何一所大学都无法单独提供的。

北京的面授采取分散进行，到1988年2月13日已是第八次面授，上午为台湾王晓波（台湾史研究会理事长）主讲"中国知识分子的形成和特点"，下午是梁从诫（文化书院导师、中国大百科全书出版社理论研究室主任）主讲"从百科全书看中西文化比较"。[3]而此前的北京第六、七次面授，则是美国加州大学历史教授陈启云主讲"最近西方关于中国语文与传统思想关系的几点争辩"，中国政法大学副校长张晋藩教授主讲"中国古代的社会与法制"，美国加州大学研究员、北京大学客座教授陈鼓应主讲"'五四'新传统和古典文化"，美国加州台湾大学校友会主席李玲瑶女士主讲"中美青年比较"，六百余名

---

[1]《请授课导师选择第二年面授城市路线的函》，1987年5月。

[2]《一九八八年寒假面授通知》，1987年12月。

[3]《"中外比较文化研究班"北京第八次面授通知》，1988年2月6日。

北京学员听讲。[1]

参加面授的学员们的热烈反应也鼓舞了授课的导师,"据悉导师们在国外讲学一般听讲人在二百人左右。此次面授居然每次高达八百人之多。甚至傅伟勋教授(美国)在成都讲课时,学员们夹道欢迎致意,纷纷要求签名"。[2] 当然,有的城市参加面授的学员没有那么多,一些来自基层的学员则给导师们留下另一种难忘的场景。乐黛云在1994年回忆:"我曾于暑假参加过三次这样的面授,有些场面十分令人感动,使我至今难忘。每次参加面授的学员,大体都是二三百人,他们大多是中小学教师、中下层干部,特别是文化馆、宣传部的干部,也有真正的农民和复员军人;他们有的从很远的山区或边远小城徒步赶来,扛着一口袋干粮和装着纸笔图书的土布书包。他们不愿花钱租一个为他们安排好的学生宿舍床位,就露天铺张草席在房檐下或凉亭里睡觉。我常常和他们聊天到深夜,从他们身上学到不少东西。"[3]

按照《招生简章》规定的结业办法,"学习期满,论文经书院学术委员审核通过,颁发中国文化书院'中外比较文化研究班'(函授)毕业证书"。每门课十个左右的"毕业论文选题"和提要,整版整版地在《中国文化书院学报》上连载。[4] 在1989年3月,中国文化书院学术委员会制定了《"中外比较文化研究班"毕业论文评审标准及要求》:一、论文成绩分为:"合格"、"不合格"两种。二、"合格"标准:论点明确,论据充足,论述清楚;语句通顺,字迹清晰,书写认真。三、"不合格":内容有错误,论述不清,语序混乱,错句太多,文字难以辨认;抄袭(包括由他人代写、改写别人之成果)的文章。四、

---

[1]《中国文化书院简报第8708期》,1987年12月28日。

[2]《中国文化书院简报第8708期》,1987年12月28日。

[3] 乐黛云:《我与文化书院》,载《文化的回顾与展望》,北京大学出版社,1994年12月第1版,第27页。

[4]《中国文化书院学报》第17期,1988年8月10日。

第四章 "文化热"（下） | 115

"中外文化比较研究（函授）班"面授课现场之一

"中外文化比较研究（函授）班"面授课现场之二

"中外文化比较研究（函授）班"面授课现场之三

"中外文化比较研究（函授）班"毕业证书

"论文评语"栏,请尽量具体指明文章的优缺点,并对学员今后继续研究的方向和方法提供指导性的建议;书写时,勿用铅笔或红色笔。五、对具有创建、达到发表水平的优秀论文,请特别标出,但不超过3%。六、请在三周内评阅完毕,之后立即归还或通知函授部。根据这份文件的规定,导师们完成学员论文的评阅,书院给学员们发放了成绩单[1]和毕业证书[2]。

中外比较文化研究班的学员们1989年5月结束学业,8月2日举行了毕业典礼,此时正逢风疾云转的非常时期,汤一介院长在毕业典礼上以这样一句话结束致辞,送别他的学生:"让我们永远记住马克思的教导:只有那不畏艰难险阻,勇于攀登的人,才能到达那光辉的顶点。"[3]

第2节 高级学术研究班

为了进一步推动中国文化研究事业,深入研究和探讨中国文化的一些理论问题,中国文化书院决定,于1987年12月17日到1988年1月7日举办免学费的高级学术研究班,11月26日发出了《中国文化书院高级学术研究班邀请信》,"预备从中外比较文化函授班中挑选60名有较高学术水平和较强科研能力的同志作为首批学员","按报名顺序录取,超出限额人员将安排在第二期学习"。学员先须汇款100元住宿费,按每天4.5—6元的标准多退少补,伙食费自付,每人每日1.5—6元。[4] 12月11日举办了新闻发布会,宣布高级学术研究班将如

---

[1] 中外比较文化研究专业学员成绩单(空白);李燕成绩单,1989年5月;HUANG XIN WAN成绩单。
[2] 周红的中国文化书院毕业证书,1989年5月31日。
[3] 汤一介:《在中外比较文化研究班毕业典礼上的讲话》,载1989年9月10日《中国文化书院学报·读书版》。
[4] 中国文化书院高级学术研究班致导师的授课邀请信,1988年3月2日。

"中国文化书院高级学术研究班"开学典礼

期开班,办学经费由书院拨款;全部课程由书院导师亲自面授,义务教学。《人民日报》、《人民日报》(海外版)、《北京日报》、《文汇报》、新华社和中央人民广播电台都报道了此消息。[1]

第一期中国文化书院高级学术研究班,1987年12月17日在北京香山别墅书院教学楼开办,来自全国28个省市的近百名优秀学员参加了研究班。研究班历时22天,1988年1月7日结束。[2] 所授课程如下表[3]:

---

[1] 中国文化书院开办高级学术研究班新闻发布稿,1987年12月;《中国文化书院简报第8708期》,1987年12月28日。
[2]《中国文化书院简报第8708期》,1987年12月28日。
[3] 中国文化书院高级学术研究班(第一期)课程表,1987年12月。

中国文化书院高级学术研究班(第一期)课程表

时间	星期	上午	下午	晚上
17日	四	开学典礼	从国外文化发展趋势看中国文化发展	地区文化和政治机构的未来
18日	五	冉云华:中国佛学与印度佛学	论中西文化的交融	中东文化的未来
19日	六	中国古典音乐	未来研究对文化的贡献	自由活动
20日	日	汤一介:道教与中国文化	中国佛教寺院	自由活动
21日	一	方立天:佛教与中国文化	中国汉字的演变与发展	电子高技术文化
22日	二	金春峰:中国古代思维模式的特点	中国哲学特质	研究中国文化史的方法
23日	三	朱伯崑:易学研究方法	中国传统哲学的普遍性和现实性	经学和中国文化
24日	四	乐黛云:现象学与文学批评	尼采对中西思想界的影响	清代思潮
25日	五	陈鼓应:尼采哲学及其意义	后现代主义与文化未来	庄子哲学与尼采哲学的比较研究
26日	六	包遵信:儒家思想与"后现代化"	儒家哲学与世界现代化	自由活动

第二期高级学术研究班仍在北京香山别墅书院教学楼举办,1988年1月11日至1月31日。学习期间,召开了两次座谈会、一次学术讨论会,还游览了长城、举办了学员联谊舞会[1]。所授课程如下表[2]:

---

[1]《中国文化书院简报第 8801 期》,1988 年 2 月 2 日。
[2] 中国文化书院高级学术研究班(第二期)课程表,1988 年 1 月。

中国文化书院高级学术研究班（第二期）课程表

时间	星期	上午	下午	晚上
11日	一	开学典礼		地区文化和政治机构的未来
12日	二	汤一介：道教与中国文化		中东文化的未来
13日	三	宁　可：敦煌艺术与中外文化交流	未来研究对文化的贡献	从国外文化发展趋势看中国文化发展
14日	四	范达人：比较史学	中国佛教寺院	论中西文化的交融
15日	五	方立天：佛教与中国文化	中国汉字的演变与发展	电子高技术文化
16日	六	李学勤：海外中国考古学	中国哲学特质	研究中国文化史的方法
17日	日	《金瓶梅》的艺术特点	中国传统哲学的普遍性和现实性	经学和中国文化
18日	一	陈鼓应：尼采哲学及其意义	尼采对中西思想界的影响	清代思潮
19日	二	乐黛云：现象学与文学批评	后现代主义与文化未来	庄子哲学与尼采哲学的比较研究
20日	三	梁从诫：中国近代文化争论反省	儒家哲学与世界现代化	自由活动（19日录像）
21日	四	戴　逸：关于文化的若干问题	试谈中国的智慧	自由活动（21日录像）
22日	五	包遵信：儒家思想与"后现代化"	欧洲艺术与中国艺术的异同	魏晋南北朝的儒学
23日	六	丁守和："五四"新文化运动的反思	文化的未来与未来的文化	从本体诠释学看中西文化异同
24日	日	中国哲学史研究的展望	未来的太平洋文化圈	史书中中日文化关系
25日	一	庞　朴：文化认识的近代历程	日本传统文化的变异特征	西方当代文学艺术
26日	二	叶　朗：明清小说美学	新价值和文化价值的指标	自由活动
27日	三	赵毅衡：符号学理论	当代西方学者对中国文化的评价	自由活动
28日	四	田昌五：中国文明的起源	中国文化的认同及其创新	明清之际的社会思潮和文艺复兴
29日	五	李玲瑶：成功之路	西方政治理论与中国政治学	中国文化与中国哲学
30日	六	赵光武：	西方现代哲学发展趋势	汉学和藏学的关系
31日	日	自由活动		

备注：凡未标明讲课者的，均为电视录像，晚间录像为选修课程。

第三期高级学术研究班学员人数超过前两期,约 130 人左右,其中北京的走读学员就有 30 多人。1988 年 2 月 24 日在北京海军干休所举行了开学典礼,教学时间三周。中国文化书院学术委员会主席庞朴、导师季羡林、副秘书长魏婕等出席了开学典礼。[1] 第三期所授课程如下表[2]:

中国文化书院高级学术研究班(第三期)课程表

时间	星期	上 午	下 午	晚上
24 日	三	开学典礼	从国外文化发展趋势看中国文化发展	地区文化和政治机构的未来
25 日	四	宁可:敦煌艺术与中外文化交流	论中西文化的交融	汉学和藏学的关系
26 日	五	金春峰:中国古代思维模式的特点	未来研究对文化的贡献	电子高技术文化
27 日	六	李学勤:海外中国考古学	中国佛教寺院	自由活动
28 日	日	自由活动	中国汉字的演变与发展	自由活动
29 日	一	戴逸:关于文化的若干问题	中国哲学特质	研究中国文化史的方法
1 日	二	方立天:佛教与中国文化	中国传统哲学的普遍性和现实性	经学和中国文化
2 日	三	纪树立:科学哲学	尼采对中西思想界的影响	中国古典音乐
3 日	四	赵光武:人工智能的哲学问题	后现代主义与文化未来	庄子哲学与尼采哲学的比较研究
4 日	五	田昌五:中国文明的起源	儒家哲学与世界现代化	魏晋南北朝的儒学
5 日	六	郑也夫:中国近代知识分子	试谈中国的智慧	自由活动
6 日	日	自由活动	欧洲艺术与中国艺术的异同	自由活动
7 日	一	包遵信:儒家思想与后现代化	文化的未来与未来的文化	从本体诠释学看中西文化异同
8 日	二	叶朗:明清小说美学	唐宋以后的三教合一思潮	史书与中日文化关系
9 日	三	严绍璗:日中文化比较研究	日本传统文化的变异特征	西方当代文学艺术

---

[1]《中国文化书院简报第 8802 期》,1988 年 3 月 1 日。

[2] 中国文化书院高级学术研究班(第三期)课程表,1988 年 2 月。

时间	星期	上午	下午	晚上
10日	四	丁守和:"五四"新文化运动的反思	西方现代哲学发展趋势	中国汉族的书法艺术
11日	五	庞朴:文化认识的近代历程	新价值和文化价值的指标	印度禅与中国禅
12日	六	梁从诫:中国近代文化争论反省	未来世界与当前的改革	自由活动
13日	日	自由活动	中国文化的认同及其创新	自由活动
14日	一	朱德生:对哲学基本问题的理解	西方政治理论与中国政治学	中国文化与中国哲学
15日	二	自由活动		

从三份课程表来看,三期高级学术研究班学员不同,授课教师和课程则大同小异,根据授课导师的情况安排课程,是中外文化比较研究班课程的一个精华版。

第3节 全国环境保护专业培训班

今天,人们在怀念八十年代时,除了那改革时代的精神解放、生活改善,还常常提到那时的蓝天白云。其实,环境问题当时已引起一部分人的关注。当时的国家环保局局长曲格平,在1987年3月的全国人才培训工作座谈会上说:"1972年以前,我国对环境污染及环境破坏不大注意,片面引用恩格斯的'公害是资本主义制度的产物',认为我们社会主义国家不存在公害。1972年,联合国召开'世界人类环境会议',中国派出了五十多人的代表团。从此,逐步认识到我国环境污染在某些地方比资本主义国家还严重。""中国现在的环境状态是不好的,但争取到2000年,使污染得到控制。"[1]当然,中国的这个"争取"不但没有做到,而且为害更甚,我们还要争取,好在还有继续争取的资格。

正是为了"到2000年,使污染得到控制"的美好愿望,劳动人

---

[1]《全国人才培训工作座谈会会议简报》,1987年3月。

事部人才交流中心、国家环保局宣传处、中国文化书院科技部决定联合主办（实际是中国文化书院承办）为期两年的"全国环境保护专业培训班"，由清华大学环境工程系、中国环境科学研究院、北京大学法律系、城乡建设环境保护部法规局等单位的专家、学者担任教材编写和教学工作；由国务院环保委《中国环境报》担任学报工作；由国家环保局考核并颁发环保专业培训证书。劳动部人才中心为了落实环保专业培训班的宣传和招生工作，于1987年3月29日至31日在京召开了全国人才交流座谈会。会后，劳动部人才中心责成各省市自治区与会负责人带回培训班简章于4月20日前下发到地、县各单位的环保部门。[1]

第一期环保专业培训班的招生工作3月底开始，到5月初，《中国环境报》《煤炭报》《水利电力报》《冶金报》《化工报》上都刊登了通栏招生启事，随后《人民日报》《中国青年报》《中国电视周报》也刊出招生启事。6月后文化书院沟通了与各部委环保办、全军环保办的联系，委托他们转发通知；九三学社向各地分社下达文件，转发招生通知，组织招生工作。6月29日，召开了全国环境保护专业培训班工作指导委员会全体会议，同时举行记者招待会，把招生的宣传推向高潮。此前每日报名15人左右，此后每日报名上升到近30人。[2]

1987年10月，全国环境保护专业培训班（第一期）开学，报名人数达6163人。[3] 课程设置：环境学导论；环境管理；环境监测；环境规划；环境经济学；环境保护法；环境保护政策；城乡环境保护政策；城市环境综合治理；环境质量评价；大气污染及其防治；水污染及其防治；固体废物的处理与利用；环境噪声及其控制；生态环境，共15门，教材总计约400万字（不包括专题参考资料）。培训班为期

---

[1]《中国文化书院简报第8701期》，1987年4月29日。
[2]《中国文化书院简报第8704期》，1987年7月1日。
[3]《中国文化书院简报第8705期》，1987年10月7日。

两年，一年学费 285 元。[1]

为了配合环保专业培训班的教学工作，中国文化书院创办了《学报》科技版。[2] 1988 年 4 月 14 日，中国文化书院、国家环保局和劳动人事部共同举办了 1988 年第一期全国环境保护培训班高级讲座。该讲座将办四期，有"当代环境科学研究的特点""中国城市发展与环境保护""核动力的环境影响""国内外噪声控制进展"等课题。[3]

1988 年 8 月 20 日，环保培训班的第一学年已经结束，第二学年尚未开始，中国文化书院副院长鲁军[4]托书院副秘书长魏婕，面呈一信给国家环保局长曲格平。信云："前日晤面匆匆，尚有几点想法，未及就教于先生，因明日赴英，故草拟一书，托魏女士呈上。自全国环保干部培训课程开出，虽工作中尚有若干未精之处，亟待改进，总体效益是显而易见的，以晚生愚见，当乘此形势，将这套课程完善推广，第一步完成环保局系统的全员培训，第二步面向企业界环保干部实施培训，第三步将课程转化为文学形式（如系列动画片、电视小品）通过大众传播媒介渗入国民教育，以期培养全民环境意识。这无疑是一项浩大工程。然千里之行始于跬步，万目之网总于一纲，其要领在阁下之大决策。能否将此项工程作为一项战略性开发纳入国家环境保护工作，只要制定出这项文件，实施的技术性工作可由书院承办，不必由国家拨出专门款项，不必占用国家的干部及设施，如目前合作的模式。需先生赴力者，乃是文件的制定，此于先生，作举手之劳乎？"如此一二三步，不能不赞赏其战略思维；以三十出头的一个知识分子，敢对国家此专业管理之最高首长这般方略直陈，更不能不佩服其气魄。

---

[1] 全国环境保护专业培训班（第一期）招生通知，1987 年 8 月。

[2] 《中国文化书院学报第十二期·科技版》共 24 版，1988 年 7 月 10 日。

[3] 《中国文化书院简报第 8804 期》，1988 年 5 月 4 日。

[4] 现存档的打印件签名处空白。但中国文化书院最高层只有孙长江和鲁军参与该办班，信中自称"晚辈"，又"常自诩为'细节专家'"，即可断定为鲁军所写。估计是打印后签名件送出，留一打印件存档。"致曲格平信"，1988 年 8 月 20 日。

第 4 节　北京市工商企业管理干部法制教育培训班

1989年3月14日，中国文化书院发出《北京市工商企业管理干部深化法制教育培训班招生简章》，书院与北京市宣武区、崇文区、丰台区、西城区、东城区联合主办该培训班，培训对象为上述五区的"工商企业单位负责人，每个单位派两人以上参加，其中一人应为企业法定代表人（五十人以下的企业可派一人参加）"，学制一年（1989年5月—1990年4月），学费每人120元。培训班开设六门课：1. 经济法简论（经济法概论、基本建设投资法、经济合同法等）；2. 企业法与公司法；3. 财政金融法（包括税法）；4. 工商管理法；5. 经济监督法；6. 涉外经济法。[1] 课程由教授们讲授，另有六次专题报告，则多由行政、金融、立法机构的相关负责人开讲：宣武区负责人"经济秩序与经济环境总论"；国务院法制局副局长李培传"法治建设与商品经济新秩序"；全国人大法律委员会副主任顾明"经济法与深化改革"；财政部外资局局长初保泰"国际经济法与国际经济新秩序"；全国人大法工委副主任宋汝芬"《全民所有制工业企业法》制定实施"；中国工商银行办公室主任王占祥"企业与工商信贷"；国家物价局顾问、原副局长胡邦定"企业与市场物价管理"；全国人大财经委委员厉以宁"企业与股份制"；刘家兴教授"行政诉讼法"。[2]

开班后，中国文化书院专门为这个深化法治教育培训班办了一份《函授学报》，1989年6月30日创刊，每月一期，每期4开4版。[3] 文化书院的档案资料中，只保存了6月至9月出刊的各期《函授学报》，不知每月一期坚持了多久。这个法制教育培训班1989年7月开始，1990年8月结束，学员5000人。[4]

---

[1] 北京市工商企业管理干部深化法制教育培训班招生简章，1989年3月14日。
[2] 工商企业干部法制培训班教学计划（草案，1989年）。
[3] 《函授学报》第一、二、三、四期，1989年6月30日、7月30日、8月31日、9月30日。
[4] 《中国文化书院简报1991年第一期》，1991年1月31日。

第 5 节 流产的"机动车驾驶员继续教育全国统一教程"

到了 1988 年,中国文化书院已经创出了一种社会效益和经济效益双赢的"办班"模式,鲁军说:"由于书院业务模式的工作机制的合理配置,三个干部就可开创并承担一个学生人数在万人以上的大型教学项目。"[1]这样的大规模招生,一般需要满足两个条件,一是社会需求强烈的选题,二是有强力部门的合作,而完成课程设计和教学本身是书院的强项——拥有一流的导师队伍以及林立的北京高校和研究机构。

1988 年 2 月 20 日,中国文化书院院长办公会议听取了院城市文化研究所副所长王守常[2],关于该所开办"机动车驾驶员继续教育统一教程"的请示报告,"鉴于该所为此项活动的开办所做的调查工作已基本完毕,调查结果充分说明教程是可行的",决定批准该报告,并拨款 26.7 万元项目工作专款。[3]交通问题是现代城市文化中一个突出的问题,正日益成为我们的一种"城市病",引起普遍关注;中国大部分司机仅有初中以下的教育水平,亟须继续教育的补课;驾驶员的再教育关系生命财产的安全,关系提高交通流量促进经济发展,关系城市形象和民族文明素质的提高,关系环境保护水平的提高。[4]这样的项目完全满足第一项必要条件——社会需求强烈的选题;而此项目和城市交通主管部门合作则符合第二项必要条件——有强力部门的合作。于是,一方面选择了北京、哈尔滨、太原三城市的市府交管局作为合作方进行联系公关[5],一方面组织教材编写。

1988 年 4 月 22 日,在书院召开了《机动车驾驶员继续教育》教

---

[1] 鲁军:《1988 年院务工作报告》。

[2] 当时中国文化书院实行项目制管理,城市文化研究所即专为该项目所设,王守常兼任副所长,项目取消,研究所也就自行撤销了。

[3] 《中国文化书院简报第 8802 期》,1988 年 3 月 7 日。

[4] 关于实施机动车驾驶员继续教育教程的建议,1988 年 3 月。

[5] 关于实施机动车驾驶员继续教育教程的建议,1988 年 3 月;哈尔滨市实施"教程"的日程安排,1988 年;"机动车驾驶员继续教育全国统一教程"太原市试点工作指导委员会名单,1988 年。

材编写会"。文化书院副院长鲁军、院务委员会副主席王守常、委员林娅，著名社会学家、中国人民大学副校长郑杭生，北京警察学院、北京工业大学的五位教师讨论了教材编写的诸问题。[1]"会议对编写教材进行了细致的研究和协商并达成协议，在5月底之前组稿完成，对稿件质量实行奖优罚劣。计划8月中下旬印出，9月份发出，10月初正式开学。"[2]此后，由北京大学、中国人民大学、北京工业大学、北京警察学院、北京体育学院、中科院心理所的教授、副教授负责编写"交通政策简析"（何秀广）、"交通法规教程"（蒋富祥）、"交通发展史"（范事儒）、"交通案例剖析"（付以诺，笔名：言若）、"交通社会学"（郑杭生）、"交通工程学"（朱长仁）、"交通生理卫生学"（杨锡让）、"交通事故伤害的救助及自我救助"（高言诚）、"交通经济学"（钱淦荣）、"交通心理学"（虞绩生）、"交通环境学"（赵章元）、"交通伦理学"（魏英敏）共12门课程的教材。[3]作为不脱产的在职教育，年限两年，全部教程每两年循环一次。[4]

书院的工作班子为落实好教材的组织编写，还制定了详细的"教材发放计划"[5]和"机动车驾驶员全国统一教程电视教学计划"。"关于电视教学，引进国外教材事宜，已和日本东京放送电视公司及美中学术交流委员会驻华办事处商定具体引进办法；另已发函香港和英国有关机构商讨具体引进办法。"[6]甚至，还为当地政府机构起草好了市政府实施机动车驾驶员继续教育的决定[7]、通知[8]，市公安交警大队的公

---

[1]《机动车驾驶员继续教育》教材编写碰头会记录，1988年4月22日。
[2]《中国文化书院简报第8804期》，1988年5月4日。
[3]《机动车驾驶员继续教育》各教材主编的情况介绍，1988年。
[4] 关于实施机动车驾驶员继续教育教程的建议，1988年3月。
[5] 教材发放计划（哈尔滨市），1988年。
[6]《中国文化书院简报第8803期》，1988年3月21日。
[7] "市人民政府关于在本市实施机动车驾驶员继续教育的决定"，1988年。
[8] 实施机动车驾驶员继续教育"市人民政府通知"，1988年。

告[1]，以及整整 12 页的答记者问。[2]

落实太原和哈尔滨为试点城市后，成立了试点工作指导委员会，两市的指导委员会成员中当地政府资源都属"高配"。"机动车驾驶员继续教育全国统一教程"太原市试点工作指导委员会，由山西省副省长武俊洲任主任，太原市副市长万良适、省公安厅副厅长黄环英任副主任，太原市交通局长、省公安厅交警总队队长、太原市公安交警支队队长等都是委员[3]；哈尔滨市试点工作指导委员会，由黑龙江省副省长安振东任主任，北京市人大常委会副主任、北京工业大学副校长陈明绍任副主任，委员中则有哈尔滨城建委总工、教委副主任和公用局、公安局、交通局、劳动局的各位副局长等。[4] 1988 年 6 月 2 日和 6 月 10 日，又分别在两市安排了新闻发布会！[5]

读到这里，谁都会相信这是在一块处女地上精耕细作，丰收是可以翘首以待的。然而，这个班却没有办。"为什么？"27 年后的 2015 年 11 月王守常的回答是"学费定得太高啊"，材料中显示学费每人 74 元，两年，相比书院其他班并不算高，但"那是在北京说，当时要东北人、山西人掏 74 元，那是大钱！"，说话一向不紧不慢的守常突然急了："我们原来说好 48 元的，鲁军非要调到 74 元，砸了，对方不干了！"稍停，他自语道："这个班没成，书院的财政压力显大了，分歧也加大了。"[6]

关于分歧，我们将在第八章专章叙述。

---

[1] 实施机动车驾驶员继续教育"市公安局交通警察大队公告"，1988 年。
[2] 实施机动车驾驶员继续教育《记者问答》手册，1988 年。
[3] "机动车驾驶员继续教育全国统一教程"太原市试点工作指导委员会名单，1988 年。
[4] "机动车驾驶员继续教育全国统一教程"哈尔滨市试点工作指导委员会名单，1988 年。
[5] "教程"新闻发布会备忘录，1988 年。
[6] 2015 年 11 月 11 日王守常访谈。

第 6 节　形形色色的办班与办班设计

"办班",即今日的培训,早已是年产值千亿级规模的行业了。中国文化书院在八十年代中期率先开办各种收费培训班,规模动辄几千人甚至上万人,乃无意中成中国培训业之滥觞也。

"机动车驾驶员继续教育统一教程"项目流产后,1988 年 6 月至 1991 年 8 月间的办班项目(鲁军分离出去后另办的培训班未入统计),仅目前找到的文件记录就超过二十几个(详见本节后附表),收费的廉政研讨班就办了四个。

没有必要去一一考证其中哪些班办了,哪些班流产了,品味着这五花八门的办班名称,让人仿佛看到一个为生计挣扎而不能不放下初衷的男人扭曲的背影。

1988年6月至1991年8月"办班"统计

序号	办班名称	举办单位	招生日期
1	"自叙纪实体"写作刊授班[1]	中国文化书院邀请全国老龄委共同举办	1988年6月
2	气功班[2]	中国文化书院与日中语言学院	1988年7月
3	全国青年干部管理专业电视培训班[3]	中国共产主义青年团中央委员会宣传部、中国社会科学院研究生院《中国青年报》教育部、中央电视台社会教育部、中国文化书院联合举办	1988年8月20日
4	经济管理行政管理（党政）《专业证书》函授班[4]	中国地质大学北京管理干部学院、中国文化书院联合举办	1989年1月15日
5	首届中国传统书画函授班[5]	中国文化书院书画函授部	1989年1月20日
6	中国文化书院汉语进修班[6]	中国文化书院人文科学部	
7	《中国国情与现代化》研讨班[7]	北京大学中国国情研究中心、中国文化书院联合举办	1990年1月
8	廉政建设研讨会（一、二、三、四期）[8]	中国文化书院	1990年元月—1991年8月
9	全面质量管理培训班[9]	轻工业部质量管理司、中国文化书院质量管理培训中心	1990年2月12日
10	城镇建设管理培训班[10]	建设部城乡建设经济研究所、中国文化书院联合举办	1990年3月25日
11	"国情、人口与计划生育"研讨会[11]	中国文化书院国情与人口问题研究中心	1990年3月25日
12	《马克思主义哲学学习纲要》研讨班[12]	中国文化书院	1990年3月30日
13	九十年代青年研究战略研讨班[13]	中国文化书院	1990年4月8日
14	文物鉴定班[14]	中国文化书院	1990年4月
15	行政诉讼法研讨班[15]	中国文化书院	1990年4月30日
16	政治经济学教学难点疑点暑期研讨班[16]	中国文化书院	1990年5月12日
17	《中国国情与现代化》研讨班[17]	陕西省体制改革研究会受北京大学中国国情研究中心、中国文化书院委托	1990年5月25日
18	全国地方史志编纂高级培训班[18]	中国文化书院	1990年8月2日
19	深入学习《关于社会主义若干问题》研讨会[19]	中国文化书院	1991年2月28日
20	当代青年研究战略研讨会[20]	中国文化书院	1991年5月12日

[1] 邀请全国老龄委共同举办"自叙纪实体"写作刊授班合作意向书（草案），1988 年 5 月 12 日。
[2] "关于我院与日中语言学院商讨开办气功班会谈纪要"，1988 年 5 月 20 日。
[3] 全国青年干部管理专业电视培训班招生广告，《中国青年报》第 4 版，1988 年 8 月 20 日。
[4] 经济管理行政管理（党政）《专业证书》大专专修函授班招生简章，1989 年 1 月 15 日。
[5] 首届中国传统书画函授班招生简章，1989 年 1 月 20 日。
[6] 中国文化书院汉语进修班招生简章，（1989 年）。
[7] 《中国国情与现代化》研讨班（函授）招生简章，1990 年 1 月。
[8] "党政机关与企事业单位廉政建设研讨会"的通知，1990 年 1 月 20 日，1990 年 10 月 13 日，1991 年 2 月 28 日，1991 年 8 月。
[9] 《全面质量管理培训班招生简章》，1990 年 8 月 30 日。
[10] 城镇建设管理培训班招生简章，1990 年 3 月 25 日。
[11] "国情、人口与计划生育"研讨会的通知，1990 年 3 月 25 日。
[12] 《马克思主义哲学学习纲要》研讨班招生简章，1990 年 3 月 30 日。
[13] "九十年代青年研究战略研讨班"，1990 年 4 月 8 日。
[14] "文物鉴定"干部培训招收学员简章，1990 年 4 月。
[15] 行政诉讼法研讨班招生简章，1990 年 4 月 30 日。
[16] 政治经济学教学难点疑点暑期研讨班通知，1990 年 5 月 12 日。
[17] 《中国国情与现代化》研讨班（函授）招生简章，1990 年 5 月 25 日。
[18] 全国地方史志编纂高级培训班招生简章，1990 年 8 月 2 日。
[19] 深入学习《关于社会主义若干问题》研讨会报名通知，1991 年 2 月 28 日。
[20] 当代青年研究战略研讨会报名通知，1991 年 5 月 12 日。

第五章　中国文化书院八十年代的出版物

八十年代是读书的年代，党报痛批"四人帮"把中国的文化生活搞成"八亿人民八个戏，四千年文化四卷书"（即只有"八个样板戏"和"四卷红宝书"）的荒芜状态。"知识"从被批判被侮辱，回到了被追求的地位。1979年4月创刊的《读书》杂志，创刊号上一篇时任中宣部理论局局长李洪林的《读书无禁区》[1]使这本新刊一炮打响。"读书无禁区"从此成为一句流行的口号。当时在中青年文化圈中还流传一句戏言"革命就是请客吃饭，就是开会写书做文章"，这自然是对此前成为口头禅的"最高指示""革命不是请客吃饭，不是做文章"的黑色幽默。读书成为时尚，自然要有人写书、编书、出书。

八十年代是"读书无禁区"的年代，也是编辑出版业的火红年代。出版物是八十年代"文化热"的最主要组成部分。本章就目前收集到的资料，描述中国文化书院在八十年代编辑出版物的概况。必须指出，其中所及大部分出版物在法规意义上不被视为正式出版物，因为并未取得书号、刊号，属于自印作品。八十年代的自印本，往往发行量和影响力都非常大，如果它们不被纳入文化和出版史研究的视野，那么，我们就不能对那个时代有完整的了解。当然，书院导师们的学术著作纳入书院出版计划的只是少数，更多的是由导师们自己交付出版社出版了。

---

[1] 作者原标题为《打破书的禁区》，当时主持《读书》的史枚先生改成《读书无禁区》。见《知道：沈昌文口述自传》，花城出版社2008年4月第1版，第107页。

第 1 节 《梁漱溟全集》编辑过程

梁漱溟先生去世两个月后，1988 年 8 月 20 日中国文化书院学术委员会提出《关于编辑出版〈梁漱溟全集〉的设想》：梁先生的思想和他的人格为世人所景仰，被海外思想界推为"中国最后的儒家"，在目前海外不断深入的"新儒家"探讨和中国大陆的文化热潮中，对梁漱溟的研究也不断深入。梁先生一生著述甚丰，但是，这些著作有相当一部分发表在抗日战争以前，几十年的社会动荡，版本流失严重，许多著作今日已很难查阅。个别著作仅有初版本，甚至 60 年未曾再版。为了使海内外学者能了解梁先生的思想全貌，促进学术研究和交流，中国文化书院将着手编辑出版《梁漱溟全集》。具体设想为，梁漱溟一生曾发表各种专著、论文集及小册子 20 余种，连同散见的论文约 250 万字，拟编为 10 卷，内容包括著作、演讲、未曾发表的手稿、书信等。全集将在 3 年内出齐，著作的收集、整理和分卷等工作将在 1989 年 5 月底以前完成。全集在中国大陆出版，也考虑在台湾出版繁体字本。[1]

《关于编辑出版〈梁漱溟全集〉的设想》提出的第二天，1988 年 8 月 21 日，中国文化书院学术委员会主席庞朴、院务委员会副主席王守常即在文化书院接待了来自台湾的沈先生、刘先生，沈先生代表台湾远流出版社前来洽谈出版《梁漱溟全集》事项。谈判主要在讨论出书时间和稿费、编辑费数额。庞朴强调"不好听的话先讲"，并且"不客气地告诉你，还要和另一台出版社谈"。沈强调了他们出书快的优势，力争在远流社出版。最后双方约定，9 月中旬再定是否给远流社出版。当时，两岸刚开始接触，会谈记录中还有这样一个细节：庞朴问"如何联系"；沈答"直接写信、电话都行，电话我们打不进来，打得过去"；问"我们的邮票即可"，答"可"。[2]

---

[1]《关于编辑出版〈梁漱溟全集〉的设想》，1988 年 8 月 20 日。
[2]"与台湾远流出版社谈'梁书'出版"记录，1988 年 8 月 21 日。

梁漱溟先生在书房中

1988年9月12日上午,梁漱溟长子梁培宽先生来中国文化书院,与庞朴、李中华、王宗昱商谈出版《梁漱溟全集》,文利姮记录。庞朴先介绍了此前与台湾远流出版社沈重谈过,但未做决定。在新加坡和韦政通先生商谈,根据名誉好、效率高、稿酬高的三原则,韦先生建议选三民社。时间设想在明年6月23日出第一卷,全书分八卷。台湾速度快,交稿后三个月可出。另外,大陆的生活·读书·新知三联书店,山东、广西几个出版社都愿出。

梁培宽先生除了谈出版社的选择、出个人《全集》的许可和收稿等具体问题,还谈到:"先父在世时,有人曾问过他出《文集》的态度,他的态度是:有很多东西今天看起来没什么意思,不必求全。有保留价值的可印,否则浪费纸、笔、墨,有选择的出。王守常不同意,作者认为意思不大,早期的观点后来修正,后人应知演变过程,对研究的人还是需要全。先者?后者?折中?我倾向折中。过去在许多地方的讲演,许多内容基本相似,有重复处,都选进去是否有必要?注释一下,省点东西,先父没有明确说哪部分留舍。《究元决疑论》专集是与很多人开始接触（熊十力、蔡元培等），他认为东拉西扯，可以不要。与沈重提到有骂国民党的文章，有骂共产党的文章，在台骂国民党怎么办，他一口说没问题（骂共产党大陆也没什么问题）。先父说不要改，作为一个教训留下来，以志吾过，应有个老实态度。"

对于内容，庞朴说："内容，回去后您的卡片和王（王宗昱）的目录凑，求全，折中好，理解重复（意思的重复；《冯先生全集》中重复五次——李）文字重复可避免，意思重复不可避免，具体的再谈。是出《全集》不是出《文集》，全是全不了，尽量全。"李中华问："日记的量大否？"梁答："大部分是'文革'开始后的，闭门思过，很平淡。"王宗昱说："工作黄金时代的日记无。"庞朴说："鲁迅日记也是琐事，但很有学问。先搞全目，搞分卷原则，基本八卷。二次交稿出版社接受得了，第一次交要胸有成竹，清楚。"

最后讨论安排了建立编辑小组，征集旧稿、书信诸事。[1]

这期间，收集梁著的工作积极展开。1988年9月13日，庞朴致函中央党校马清健教授，介绍文利娅去中央党校图书馆查阅梁漱溟著作目录。[2]

1988年10月11日，山东人民出版社张士宝来中国文化书院，与庞朴、李中华、张文定洽谈出版《梁漱溟全集》。全集预计400万字，12—14卷。张士宝对目前出版社的不景气吐了些苦水，但梁先生的人格、在中国知识分子中的地位，又在山东邹平从事乡村建设运动，出版社不想赚钱，不赔就好。所以，庞朴问："能否接？""接。""6月上旬出书，150天搞定行否？""行。"[3]

1988年10月28日上午，在中国文化书院大会议室召开了"《梁漱溟全集》编辑委员会工作会议"，庞朴、梁培宽、王宗昱、操军、陈继东、王小其出席，文利娅记录。会议内容为：一、通过委托书（梁

---

[1] "与梁培宽先生商谈出版《全集》"记录，1988年9月12日。

[2] "庞朴致马清健信"，1988年9月13日。

[3] "与山东人民出版社谈出版"记录，1988年10月11日。

家属委托书院出《全集》）；二、确定分卷原则，第一卷文章；三、确定编辑规范。

庞朴先介绍了在大陆和台湾选择出版社的情况，大陆简体字版选择山东人民出版社：热情、义务、责任感很强，且学术地位、出版质量均高，我们选中山东。"编辑由编委会负责，技术由出版社负责。"要求12月31日前交稿，第一卷50万字。"现在到年底50万字，从点、注、校、抄，60天，1天1万字，不能低于此速度。今天把分卷原则定下后，就要开始工作了。"

梁培宽说："委托书已写好了，我想原写的我和弟弟委托书院与出版社洽谈出版，现在我想再加一项可代签合同。"庞朴答："当然加上后我们的权力就更大了，这是对书院的信任。要不要考虑把钦东、钦宁（梁漱溟孙子——作者注）写进去？"梁："不需要。法律上无权，钦宁是学法律的。这样没什么问题。"

第一步，收的原则。讨论中王宗昱提出两个问题：1.《中国——理性之国》；2.梁先生以前的演讲，学生笔记、别人记录，如何处理？梁培宽说："家父对是否考证过的文章区别非常严格，北京大学《儒家哲学》油印本，当时两学生整，不大承认的意思。《生命与意识》比较重视。"但庞朴认为："收集内容要尽量全，因是全集而不是选集，是学者著作不是自传。虽一些观点今天看来不恰当，对作者的发展历程研究有必要。《论语》就是学生记录的，梁过目的记录可收，未过目的，反映真实面目亦可收。有变化有发展是正常的，否则僵化了。符合梁思想。时间、地点、记录人，才70年的时间，能搞清楚的尽量搞清楚。宁愿收不能丢，手法上处理一下。《理性之国》内容政治观点从现在角度看，过时，难以成立，但反映当时一些历史也有价值。"对此，梁培宽说："弟弟、表哥邹老师表示只在《全集》中收，永不出单行本，作为整体的一部分存在，以免别人看此一篇易误解（台湾若出单册追究版权）。袁洪寿先生说，此稿先父曾作为礼物给毛主席祝寿，送到中南海门口，有人出来迎他。'今天是主席生日，我要送一份礼。''不收礼。''是书稿。''府右街西门收。'至西门，送礼一律不收，特殊情况经请示收下，未知是否转给主席。"[1]说明先父对此稿很重视。年事高了，自己改动不便，我花了四五个月的时间改，改得不行，面目全非，不是整体，学林社田先生要出，后换成《中国文化要义》，收时需在文章后面说明。"[2]

这部写于"文革"期间的著作——《中国——理性之国》，最后本着"全集要全"的原则收入《梁漱溟全集》第四卷，但加了这样一个"题记"："《中国——理性之国》一书是著者唯一未曾公之于世的专著，约17万字，现收入《全集》首次发表。此书动笔于'文革'开始后第二年（1967年），完成于'文革'中期（1970年）。如著者所说，它是'在环境条件困难中'写出的；就是说，是在无法了解社会真相、极不适宜进行学术探讨的环境下写成的。因而，著者真诚地放弃了自己曾一贯坚持的某些观点，对一些人所诟病的错误却持肯定态度。1984年，著者曾试图在亲属协助下对原稿作必要的修改，终以体脑均衰而未果。此次发表，旨在为读者提供一份全面了解著者学术思想所不可少的材料，以资研究而已。"[3]对于这个"题记"，梁漱溟之子梁培恕先生后来说，"初稿是由我起草，别人定稿的"，但当他写作《我生有涯愿无尽——记父亲梁漱溟》时"回看十年前写的题记，我得承认当时没有看懂"[4]。因此这个"题记"是曲解了梁先生的。而那个定稿的"别人"，从当时情况看只能是庞朴，不知庞公后来是否再读过此书此题记，是否能认同此说？

---

[1]《梁漱溟全集》1972年12月26日日记："早起写一信，以收回章处之稿，径送最高。"全集并有注："著者原拟请章士钊先生转送《中国——理性之国》一稿于毛泽东，未果。遂于毛诞辰日亲自送中南海；后无回音。"见《梁漱溟全集》第八卷，山东人民出版社，1993年6月第1版，第926页。

[2] "梁先生全集编辑委员会工作会议"记录，1988年10月28日。

[3]《梁漱溟全集》（第四卷），山东人民出版社，1991年2月第1版，第200页。

[4] 梁培恕：《我生有涯愿无尽——记父亲梁漱溟》，香港世纪出版有限公司，2014年8月第1版，第425—434页。

第二步，讨论了分卷方案。庞朴提出"以《史记》卷十的'点校后记'为准"的编辑原则，王宗昱提出分工等工作原则。最后，庞朴要求："提要去掉，作者原注、编后、现注、脚注、星号、标点添加，错可改，不损坏作者原意为准，按现在规范做。""学术性的注不做，只做技术的，非常特殊的说明，可做。""12月25日完稿。"[1]

1988年11月15日梁家兄弟和中国文化书院签署了如下委托书：

"现委托中国文化书院学术委员会代表梁漱溟著作版权所有人梁培宽、梁培恕负责办理《梁漱溟全集》的编辑和与出版单位洽谈及签约事宜。"委托人梁培宽、梁培恕签名，受委托人庞朴签名，中国文化书院盖章。一九八八年十一月十五日。[2]

1989年1月10日，作为甲方的山东人民出版社和作为乙方的中国文化书院学术委员会正式签署了"《梁漱溟全集》编辑、出版契约"。双方约定，包括梁先生生前的全部专著、论文、文稿、函电、日记、笔记、传记等，预计400万字的《梁漱溟全集》，由乙方负责收集、整理、校点、按内容及年代编辑，缮写为通行简体汉字，于1990年年底以前分批分期送交甲方。甲方分八册精装陆续出版，第一卷1988年12月31日接稿，6月20日上市；第二、三卷于1989年内，第四、五、六卷于1990年内，第七、八卷于1991年内先后上市；并规定，甲方在《全集》各卷出版后，按国家规定向著作权继承人支付稿酬，并按稿酬的1/3（不低于每千字7元）向乙方支付编辑费。[3]

此后编辑工作全面展开，但在1989年1月13日的"《梁全集》编委会议"上，梁培宽除了对各卷的分工一一提出具体建议，还是表示："《理性之国》犹豫，1970年，'反修'，'未来打大旗'，怕对历史不负责任，对读者不好，贻误众生，影响视听。"庞朴则以老舍、章太炎、梁启超的各种例子说服他："梁启超先生告诉编选者，书稿全在箱里，

---

[1]"梁先生《全集》编辑委员会工作会议"记录，1988年10月28日。

[2]《委托书》，1988年11月15日。

[3]《〈梁漱溟全集〉编辑、出版契约》，1989年1月10日。

《梁漱溟全集》

编、选全权交给你,因编选者的选择有可能给后人带来麻烦,梁再出'续集'、'修订本'等。还是以全好,年月日写清,注也不注,全集出,不出单行本。"[1]

《梁漱溟全集》八卷精装本,于1989年5月—1993年6月分卷出版,中国文化书院学术委员会编,山东人民出版社出版,524.5万字。

第一卷1989年5月出版,编辑工作的主持者为王宗昱、梁培宽,参加编辑工作的还有操军、王小其、陈继东、文利姮;第二卷1990年3月出版,编辑工作的主持者为王维新,参加编辑工作的还有李松勤、王禹之、王永茂、文利姮;第三卷1990年5月出版,编辑工作的主持者为王宗昱;第四卷1991年2月出版,编辑工作的主持者为梁培宽、梁培恕、马勇、胡晓春、刘定祥,参加编辑工作的还有文利姮;第五卷1992年8月出版,编辑工作的主持者为刘定祥,参加编辑工作还有梁海萍、谭吉华、李善钦、唐海英、詹永媛、文利姮;第六卷1993年1月出版,编辑工作的主持者为梁培宽、梁培恕;第七卷1993年6月出版,编辑工作的主持者为梁培宽、梁培恕;第八卷1993年6月出版,编辑工作的主持者为梁培宽、梁培恕和田镐、孙明磊。

---

[1]《梁全集》编委会议"记录,1989年1月13日。

庞朴为全书写了简短的《编后记》,他在《编后记》中说明:"梁先生生前曾经说过,他的某些文章,由于时过境迁,不再有什么保存价值;另外某些论点,随着认识深化,已有了重大变化;因此,他不甚主张编纂《全集》。我们则考虑到,作为一代宗师,梁漱溟先生的言论和活动,涉及多方,著之竹帛,已然成为历史的一个部分,也早已成了世人关注和研究的对象;因此,应该出版《全集》,公之于世,并保持其历史原貌。这样做,既是对历史负责,也是对梁先生的纪念;当然也就为关心者、研究者提供了方便。"[1]

第 2 节　我国第一部《中国文化研究年鉴》

在年鉴类工具书系中,有关中国文化的研究年鉴一直空白,中国文化书院在八十年代"文化热"的鼓舞下,决定着手编纂一部《中国文化年鉴》,以填补我国年鉴出版史上的一个空白。[2]逾百万字的《中国文化研究年鉴(1989年)》是个不小的工程,中国文化书院秘书处在 1987 年 11 月 18 日就将《编辑方案》草案印出,行文发送各位参与编辑者征求意见。[3]随后,又出《中国文化研究年鉴(1989年)目录》[4],略微调整补充内容的《中国文化研究年鉴(1989)编辑方案》[5]。1988年 8 月 30 日,以中国文化书院《中国文化研究年鉴》编委会的名义,为年鉴"专论"部分,向若干"著名中国文化研究专家"发出特邀约稿信,因《年鉴》"希望能在明年'五四'70 周年前正式发行,由于

---

[1] 庞朴:《编后记》,见《梁漱溟全集》(第八卷),山东人民出版社,1993 年 6 月第 1 版,第 1179—1180 页。
[2] 季羡林:《序》,《中国文化研究年鉴(1989年)》,台北国文天地杂志社,1990 年 12 月初版,第 1 页。
[3] 《中国文化研究年鉴(1987年)编辑方案》,1987 年 11 月 18 日。虽在函件和方案的标题上都写为 1987 年卷,但内文所述是 1989 年卷,故知 1987 系 1989 之误。
[4] 《中国文化研究年鉴(1989年)目录》。
[5] 《中国文化研究年鉴(1989年)编辑方案》。

时间较仓促，务请您在两个月之内完成大作"。[1]

汤一介说："从1988年4月至1989年4月整整用了一年时间，我们编成了这本《中国文化研究年鉴（1989年）》，它是迄今为止第一本有关中国文化研究的年鉴。""因为出版这样的书在中国大陆显然是要赔钱的。这对大陆的一些出版社负担不起的。于是我们就找到了台湾国文天地杂志社社长林庆彰先生，他很高兴接受这本年鉴。"[2]《中国文化研究年鉴（1989年）》，中国文化书院编，台北国文天地杂志社丛书编辑部出版，1990年12月初版，大16开，共855页。

"年鉴"本来是一年一载的，因为是第一卷，"鉴于中国和国外均未编过中国文化研究方面的年鉴等资料工具书，因此1989年卷除着力反映八十年代（特别是1985年之后）中国文化方面研究情况，还准备通过其他栏目来反映1919年至1988年近70年的文化研究状况"。[3]全书分为九大部分：一、专论，12篇，作者为汤一介、张岱年、庞朴、李泽厚、丁守和、罗荣渠、甘阳、冯天瑜和何晓明、殷鼎、王元化、牟中鉴、冷德熙；二、中国文化研究现状（1980年—1988年），分为论著简介和1985年至1988年分年论文摘编；三、学术动态（1981年—1988年），分年按月顺序排列；四、中国文化研究之教育机构、丛书、杂志、报纸，分为研究教育交流团体与机构，丛书、丛刊、期刊和报纸；五、台湾、香港的中国文化研究；六、国外中国文化研究，两篇文章，一篇《二十年来西德对中国文化的研究》，一篇《日本战后"中国学"发展的阶段及其特征》；七、中国文化研究著名学者介绍，共50名；八、中国文化大事记（1919年—1949年）；九、中国文化研究资料索引，为：中国文化研究书名目录（"五四"前后—1988年），中国文化研究论文索引（1919年—1988年）。季羡林的"序"，汤一介的"编后语"，全

---

[1]《约稿信》，1988年8月30日。
[2] 汤一介：《编后记》，《中国文化研究年鉴（1989年）》，台北国文天地杂志社，1990年12月初版，第855页。
[3]《中国文化研究年鉴（1989年）编辑方案》。

《中国文化研究年鉴》

书约110万字。

《中国文化研究年鉴(1989年)》在台湾用繁体字出版,印量很少,又没有出后续卷,孤册一本,听闻者不多,浏览者更少,但确是一部八十年代编辑的珍贵的文化研究工具书。

第3节 书院的教学用书系列

"中外比较文化教学丛书"是中国文化书院为当时正在举办的"中外比较文化研究班"编写的教材,"亦是新中国比较文化研究的首演"。[1] 1988年1月时已出书7种:《比较教育学》《比较法学》《印度文化概论》《西方文化概论》《比较史学》《比较方法论》《比较宗教学》;计划为16种,尚有《比较哲学》《日本文化概论》《中国文化概论》《比较伦理学》《比较美学》《马克思主义文化学概论》《文化学概论》《比

---

[1]《中外比较文化教学丛书》编委会:《总序》。

较文学》等,每本书约 40 万字,拟用后交辽宁人民出版社出版。[1] 每本书分两部分,前半部为作者著述,后半部(甚至三分之二)为参考资料,这是该教材系列的一大特色。

目前收集到的这套教材有:

李中华《中国文化概论》,中国文化书院自印本,全书 480 页。该书分 7 章:第一章中国文化产生的根源与背景;第二章中国文化的基本要素;第三章中国文化价值系统;第四章中国文化的基本特征;第五章中国文化的传播及对世界的影响;第六章中国文化对外来文化的受容与排拒;第七章中国文化的现代化与未来前景,共 269 页。李中华、陈继东合编的后半部分"中国文化概论参考资料"293 页,收 25 篇论述中国文化的文章,并有 16 篇发表于 1981 年至 1987 年的有关文章和著作"存目"。

葛雷、齐彦芬《西方文化概论》,中国文化书院自印本,全书 507 页。《西方文化概论》教材部分 147 页,除"绪论"、"后记"和 12 页"参考书目"外,正文 4 章:第一章西方文化的起源;第二章西方文化的基本要素;第三章西方文化的基本特征;第四章西方文化的传播及中西文化交流。该书后半部分"西方文化概论参考资料"358 页,收入中外学者的文章 19 篇,多为专著的序言、导论和节选。

刘大椿《比较方法论》,中国文化书院自印本,全书 502 页。刘大椿的教材部分共 9 章:第一章方法和方法论;第二章还原论和系统论;第三章演绎模式和归纳模式;第四章辩护和发现;第五章积累和革命;第六章实证原则和形而上学;第七章认识论问题和社会学处理;第八章机械论传统和有机论哲学;第九章程式化和反对方法,共 110 页。后半部为林娅编的"比较方法论参考资料",共 389 页,分 10 章。前九章标题与正文九章同,是结合教材正文选编的;第十章为"自然科学方法与社会科学方法"。参考资料大多为论文选编。

---

[1] 鲁军:《中国文化书院院务工作报告(1986 年—1987 年)》,1988 年 1 月。鲁军在报告中说该教材共 16 种,但在《中国文化书院文库编纂计划(五年规划)》中列出的书目只是 15 种。

方广锠《印度文化概论》，中国文化书院自印本，全书596页。方广锠的教材部分"绪论"与"后记"外，分12章：第一章地理与历史；第二章两种文化渊源；第三章从《吠陀》到《奥义书》；第四章婆罗门教的宗教生活；第五章新思潮的崛起；第六章正统派哲学；第七章印度教；第八章文学；第九章艺术；第十章科学技术；第十一章印度文化在古代世界的传播；第十二章印度文化的特点，共135页。方广锠、张九林选编的"印度文化概论参考资料"6大部分，共457页，还在"编者前言"对涉及的论著进行了补充介绍。

庞卓恒《比较史学》，中国文化书院自印本，全书563页。《比较史学》教材，"导言"后分5章：第一章历史比较研究的功用及其与社会历史观的关系；第二章历史比较考察的历史回顾；第三章现代西方比较史学的兴起及其面临的本体论方法论问题；第四章马克思、恩格斯对社会历史发展的终极原因和普遍规律的揭示为比较史学提供了科学的指南；第五章科学比较史学的实践探索，教材共158页。高仲君、侯建新、闵冬潮编的"比较史学参考资料"部分共403页，分为3个部分：马克思、恩格斯关于历史比较研究的部分论述；中国学者有关比较史学的部分论著；外国学者有关比较史学的部分论著。

魏常海《日本文化概论》，中国文化书院自印本，全书470页。魏常海的《日本文化概论》教材分为7章：第一章日本文化的原始；第二章儒家文化的摄取；第三章佛教文化的展开；第四章西方文化的输入；第五章日本的"道"；第六章日本文化诸要素；第七章日本文化的某些特质，共192页。"日本文化概论参考资料"也是魏常海编，275页，分为三个部分：一、中日文化的相互影响；二、日本文化与近现代化；三、日本文化的特征。

除了中外比较文化课程教材，八十年代中国文化书院编的规模较大的教材就是"全国环境保护专业培训教学丛书"，这是中国文化书院为当时正在举办的"全国环境保护专业培训班"编写的教材，根据培训班开设的15门课程，计划出教材15种：一、《环境学导论》；二、

第五章 中国文化书院八十年代的出版物 | 145

中国文化书院部分自编教材

《大气污染及其防治》；三、《水污染及其防治》；四、《固体废物的环境管理》；五、《环境经济学》；六、《城乡环境保护政策》；七、《环境噪声学》；八、《环境监测》；九、《环境质量评价》；十、《环境经济学》；十一、《自然环境保护》；十二、《环境管理》；十三、《环境保护法》；十四、《城市环境综合治理》；十五、《环境规划》，每本约30万字。"15本教材构成中国第一套环境学科的教材，分别由国内环境方面的16位专家编写，总计500万字。"1988年1月时已出书2种：《环境学导论》《大气污染及其防治》。[1]

第4节 《中国文化书院学报》

《中国文化书院学报》由中国文化书院主办，《学报》编辑部编，1987年4月10日创刊，每月10日出报。书院的《学报》主要为办班服务，针对不同的办班，出刊不同版的《学报》。

---

[1] 鲁军:《中国文化书院院务工作报告（1986年—1987年）》,1988年1月。

《中国文化书院学报》

《中国文化书院学报·函授版》是学报最早、最多的版本,为满足为期两年的"中外比较文化研究(函授)班"的教学辅导而创刊,由左锋、辛章平主编。第一期的《发刊词》指出:"函授版是传递和反馈书院函授教学与学员学习情况的媒介,为促函授顺利进行,指导学员阅读学习,是其两大重任。"函授版每月10日出版寄送给"中外比较文化研究(函授)班"的学员,每期4开8版,书院函授部负责人就函授班事务答问说,学报·函授版"其内容主要包括:书院各项通知、学员来信、辅导答疑、有关比较文化的学术论文,学员来稿、文史知识、学术动态、理论信息、新书介绍、学者传记等栏目"。[1] 从目前存档的几期《学报》看,占每期篇幅最多的是"专稿版",多是名学者的大块文章;而"文萃版""动态版"则是各种论文摘编、专著辑要、学科信息、发展动态,灵活、及时、丰富,很受欢迎。当然,书院的各种函授通知,学员自己的文章信件更是大家关心的。

目前存档留存和收集到的《中国文化书院学报·函授版》有:

---

[1] 均载《中国文化书院学报·函授版》第1期,1987年4月10日。

第一期，4 开 8 版，1987 年 4 月 10 日出版；
第二期，4 开 8 版，1987 年 5 月 10 日出版；
第四期，4 开 8 版，1987 年 7 月 10 日出版；
第五期，4 开 8 版，1987 年 8 月 10 日出版；
第六期，4 开 8 版，1987 年 9 月 10 日出版；
第七期，4 开 8 版，1987 年 10 月 10 日出版；
第九期，4 开 8 版，1987 年 12 月出版；
第十一期，4 开 8 版，1988 年 2 月 10 日出版；
第十五期，4 开 8 版，1988 年 6 月 10 日出版；
第十六期，4 开 8 版，1988 年 7 月 10 日出版；
第十七期，4 开 8 版，1988 年 8 月 10 日出版。

《中国文化书院学报·科技版》是发放给全国环境保护专业培训班学员的，目前存档留存的只有一期：

第十二期，4 开 24 版，1988 年 7 月 10 日出版。

《中国文化书院学报·读书版》，由中国文化书院主办，《学报·读书版》编辑部编，主编王守常，副主编左锋、辛章平。《读书版》1989 年 5 月 10 日出版第一期，不以报纸版式而是 16 开的杂志版式，48 页。编辑部的"开卷语"说明办刊宗旨和内容："比较文化班即将结束，我们将《函授学报》改型为《读书学报》，继续译介西方现代人文社会科学之优秀文章，评论新学人新学派新思潮，刊载大家富有创见的论文成果及读书心得体会，通报海内外学术趋向动态，推荐有新意的书刊，让这份杂志成为我们继续交流情感及观念思想的路桥。"[1]

目前存档留存的《中国文化书院学报·读书版》有：
第一期，16 开 48 页，1989 年 5 月 10 日出版；
第二期，16 开 48 页，1989 年 9 月 10 日出版。

---

[1]《中国文化书院学报·读书版》，1989 年第 1 期，1989 年 5 月 10 日。

期刊式的《中国文化书院学报·读书版》

北京市工商企业管理干部深化法制教育培训班的《函授学报》,由中国文化书院法制中心主办。1989年6月30日出第一期,4开4版。《函授学报》不刊登函授教材,有授课的思考题和学习方法的文章,转载国家报刊的重要财经信息、案例分析、知识小品、论坛等栏目,每月一期。

存档留存的《函授学报》有:

第一期,4开4版,1989年6月30日出版;

第二期,4开4版,1989年7月30日出版;

第三期,4开4版,1989年8月31日出版;

第四期,4开4版,1989年9月30日出版。

《中国文化书院学报》的主流是1987年4月创刊的《函授学》和8月创刊的《科技版》,发行面广,影响也大,这是1989年后创刊的《读书版》及《函授学报》所不可比拟的。

1988年3月23日，中国文化书院向北京市新闻出版局和北京市成人教育局递交申请报告，说明书院的两张学报［《学报》（函授版）和（科技版）］所取得的成绩，和读者、作者建立了日益广泛的联系，并"培养训练出一批精明强干的中青年'报人'"，要求将《学报》"转为国内外公开发行。公开发行时，《学报》（函授版）将定名为《世界文化导报》。该报将信守'四项基本原则'，在宪法允许的条件下开展工作。我们将视全球文化为一整体，将中国文化纳入世界文化之中，对它进行考察、对比，并将其他文化中的优良吸纳于中国文化之中"。"该报公开出版时将为4开16版半月刊，面向国内外各界有学之士。"[1] 这个要求没有得到正式回复，它似乎过于超前了，即使放在30年后来看，它也依然是超前的。

第5节 《中外比较文化研究资料》和《中国学导报》

《中外比较文化研究资料》，系中国文化书院为中外比较文化研究（函授班）出刊的资料性辑刊，由《中外比较文化研究资料》编辑部编辑出刊，"限函授学员参阅"。《中外比较文化研究资料》每辑约80页，16开本，为国内外名家和前卫学者的专著、论文摘载。它至少出刊了20辑，平均到两年制的研究班，基本上每月一辑，但并不按月出版，1988年1、2月间就出刊了5辑（第10至15辑）。

作为档案资料保存的《中外比较文化研究资料》有6辑：

第10辑，78页，1988年1月出版。

第13辑，79页，1988年2月出版。

第14辑，79页，1988年2月出版。

第15辑，78页，1988年3月出版。

第17辑，78页，未标明出版时间。

---

[1] 中国文化书院致北京市成人教育局、北京市新闻出版局：关于将我院学报转为公开出版发行的请示报告，1988年3月23日。

《中外比较文化研究资料》和《中国学导报》

第 19 辑,77 页,未标明出版时间。

第 20 辑,77 页,所标明出版时间为 1987 年 4 月显然有误,第 15 辑 1988 年 3 月出版,20 辑估计应为 1989 年 4 月出版。

《中国学导报》由中国文化书院中国学研究资料咨询中心编辑出刊,"为纯学术性刊,内容包括国内中国学研究的专稿、文摘、论文索引及学术会议信息、书讯等方面,刊载学者研究中国文化的优秀论文,综述国内有关的学术成果和学术活动"。庞朴主编。[1]《中国学导刊》的主要读者对象为海外研究中国学的机构和学者,出刊后曾向 19 个国家的 1100 个中国学研究所和有关学者寄送。

《中国学导报》原定 1987 年 8 月创刊,实际 1987 年第 1 期出刊已是 1988 年 3 月[2],已知出刊至少 4 期[3]。现存档案资料中的《中国学

---

[1] 中国文化书院致北京市成人教育局、北京市新闻出版局:关于《中国学导报》公开发行的请示报告,1988 年 3 月。

[2]《中国文化书院简报第 8803 期》,1988 年 4 月 5 日。

[3] 鲁军在 1988 年 7 月 15 日的院委会上说"导报已出刊 4 期",院务委员会记录本 1988 年 7 月 15 日—1988 年 12 月 3 日。

导报》仅一期，为1987年第2期，总第2期。该期《中国学导报》分"专稿"、"文摘"、"会议出版信息"和"中国学研究论文目录"五部分，有中、英文目录。[1]

第6节 编撰《中国文化书院文库》的五年规划

中国文化书院作为一个文化教育研究机构，研究是以学者个人方式进行，书院组织的是教学、学术交流和编纂出版，这是书院的三驾马车。而从一个法人实体的生存之道来说，三驾马车中只有教育和编纂出版是可以有收益的，从思想成果传而广之、传而久之来说，更要倚重编纂出版工作了。

书院的编纂出版开始主要是导师的一些著作和书院教学用的教材，后组织编纂《中国文化书院文库》，一份1987年的《〈中国文化书院文库〉编纂计划（五年规划）》[2]，可以让我们一窥书院出版设想的大概：

《中国文化书院文库》编纂计划（五年规划）
中国文化书院学术出版部

《中国文化书院文库》分6个系列（共约100本）

A. 论著类　　B. 演讲类　　C. 资料类
D. 译文类　　E. 古籍类　　F. 教材类

一、论著类
1. 魏晋南北朝文化史丛书　　　汤一介主编　共10本
（1）魏晋南北朝的道教　　　汤一介　1987年6月

---

[1]《中国学导报》1987年第2期（总第2期）。
[2]《〈中国文化书院文库〉编纂计划（五年规划）》，《中国文化书院院务工作报告（1986年—1987年）》附录，1988年1月。

（2）魏晋南北朝的佛教　　　　　　方立天

（3）魏晋南北朝的书籍　　　　　　孟昭晋　1987年6月

（4）魏晋南北朝的玄学　　　　　　许抗生　1987年8月

（5）魏晋南北朝的美学　　　　　　叶　朗　1988年－

（6）魏晋南北朝的文学　　　　　　裴家麟　1988年3月

（7）魏晋南北朝的儒学　　　　　　李中华　1988年6月

（8）魏晋南北朝的文人生活　　　　乐黛云　1988年8月

（9）魏晋南北朝的史学　　　　　　周一良　1988年

（10）魏晋南北朝的科技　　　　　中国科学院　1988年

以上丛书，有4本1987年可以交稿，由陕西师范大学出版社出版。

2. 中国文化与文化中国丛书：张文定、田志远负责

主要收书院导师具有代表性的论文，每集15至20万字。

（1）中国传统文化中的儒、道、释　　汤一介（1987年8月）

（2）文化的批判继承和创造的美化　　[美]傅伟勋（1988年1月）

（3）中国文学与知识分子　　　　　　乐黛云（1987年5月）

（4）人格和自我转化　　　　　　　　[美]杜维明（1987年10月）

（5）论中国传统哲学　　　　　　　　张岱年

（6）文化的民族性和时代性　　　　　庞　朴（1987年10月）

（7）中国哲学的现代化　　　　　　　[美]成中英（1987年10月）

（8）论中印文化　　　　　　　　　　金克木

（9）论中国古典音乐艺术　　　　　　阴法鲁

（10）佛教和文化交流　　　　　　　季羡林（1987年9月）

以上论集，1987年应完成6本，已交。

二、演讲类　李中华、张文定负责，结集出版中国文化书院历届讲习班及其他辅导教学的演讲

1. 中国传统文化论集　　4月交稿

2. 东西文化比较论集　　9月交稿

3. 文化与科学论集　　8月交稿

4. 文化与未来论集　　1988年2月交稿

5. 其他演讲：拟分专题。

以上由生活·读书·新知三联书店出版，责任编辑：曹月堂

三、中国文化书院文库·资料类

1. 东西文化研究资料丛书　　王守常负责主编

（1）梁漱溟　　　　　　　　1987年7月

（2）胡适　　　　　　　　　1987年10月

（3）冯友兰　　　　　　　　1987年10月

（4）熊十力　　　　　　　　1987年10月

（5）马一浮　　　　　　　　1987年12月

（6）陈序经　　　　　　　　1987年7月

（7）张君劢　　　　　　　　1987年12月

（8）张东荪　　　　　　　　1987年12月

（9）朱谦之　　　　　　　　1988年3月

（10）陈独秀·李大钊·瞿秋白　　1988年3月

（11）梁启超　　　　　　　　1988年3月

（12）学衡派　　　　　　　　1988年4月

（13）战国策派　　　　　　　1988年5月

共约15集，以上由生活·读书·新知三联书店出版

2. 港台海外中国文化研究丛书　　深圳大学景海峰负责　共10集

（1）中国文化的特征

（2）中西文化异同论

（3）传统文化与现代化

（4）挑战·回应与展望

（5）当代新儒家

（6）知识分子与中国文化

（7）孙中山与现代中国

（8）宗教与现代文化

（9）新文化运动与中国

（10）现代化进程与中国

3. 中国古代史资料丛书　共计约 30 本

（1）中华文明之起源与中华民族的形成

（2）少数民族的形成与对中国文化的贡献

（3）中国古代家族制度和宗法制度

（4）汉字的起源及演变

（5）中国古代书籍制度

（6）中国古代丧葬制度

（7）中国古代礼仪

（8）中国古代学校制度

（9）中国古代选举及人才制度

（10）中国古代礼器及日用器皿

（11）中国古代度量衡制度

（12）中国古代兵器

（13）中国历代官职制度

（14）中国地理学和地图学

（15）中国古代行政区划

（16）中国古代货币制度及货币形态

（17）中国古代天文历法和计时方法

（18）中国古代医学

（19）中国古代农业生产技术

（20）中国古代建筑

（21）中国古代雕塑艺术

（22）中国古代绘画

（23）中国古代书法艺术
（24）中国古代神道观念及宗教
（25）中国古代兵制研究资料
（26）中国古代市民娱乐
（27）中国古代节日及风格
（28）中国古代音乐舞蹈
（29）中国古代婚姻制度
（30）中国古代谱牒

四、译文类

国外文化研究丛书先推出 10 本

（1）西方文化概论　　　　［法］齐艳芬　译
（2）文化社会学　　　　　［英］雷特蒙·威　吴松江　译
（3）东方人的思维　　　　［日］中村元　魏常海　译
（4）文化的未来和未来的文化
（5）日本文化论译丛　　　　魏常海负责组稿
（6）苏联文化论译丛
（7）法国文化论译丛
（8）德国文化论译丛
（9）美国文化论译丛
（10）英国文化论译丛

五、古籍类

主要收集散佚在海外的中国古籍，拟从 1988 年 8 月后上马

六、教材类（中外比较文化研究班教材），用后交辽宁人民出版社出版

中外比较文化教学丛书

（1）比较教育学

（2）比较法学

（3）印度文化概论

（4）比较哲学

（5）西方文化概论

（6）日本文化概论

（7）中国文化概论

（8）比较方法论

（9）比较伦理学

（10）比较宗教学

（11）比较美学

（12）马克思主义文化学概论

（13）文化学概论

（14）比较文学

（15）比较史学

第六章　中国文化书院的社会联系与内部管理

八十年代从上到下都说改革是"摸着石头过河",那么,当时的人们对河对岸有怎样的想象呢?

当时,对于英文 civil society 一词还多是译作"市民社会"或"民间社会",而不是后来的"公民社会"。[1]对于现代性研究中"个人权利""工具理性""契约社会"的观念,对于"现代性的关键是消除三种传统的强制合作手段:亲属关系、绝对主义国家(an absolutist State)和绝对主义教会(an absolutist Church)"[2]的认识都还不甚了了。

但是,在追求现代化的进程中,一方面,对于个人观念更新的愿望极为强烈,1985 年"走向未来"丛书中的一本根据英格尔斯(Alex Inkeles)《走向现代化》编译的《人的现代化》,第一次印刷就是 82500 册![3]该书附录的"个人现代性测试题"还被复印、打印出来到处散发。另一方面,对于社会组织解除"强制合作手段"的呼声极为强烈,八十年代中期"松绑"一词家喻户晓,它源于 1984 年 3 月 24 日《福建日报》发表的 55 位厂长、经理的一封公开信,他们把政府管理部门和上级机构对企业的产、供、销一切管住、卡死的做法,形象地比喻为"绑住手脚",呼吁"请给我们松绑"!当时正是胡耀邦的改革大将项南主政福建,所以从福建率先发出"松绑"之声。"松绑"

---

[1] 俞可平:《中国公民社会的兴起与治理的变迁》,见俞可平主编《治理与善治》,社会科学文献出版社,2000 年 9 月第 1 版,第 326—327 页。

[2] 麦克法兰:《现代世界的诞生》,上海人民出版社,2013 年 8 月底 1 版,第 159 页。

[3] 殷陆君编译:《人的现代化》,四川人民出版社,1985 年 4 月第 1 版。

的呼吁经《人民日报》转载[1],一夜间传遍全国,成为全国人民的呼声。因为,当时的中国社会,企业被捆绑,所有的社会组织都被束缚,整个社会都面临绑得太紧、勒得太死、血脉不通、肢体坏死的状况。

从这两方面的汇合处,可以看到当时人们对"对岸"想象的图景,是有更多的个人自由,有更合理的社会组织契约关系的现代法治社会。八十年代的改革,也不仅仅是解决吃饱肚子的问题,不仅仅是经济发展的问题,用今天的话来说,它也是一个建立现代社会治理结构的问题。区别于"自然人"的"法人"概念出现了,这个源于罗马法、在1896年制定的《德国民法典》中出现的专用名词,一时成为中国社会的热门词。"法人"是社会组织在法律上的人格化,它的前提不正是社会组织关系的契约化吗?

中国文化书院院长汤一介在1989年2月的"名人名家春节联谊会"上的即兴致词中,这样表达对这一图景的想象:"一个合理的社会可能应由三个社会力量组成:一是政治权力集团,这是掌握政权的;二是知识分子集团,它'不治而议',应起对社会、政治的批评、建议和议论的作用;三是工商企业集团,应致力于发展生产。如果这三种力量能互相配合,又相互制衡,这个社会的发展可能就比较健康。"[2]

当时,法人治理结构的问题还没有提出,但"依法治厂""依法治社"等等企事业单位内部依法治理的呼声已十分强烈,企业管理成为热门。

中国文化书院作为一个社会团体法人,它和国内外学术界、和传媒及企业家群体有怎样的联系?它和政府管理机构有怎样的关系?它的组织结构和内部管理模式又是如何?

---

[1]《人民日报》以《福建省五十五名厂长、经理给省委领导写信:请给我们"松绑"》为题,加编者按摘发该信,并配发《省经委表示完全支持》《省委组织部提出三条措施》两文。见1984年3月30日《人民日报》第2版。

[2] 汤一介:《五年来中国文化书院工作汇报》,1989年9月10日。

第1节　文化书院与境外学术界的联系

中国文化书院是由北京多家知名高校和研究机构的学者联合发起建立的民间学术研究团体，它的导师队伍更荟萃各地学界精英，它与境内学术界的来往自然千丝万缕。但是，我们刚刚从一个到处寻找敌人的时代走过来，"里通外国"是一项普遍适用的罪名，过来人中的知识分子谁没有亲历或目睹过在这个罪名下蒙受的苦难？虽然是改革开放了，总还是有人心有余悸地对待与境外、国外的联系。但中国文化书院的宗旨就是"让中国文化走向世界"，"通过对中外文化的比较研究，加强世界各国的学术交流和学者的往来，促进中国传统文化的现代化"。那么，文化书院与境外学术界的联系如何呢？

可以说，在八十年代的民间文化团体中，中国文化书院的国际学术活动、学者交流是最多的，主要有三种形式：一是文化书院组织的国际学术研讨会，如"梁漱溟思想国际学术讨论会"，文化书院与美国新基督教研究会联合主办的"中国宗教的过去与未来国际讨论会"，文化书院与香港大学、香港中文大学等联合主办的"'五四'与中国知识分子国际研讨会"，举办"海峡两岸文学讨论会"，等等；二是文化书院邀请或接待境外、国外的学者来华讲学、访问交流，魏培德、杜维明、林毓生、成中英等著名学者都被邀请来讲学；三是书院安排导师出去参加各种国际会议和讲学，如鲁军1987年去日本参加"国际形而上学会京都会议"[1]，启功、黄苗子1988年4月赴港讲学[2]，庞朴1988年去美国参加"民主与社会正义：东方和西方"国际会议[3]，等等，当然书院导师还有更多不是由书院委派或安排参加的国际学术活动。

据不完全统计，中国文化书院1987年邀请和接待国际及境外学

---

[1] 鲁军参加日本"国际形而上学会京都会议"材料，1987年8月。
[2] 赵令扬致鲁军信：关于启功、黄苗子等赴港活动，1988年3月31日。
[3] 庞朴：《参加美国夏威夷大学召开的〈民主与社会正义：东方和西方〉国际会议的情况汇报》，1988年12月3日。

者32人（其中美国学者成中英来2次，为33人次），分别为美国12人（13人次），新加坡7人，日本4人，香港4人，澳大利亚2人，台湾1人，加拿大1人，意大利1人。[1]

而1988年4月的一份《中国文化书院一九八八年国际学术交流一览表》[2]，也可以反映出文化书院与国际学术界交往的概况：

> 一、1月至4月已接待的外国学者、外籍华裔学者及台湾学者
> 1. 1988年1月3日至1月4日接待美国加州大学社会学系杨午晴先生及夫人一行，接待内容：会谈、讲授"美国社会心理学研究"。
> 2. 1988年1月30日，为欢迎台湾作家、台湾乡土文学代表人物之一王拓先生，与北京大学比较文学研究所合作在科学会堂召开"海峡两岸文学讨论会"。刘宾雁、刘再复、宗璞、郑万隆、黄子平、刘树纲等40多位作家、诗人参加了座谈。

---

[1] 中国文化书院1987年邀请和接待国际及境外学者名单如下：1987年5月，全美华人协会总会主席、波士顿理工学院化学系教授潘毓刚；6月，新加坡报业中心负责人黄锦西，美国费城天普大学教授傅伟勋，美国芝加哥大学教授余国藩，美国夏威夷大学教授成中英；7月，日本东京大学名誉教授、国际哲学美学比较研究所所长今道友信；9月，美国哈佛大学教授杜维明，新加坡东亚哲学研究所所长吴德耀，新加坡国立大学哲学系高级讲师吉武吕，澳大利亚国立大学教授杨存仁，新加坡国立大学社会学系主任、教授郭振羽，新加坡国立大学中文系高级讲师梁之生，新加坡国立大学中文系高级讲师李卓然，美中文化促进会徐淳，美国新墨西哥大学教授巴姆，台湾光复书局海外特派员沈炎；10月，美国威斯康辛大学教授林毓生，美国俄亥俄州大学历史系教授林琪，香港中文大学历史系教授李泓其，加拿大麦克马斯特大学教授冉云华，澳大利亚马克里大学教授姜允明，香港中文大学中国文化研究所所长陈方正，新加坡东亚哲学研究所所长吴德耀，美国威斯康辛大学教授周策纵，香港大学文学院长赵令扬，香港佛教法住学院院长霍韬晦，日本孙中山纪念馆馆长山口一郎，日本亚细亚问题研究会代理事和崎博夫，日本东京大学文学院博士坂元弘子，意大利那不勒斯东方学院教授科怡；12月，前台湾大学学生会主席李玲瑶，美国加州台大校友会主席、美国太平洋模式公司前总裁、美国夏威夷大学教授成中英，美国加州圣巴巴拉学院教授陈启云。见鲁军：《中国文化书院院务工作报告（1986年—1987年）》附录，1988年1月。

[2]《中国文化书院1987年国际学术交流一览表》，1988年4月。从内容可知系1988年之笔误——作者。

3. 1988年2月12日，中国文化书院为欢迎台湾学者王晓波先生在西苑饭店召开"中国传统文化与现代化学术讨论会"，中国社科院副院长赵复三，著名学者张岱年、庞朴、陈鼓应、包遵信等50多人参加了会议。

4. 1988年2月9日，王晓波先生为书院学员讲课。

5. 1988年3月30日，学院全体国内导师在颐和园听鹂馆雅聚会上，接待美中学术交流委员会驻北京办公室主任朱晓康先生、澳大利亚墨尔本大学教授康坦先生、美国爱荷华大学陈炳藻先生。

6. 1988年4月5日接待香港大学陆人龙教授，召开小型学术讨论会。

7. 1988年4月7日会见并宴请香港汉荣书局董事长石景宜先生，商量有关学术交流事宜。

二、今后的接待计划

1. 4月22日与美国纽约社会科学委员会主席魏斐德教授，召开学术报告会："当前美国人文科学、社会科学的发展情况"。

2. 4月底至5月中旬，接待美国天普大学教授傅伟勋教授及台湾联合报系"中国论坛"编委召集人韦政通先生。

3. 5月3日接待法国明斯特大学英语系主任、美学教授郝伯特先生。

4. 5月中旬至7月中旬，接待美国威斯康辛大学历史系教授林毓生先生。

5. 5月下旬，接待美国夏威夷大学哲学系教授成中英先生。

6. 5月中旬，接待美国哈佛大学哲学系教授杜维明先生。

7. 5月中旬，接待香港大学教授赵令扬先生。

8. 5月18日，国内学者与杜维明、林毓生、傅伟勋、赵令扬、钟志邦（新加坡学者）等先生一起召开学术讨论会。题目是"儒家伦理与亚洲四小龙"，"内圣外王之道能否开出民主政治"。

9. 5月20日至25日，与意大利那不勒斯东方学院院长一行会谈学术合作事宜。

10. 6月30日至7月8日，将接待美国邦德学校教授杰弗里·华特先生。

11. 7月份，与美中文化促进会会长霍华德·戴瓦先生合作开办"佛教气功养生班"。

12. 8月上旬，接待"日中外语学院日本大中学校鲜花使者访华代表团"。

13. 1988年8月14日至16日，与美国加利福尼亚大学研究生院行为医学学校教授丽塔·辛格女士一行进行学术交流。

14. 1988年10月，召开中日近代比较研究学术讨论会。

15. 1988年10月17日，接待台湾画家龙思良先生。

16. 12月份，和国家教委中国教育国际交流协会联合接待美国中学汉语教师代表团。

17. 1989年初，组织召开中美宗教、历史与现实学术讨论会。

从这些当年的历史记录中，我们已经可见中国文化书院在八十年代的学界的对外交流中是何等活跃。而管理机构对于学术交流不做过多干涉即是提供便捷，这也说明了当时社会的开放程度。

第 2 节　文化书院与媒体和企业界的联系

英格尔斯（Alex Inkeles）视大众传播工具为现代化过程中的一个重要因素，他在论述个人现代性与大众传播媒介的关系时甚至认为："正如戴手表常是一个人倾向于现代世界的第一个戏剧性象征，使用一架收音机很可能是他真正参与这个世界的开始。"[1]

---

[1] 殷陆君编译：《人的现代化》，四川人民出版社，1985年4月第1版，第140页。

第六章　中国文化书院的社会联系与内部管理

中国文化书院从其建立开始就与媒体发生了联系，它的第一次活动——1984年12月16日的书院筹委会成立大会，即见之于12月31日的《光明日报》。可以说文化书院与媒体的关系是与生俱来的。此后，文化书院的大部分活动都有媒体报道，凡是规模较大的会议或交流活动，组织方案中必有媒体方案：一如"机动车驾驶员继续教育教程"的新闻发布会备忘录，必有记者邀请名单；一如"纪念'五四'运动70周年国际学术研讨会"的"新闻记者邀请名单"，必有新闻发布稿；一如"梁漱溟思想国际学术讨论会"的新闻发布稿。当文化书院"办班"（讲座和培训）时，大众媒体又成为其招生广告平台，中国文化书院的媒体意识是相当前卫的。

几十年来，报道过中国文化书院活动的媒体几乎可以囊括新华社、《人民日报》、央视、中央人民广播电台等所有全国性主流媒体。仅目前还保存在文化书院档案资料中的有关书院活动报道剪报，就可见如下媒体：《北京周报》英文版、日文版，《瞭望》周刊，《光明日报》，《人民日报》（海外版），《团结周报》，《新民日报》，《中国教育报》，《中国检察报》；香港《明报》，《大公报》，《商报》，《快报》，《成报》，《文汇报》，《华侨日报》，《信报》，《新明报》，《经济日报》，《新岛晚报》；澳门《澳门日报》；台湾《联合报》，《自由青年》杂志，《民生报》，《九十年代》杂志，《中国时报》，等等。

文化书院早在八十年代就与媒体有如此密切而良好的联系，可以说明两点，一是中国文化书院善用媒体，具有相当前卫的现代意识；二是八十年代的媒体已具有现代传媒的公共性。

中国文化书院是一个学术文化团体，它和企业界的关系为什么也值得关注呢？

首先，在现代化进程中，社会组织关系日益契约化。文化团体和企业都是法律地位平等的法人实体，现代社会不是那种上下左右、隶属分明、界别森严的传统的有机体社会结构。现代社会的发展中不容跨越的状态逐渐被打破，社会中间组织丰富，各种不同的法人实体间以契约形成多形式的合作与交流,甚至互相持有。其次,造就一代有文化支撑的企业和有企业支持的文化,是八十年代后许多社会活动人士的共识。因此,关注文化书院与企业界的联系,其实是关注着一段特定时期社会现代性的证成。

中国文化书院在1985年4月的《关于建立中国文化书院的方案》中就确定"书院设立基金会,谋求国内和海外各单位及个人的赞助"。文化书院一成立就设立了以梁漱溟为主席的基金会,虽然基金会的筹资工作成效不显,但文化书院和企业界尤其民营企业家一直频繁接触,也有一些合作。

文化书院和企业界的联系可分三种情况:一是书院与企业界人士的交往,如早期和民营企业"四通公司"的交往,当得悉"四通"五位员工在1988年1月18日的航班失事中罹难,书院即刻以"中国文化书院全体同仁"的名义给"万润南先生及'四通'同仁们"发去唁电。[1] 二是书院的一些活动得到企业家的赞助,如书院为导师们举办的雅聚常有企业家来买单,如1989年2月书院和中科院企业家协会联合主办的"名人名家春节联谊会","经费是由京海计算机公司资助的"。[2] 三是书院与企业共同开辟一块文化事业或合作一个文化项目,这方面书院可谓"屡败屡战",但也不无成绩,如九十年代出版的"神州文化集成"丛书就是由中国文化书院和东方影视集团东方文化研究中心联合组编的。[3]

在中国文化书院与企业界的联系中,花费时间和精力最多的是汤一介和孙长江,许多企业家朋友是孙长江引入书院的,九十年代初建立理事会,请企业家孙文华出任理事长也是孙长江联系推荐的。[4] 孙长江先生具社会活动家性格,纵横于三教九流、四面八方,汤先生是

---

[1] 给万润南及"四通"的唁电底稿,1988年1月22日。
[2] 汤一介:《五年来中国文化书院工作汇报》,1989年9月10日。
[3] 《向海内外读者隆重推出100种大型丛书——'神州文化集成'》,1993年。
[4] 中国文化书院院务委员会执委会会议纪要,1994年4月15日。

书院法人代表，老孙传过来的球他都得接，该出面得出面，该协调得协调。他俩共同的出发点是为书院筹款，尤其当汤一介提出办私立大学的"梦想"后，一直有个筹资5000万的宏大目标。

但是对汤一介先生来说，接触企业家另有一个特别的情结：八十年代"韦伯热"中，一本《新教伦理与资本主义精神》风靡中国知识界，它给出的"资本来到世间"，除了"从头到脚，每个毛孔都滴着血和肮脏的东西"[1]外的另一种解读，令人深思。中国学人，尤其是要弘扬中国文化的学人，自然要问中国文化的伦理精神能支撑现代工商业社会的发展吗？1985年冬季号的《知识分子》季刊发表美籍华人学者余英时的《中国近世宗教伦理与商人精神》，中国文化书院的《中外比较文化研究资料》从第十辑（1988年1月出刊）起逐期连载[2]，几乎与其同时台湾学者金耀基的《儒家伦理与经济发展：韦伯学说的重探》、于宗先的《中国文化对台湾经济成长的影响》都不会不引起汤一介的关注。要总结、剖析中国文化对中国经济发展的影响、对当代企业家精神建设的作用，这就是汤一介花时间接触企业家们的另一个特殊情结。乐黛云先生说："老汤一直有个愿望，要写一本论述中国文化与现代企业家精神的著作，一直没有写成，他是很遗憾的。"[3]而且，这种造就一代有文化支撑的企业，不只是汤先生的个人情结，它属于一个时代。

第3节 文化书院与政府管理机构的关系

中国文化书院是民间学术团体，无建制级别，无编制名额，无财政拨款，所以既不需要政府机构审批经费，也不需要上级机构任免人事，那么，除了在相关法律法规的约束下，它和政府管理机构还会有

---

[1] 马克思：《资本论》第一卷，人民出版社，1975年第1版，第829页。
[2] 《中外比较文化研究资料》10辑，1988年1月。
[3] 2016年5月16日乐黛云访谈。

些什么关系呢?

第一,合法性的取得,也就是获得政府机构的批准注册。这在前面第一章第 7 节"中国文化书院合法性的取得"中已有具体介绍。在八十年代,企业尚且是审批制,教育文化机构或社团审批在政策条文上之难是可以想见的,好在改革是当时时代的最大共识,往往比较容易做出上下一致的努力。在获得"挂靠"和注册的过程中,中国文化书院和政府审批部门及相关机构,自然有频繁接触、申请的联系。文化书院通过"挂靠"获得合法性后,要在一些地方建分院,往往需要与当地政府接洽协调,请求批准。如 1989 年 9 月,为在大庆市建分支机构事项致函大庆市政府。[1] 现在,这方面的管理法规已有改变,设立分支机构不再需要审批,但分支机构也不具有二级法人资格了。

第二,办刊、办出版申请,这是特许项目审批。中国文化书院在八十年代编撰大量书刊,从内容的政治审查来看并无障碍,但当时和现在一样出版权是不向民间机构开放的(当时比现在松的是国有企业可以获准办出版),所以书院的书刊或交由出版社出版,或干脆自己印制作为教材在学员中发行。为了解决这个问题,中国文化书院 1988 年 3 月向其主管单位北京市成人教育局和北京市新闻出版局提出申请,要求批准其主办的《中国学导报》公开发行[2],又要求将《中国文化书院学报》公开出版发行[3];1988 年 4 月又向上述两政府机构提出申请要求将中国文化书院编译馆作为正式出版单位[4]。1988 年 9 月书院又致函中央对台办并要求转呈中央领导同志,申请接办《知识分子》杂

---

[1] 中国文化书院致大庆市政府、大庆石油管理局:建议石松任书院大庆气功培训中心主任,1989 年 9 月 27 日。

[2] 中国文化书院致北京市成人教育局、北京市新闻出版局:关于《中国学导报》公开发行的请示报告,1988 年 3 月。

[3] 中国文化书院致北京市新闻出版局、北京市成人教育局:关于将我院学报转为公开出版发行的申请报告,1988 年 3 月 23 日。

[4] 中国文化书院致北京市成人教育局、北京市新闻出版局:关于中国文化书院编译馆申请报批为正式出版单位的报告,1988 年 4 月。

志。[1]近三十年后看到这些历史档案资料，不觉感慨当时书院主事者的大胆和天真，但不也正是在这种大胆和天真中可以看到改革时代的某种精神：虽然有体制的樊篱，但没有政府和民间的鸿沟。

第三，资金管制中的专项申请，如1988年2月向外汇管理局申请外汇账号。[2]

第四，与一些政府机构联合开展活动。这方面主要是联合办班，如1987年的"全国环保专业培训班"是劳动人事部全国人才交流咨询服务中心、国家环保局宣传教育处和中国文化书院科技部联合主办的[3]；1989年的"北京市工商企业管理干部深化法制教育培训班"是书院和北京市宣武区、崇文区等联合举办的[4]。这方面的合作关系，虽在当时条件下用文化书院的师资之长，解决一些政府部门需解决的问题不无益处，但今日看来以公权力参与到收费性文化培训项目中，确有不当。

第五，个别"不情之请"的联系，这主要是下面本书第七章第6节"购置或建造院舍的努力"中。书院上书中央领导要求为书院调拨院舍或协调贷款购置，这与上述第三点一样，既显得不切实际，又说明上下无碍。

第六，不能不提的是一种"没有关系"的关系——中国文化书院在八十年代举办那么多国际学术研讨会，有的达百人规模，如"梁漱溟思想国际学术讨论会"开幕式逾600人参加；有的美、日、韩、苏联、新加坡、澳大利亚及台湾地区、香港地区的数十位境外学者与会，如"'五四'与中国知识分子国际学术研讨会"；有的干脆和外国机构合办并由外国机构资助，如由美国新基督教研究会资助并联合主办的

---

[1] 书院致中央对台办杨思德主任并呈尚昆、启立同志：中国文化书院关于接办《知识分子》杂志的请示，1988年9月。

[2] 书院致外汇管理局：要求开外汇账号，1988年2月9日。

[3] 劳动人事部全国人才交流咨询服务中心、国家环保局教育处、中国文化书院科技部：全国环境保护专业培训班（第一期）招生通知，1987年8月。

[4] 中国文化书院：北京市工商企业管理干部深化法制教育培训班招生简章，1989年3月14日。

"'中国宗教的过去与现在'国际学术讨论会"。所有这些会议,居然和政府管理部门"没有关系"——无须审批。

第 4 节　文化书院的《章程》

在目前的存档资料里,没有 1990 年前的《中国文化书院章程》。但 1985 年 4 月的《关于建立中国文化书院的方案》已具有章程的实质性内容,它规定了书院的宗旨是"通过对中国文化的教学与研究,承继并阐扬中国文化和优秀传统;通过对中外文化的比较研究,加强世界各国的学术交流和学者的往来,促进中国传统的现代化";书院的性质为"民间学术教育研究机构";"书院设院务委员会,负责书院重要事务的决策及院长等人事任免事项";书院的经费来源为"谋求海内外单位及个人的赞助"、"学生所交学费"及初建时希望得到少量拨款。[1] 这里的基本规定,一直延续至今。虽然没有明确规定院务委员会是书院的最高权力机构,但从对重要事务的决策及可任免院长等内容看,它在书院的决策权毋庸置疑。问题是没有规定其产生的程序和形成决策的有效条件,这将使院务委员会自身及其决策在有意见分歧时容易受到合法性质疑。这个问题,恐怕是八十年代民间文化团体的通病。

目前可以看到的书院章程文本,最早的是 1990 年的《中国文化书院章程》。这是一个基本规范的章程,宗旨、性质延续了以前的建院方案,组织一章作了极大的调整、补充和完善,明确"院务委员会是中国文化书院的最高权力机构",规定其职权包括:A. 重要院务的决策;B. 推选和罢免院长、副院长;C. 推选和罢免书院学术委员会、基金管理委员会的主席、副主席;D. 聘请和解聘书院导师;E. 增补和罢免院务委员;F. 其他院务委员会认为应属其职权范围的事项。院务

---

[1]《关于建立中国文化书院的方案》,1985 年 4 月。

委员会主席、副主席由全体委员按协商一致原则推举产生；院务委员的增补须经两名委员从导师中共同提名，半数以上委员同意；院务委员的罢免，需经两名委员共同提议、三分之二委员同意。由院务委员会正、副主席，学术、基金管理两委员会正、副主席，正、副院长，和其他院务委员二至三人组成院务执行委员会，负责院务委员会的经常性工作，特殊情况下院务执行委员会可代行院务委员会职权，但其决定需经下一次院务委员会会议追认。也许是为了尊重既有事实，院务委员会的组成是用了直接点名的方式表达："院务委员会由下列人员组成"[1]。

显然，这是在吸取了1988年的内部分歧，尤其1989年和鲁军的争执并最终将其除名的经验教训后修订的。

第5节　院务委员会的运作

"中国文化书院院务委员会，为书院最高权力机构"，这样明确地界定院委会的性质，虽然最早出现在1990年1月的一份中国文化书院简介中，但从1985年4月的建院方案规定其"负责书院重要事务的决策及院长等人事任免事项"；从1987年1月制定的《中国文化书院院务机构设置及职能》中规定院务委员会职能为"1. 批准长远发展规划及年度发展规划；2. 批准年度财务预算；3. 审核院长、副院长的任职资格及任免"，则完全可知院委会一直被视为书院的最高权力机构。

从1987年3月起，中国文化书院就以这样一套例会制度来实现院务委员会自上而下的管理[2]：

---

[1]《中国文化书院章程（1990年）》，《中国文化书院档案资料集》1.3.1.6，原件存第039档案袋。
[2]《建立健全规章制度的决定》，1987年4月。

会称	议题	与会者	会期	时间地点
院务委员会	批准发展规划、财务预算，审核院长、副院长任职资格及任免。	全体院务委员	每年召开一次	每年年初
执委会	制订发展规划、财务预算、财务制度、工资制度、审批各业务目标等。	全体执委	每月召开一次	每月上旬
非正式会议（雅聚）	研讨、交流、函授教学及书院的发展等。	书院导师	每两月开一次	另定
行政办公会	检查布置每周工作，提出并解决各项间的协调性问题及需院委会配合解决的问题。	各部门负责人	每周召开一次	每周六1:00—3:00会议室
全体工作人员会议	院长向全体工作人员介绍工作进展及目标；各部门负责人做月工作汇报；工作人员对部门工作提出评价和建议；下达下一月工作目标及要求。	全体工作人员	每月召开一次	每月末周六1:00—3:00会议室

书院早期的院务委员会由哪些人组成呢？

今天，在文化书院档案资料中，我们可以找到的早期的院务委员名单，在1987年春的一本简介中——主席：梁漱溟；副主席：王守常；委员：丁守和、汤一介、李泽厚、庞朴、孙长江、李中华、鲁军、王守常、魏常海、林娅、陈占国、田志远。至于，为什么副主席王守常列入委员名单而主席梁漱溟不列入，是疏漏，还是别有考虑？访谈当事人都无记忆，已无从考究。这是现有各种版本院务委员名单中人数最少的，连主席、副主席共13人。[1]估计，这就是书院最早的院务委员会名单了。

1988年1月的《院务工作报告》附录中公布的院务委员会名单，副主席增补了谢龙；委员增补了冯友兰、张岱年、季羡林、虞愚、袁晓园、周一良、侯仁之、何兹全、金克木、阴法鲁、吴晓铃、牙含章、任继愈、石峻、朱伯崑、戴逸、牟小东、谢龙、乐黛云、陈鼓应、梁从诫、包遵信、秦麟征等23人。[2]这时的院务委员会连主席、副主席共36人。

---

[1] 八十年代的大黑本简介（1987年3月）。
[2]《中国文化书院院务工作报告（1986年—1987年）》附录，1988年1月。

开始时院务委员会有一个常务工作小组，主要就是鲁军等几位最早发起的青年人；1987年1月鲁军作院务工作报告，总结1986年时说"根据工作需要，将原院务委员会常务工作小组改设为院务委员会的执行委员会"[1]；1988年11月院务委员会决定分"人文""社科"两部运营时，同时决定扩大院务执行委员：院务委员会、学术委员会主席、副主席，院长、副院长都为执行委员，原有执委外再加两名员工代表。[2]

那么，院务委员会如何行使权力呢？

中国文化书院的老先生们浸润在中国传统文化中已久，他们的人际相处之道自然也是中国式的，而院务委员会是老、中、青三结合的，又是一个权力中心，办事、用人、花钱的大事都要在这里决断。表决制是西方的，不一定是排斥，但不习惯日常使用。日常习惯的方式是凡事抬不过一个"理"。大家充分表达，自然形成影响，执事者在这种影响中择善而行。所以，从1984年底到1988年初，文化书院院务委员会决策意见的形成，形式上就是不用表决而是在充分表达中形成共识。

这种"中国式"的权力机制，不是以权力制约权力，而是以氛围制约权力，需要高度的文化认同和执事者在氛围中的自我克制。中国同仁社团，基本都有这样的内在机制。其实，中国文化一致而百虑易，殊途而同归难。这样的权力机制，成者往往是得益于德高望重的权威者主事，败者往往是利益的激流冲决这种氛围的软堤坝。

1988年秋，中国文化书院的院务委员会不幸面临后一种情况。执行班子在人、事、财、物的支配权上出现严重分歧乃至冲突，最后连宽容忍让的汤一介也被卷入冲突之中，连庞朴的聪明灵杰和苦口婆心都无济于事，院务委员会的记录中第一次有了表决：分开为两个独立

---

[1] 鲁军：《院务工作报告》，1987年1月26日。
[2] 院务委员会记录本1988年7月15日—1988年12月3日。

部门，扩大执委会。[1] 1989年9月，一次更严格的表决——签字表决——让每一个院务委员逐一表态：免去鲁军同志在书院的一切职务并从书院除名。[2]

这两次表决，可以说是书院经历的痛苦的例外，以后，书院走上德高望重者主事的道路——院长亲政。院务委员会也就较长时期地保持着创造"好氛围"的建设性作用。

第6节 机构部门设置

中国文化书院的内部结构分两层，第一层是院务委员会、学术委员会、文化发展基金会和院长、副院长，第二层是各业务和职能部门。第一层重在决策和对外，第二层重在项目开发与管理。各分院则是在人、财、物和项目管理上具有相对独立性的分支机构。

中国文化书院八十年代的部门设置情况，可分为五个不同的阶段。

第一阶段是1984年10月[3]至1986年初的初创期，"九州中心"和中国文化书院两块牌子一套人马，"仅设常务工作小组和院务办公室作为日常工作机构"[4]。

第二阶段是1986年初至1986年末的发展期，"根据书院业务的步步扩大，相继分设了院务办公室、财务室、音像教材部和函授部，分理书院各方面工作，以上工作人员总计17人。"[5]

第三阶段是1987年初至1988年中的全盛期，工作人员最多时达70余人。1987年多次调整部门机构设置，分设的三个职能部门为院务

---

[1] 院务委员会记录本1988年7月15日—1988年12月3日。
[2] "关于免除鲁军同志副院长及书院一切职务并从中国文化书院除名的提案"，1989年9月14日。
[3] 九州知识信息开发中心在1984年10月完成工商注册，中国文化书院筹委会也在此时开始与国家教委、北京大学商洽。
[4] 鲁军：《院务工作报告》，1987年1月26日。
[5] 鲁军：《院务工作报告》，1987年1月26日。

办公室、秘书处、财务室。秘书处专司对外联络公共关系及文案秘书等工作;院务办公室除了协调业务,加强了行政管理职能;财务室则除财务管理,新增审计、统计功能。根据"改变原来按业务项目设立机构的做法,采取按业务类别设立机构"的原则,分设 六个业务部为教学部、研究部、咨询部、出版部、发行部、发展部,并拟定在1989年成立电教部。[1]调整后的部门设置结构图如下:

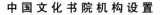

中国文化书院机构设置

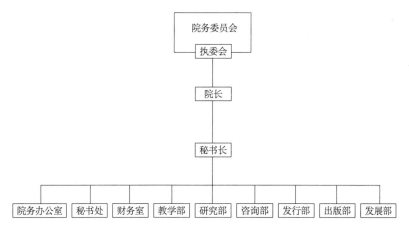

通过调整,加强了部门和人员的专业化,减少了机构、岗位的重叠,改变了以往每个大项目设一个部门,业务的各流程环节、财务、行政一应俱全,人员重复、作业不专的情况。这些机构设置的改革,使每个项目在各专业业务部门间完成流程作业,以流程化精简岗位,以专业化提高效率。这是值得肯定的。

第四阶段是1988年秋至1989年11月的转折期。由于内部分歧,1988年10月书院决定分设社会哲学部、人文科学部,"两部既是业务的开发部门,又是业务的管理部门","独立经营,独立核算",并将书院的固定资产和现金分给两部,人员按院部、社会哲学部、人文科

---

[1] 鲁军:《中国文化书院院务工作报告(1986年—1987年)》,1988年1月。

学部三摊由员工自由报名,双向选择。[1]这已经不是部门设置的调整了,也大大超过现代企业制度中的事业部制,而是中国传统中的"分家"了。

第五阶段是1989年11月后,撤销社会哲学、人文科学两部,恢复一元体制,并且实际上实行院长直接管理。

第7节 各地各样的分院

汤一介先生在《我与中国文化书院(三)》中说,"中国文化书院在九十年代后,陆续成立了七个分院","虽然各分院就隶属关系说都是书院的分支机构,但书院对各分院的活动从不干涉,即使是分院主办的活动是由书院出名,也往往是由分院自主操作"。"因此,形式上看分院是属于书院,但实际上分院的独立性是很大的。"汤先生并逐一介绍了梁从诫为院长的"绿色文化分院"(又称"自然之友");乐黛云为院长的"跨文化研究院";陈越光为院长的"企业文化研究院";沈善洪为院长的"杭州分院";张军为常务副院长(院长暂缺)的"影视传播研究院";饶芃子为院长的"岭南分院";范敬宜为名誉院长、李林为院长的"大众文化传播分院"。[2]

这些分院中,成立最早、社会影响最大,而且唯一获得了民政部批准为书院二级法人机构的是"绿色分院",当然,它更响亮的名字是它的简称"自然之友"(Friends of Nature)。在中国民间环保领域,"自然之友"具有引领者的地位。遗憾的是,"它作为中国文化书院的分支机构,于1994年3月经政府主管部门批准,正式注册成立"[3],而

---

[1] "关于中国文化书院下设两个开发和管理部门的决定",1988年10月30日;分家时员工"选择志愿登记表",1988年9月。

[2] 汤一介:《我与中国文化书院(三)》,载汤一介《我们三代人》,中国大百科全书出版社,2015年9月第1版,第404—406页。

[3] 中国文化书院绿色分院("自然之友")章程(草案),1995年3月。

15年后，因民政部不允许全国性社团分支机构在银行独立开设基本账户，"绿色分院"于2010年6月，在北京市朝阳区民政局申请注册为民办非企业——"自然之友"，遂与中国文化书院脱钩。

而在上述分院之前，早在八十年代，就有各地各样的"分院"或要求隶属或要求挂靠。1987年8月，汤一介院长在香港向媒体表示："中国文化书院已计划于今年9月份在南京开设江南分院，明年在西安成立关中分院，及稍后于深圳及成都，再多开办两所分院，从而使中国文化研究能遍及全国。"[1]

1987年6月10日，中国文化书院江南分院筹备处提出《中国文化书院江南分院（草案）》，鲁军将此件转院务委员会审阅，并说明"以南京大学为中心的一批学者，曾在去年年底提出建立中国文化书院江南分院的设想，经半年准备，他们提出了一份报告"。[2]此后，负责筹备江南分院的南京大学李书有致信汤一介、鲁军，报告筹备工作一切就绪，也和省委宣传部、成人教育局通过气，希望中国文化书院出函，以便有关部门批转并正式成立江南分院。[3]但这时汤一介认为不宜由书院直接致函江苏省委宣传部，他向鲁军提示：希望建成独立的江南书院。[4]于是，1988年3月25日中国文化书院致函江南文化书院筹备处，"中国文化书院支持成立江南文化书院"，"在学术研究方面一定要互相支持。而在行政上，我们两院似都应是独立的学术研究机构"。[5]

1987年6月18日，北京幽州书屋送交了《关于申请挂靠在中国文化书院属下的报告》[6]；1987年10月30日，学员钟郁致张岱年先生，"受函授班桂林学员及桂林市委有关领导委托"，要求建立中国文化书

---

[1]《汤一介谈中国文化展望将会逐渐变好》，载《明报》，1987年8月14日。
[2] 中国文化书院江南分院（草案），1987年6月10日。
[3] 南京大学李书有致汤一介、鲁军成立江南分院的信，1988年3月8日。
[4] 汤一介批语鲁军：希望建成独立的江南书院。
[5] 中国文化书院致江南文化书院筹备处函，1988年3月25日。
[6] 幽州书屋申请挂靠中国文化书院的报告，1987年6月18日。

院桂林分院，鲁军也将此信转发给院务委员们。[1]

一份《中国文化书院养生气功与养生武术研究所简介》显示，以马礼堂先生为所长的研究所已于1988年10月28日在京成立。[2]然而，书院内部"分家"（见本书第八章）后的1989年2月28日，汤一介院长与北京大学石松签署了以石松为所长的《中国文化书院气功与文化研究所管理规定》[3]，拟定了《中国文化书院气功与文化研究所章程（草稿）》[4]，并于3月6日提交了《关于申请成立气功与文化研究所的报告》[5]。1989年9月27日，中国文化书院致函大庆市政府、大庆石油管理局："根据大庆工会关于成立'中国文化书院大庆气功与文化培训中心'的报告及市政领导批示，经研究决定，同意该中心成立。""建议由文化书院气功与文化研究所所长石松同志兼任该中心主任。"[6]

中华学术交流中心负责人田春林致信中国文化书院要求挂靠[7]；中国风俗研究所1989年2月2日以中研字（1989）第125号文的形式，递交"申请隶属于中国文化书院的报告"[8]；中国电影文化研究与咨询中心1989年3月送来"挂靠中国文化书院协议书草稿"[9]。

另外，有《中国文化书院河南分院简介》[10]、《中国文化书院黄山绿谷书院章程》[11]，等等，则无法鉴别是否属于1992年以前的文件。

---

[1] 钟郁致张岱年要求建立中国文化书院桂林分院的信，1987年10月30日。

[2] 《中国文化书院养生气功与养生武术研究所简介》，1988年10月。

[3] 汤一介、石松签署的《中国文化书院气功与文化研究所管理规定》，1989年2月28日。

[4] 中国文化书院气功与文化研究所章程（草稿），1989年2月。

[5] 《关于申请成立气功与文化研究所的报告》，1989年3月6日。

[6] 中国文化书院致大庆市政府、大庆石油管理局：建议石松任书院大庆气功培训中心主任，1989年9月27日。

[7] 中华学术交流中心负责人田春林要求挂靠书院信。

[8] 中国风俗研究所：《申请隶属于中国文化书院的报告》中研字（1989）125号，1989年2月2日。

[9] 中国电影文化研究与咨询中心挂靠中国文化书院协议书草稿，1989年3月。

[10] 《中国文化书院河南分院简介》。

[11] 《中国文化书院黄山绿谷书院章程》。

阅读这些历史文件，对于当时各种民间文化机构的活跃情况可见一斑。

为什么有设立各式各样的地方分院之举呢？从书院来说既有壮大实力、扩大影响的需求，又有和当地主管部门关系及避免风险的考虑，尽量在两者平衡中行事，所以根据汤一介的意见，中国文化书院最后回复给"江南分院"的不是建中国文化书院的江南分院，而是支持成立"江南文化书院"。至于各地愿意建立"分院"者，除了已参与书院事业的合作者愿意创建分院，有些是如中国文化书院早期要去挂靠北京高等学校哲学教学协会那样，需解决合法性问题；另一些是当时书院有全国性影响，挂靠在中国文化书院便于抵御当地的任意干预。

第8节 制度的建设与缺失

任何轰轰烈烈的创业，如果没有制度建设，都只是好汉聚众，潮起潮落而已。中国文化书院是八十年代民间文化团体中率先建立实体的，这使它在内部管理和制度建设中成为羊群里的头羊，可以享受广阔的视野却步步面临探索的挑战。

虽然，文化书院在八十年代建立的各项规章制度并没有汇编成册，也没有集中保存，但从散在各种资料档案中的一些制度规定文件，我们依然可以看到当时制度建设的努力和成绩。

文化书院在八十年代就有了用"工作任务书"实行项目招标管理方式[1]；就有了向工艺美术界专门征集的形式以制作院徽、信封信纸等系列标识用品的机构形象推广方式[2]；就有了在财务管理中除按规定建立价值800元物品的固定资产登记[3]，又建立了在个人手中的100元

---

[1]《中外比较文化研究班（函授）班工作任务书（招标）》，1987年。
[2]《中国文化书院征求院徽及外联文化系列用品专告》，1988年1月18日。
[3] 中国文化书院800元以上固定资产表（截止至1988年6月），1988年6月。

以上固定资产登记[1];就有了版权法律顾问[2]……在这一系列前卫的管理方式背后,是一系列的制度支撑。

我们一般可以把一个机构的制度分为A、B、C三个大类:A类是治理结构的,属于体制层面,是所有权的规定和行政或经营权的划分等,侧重于重大决策;B类是组织结构的,属于管理和经营层面,侧重于机构的运行方式和业务、部门分类分责及人员管理等;C类是具体的事项管理规定。

如果按这样分类,现存的中国文化书院八十年代制度文件中,属于C类的有《接待室使用暂行规定》[3]、破铜烂铁登记制度[4],等等。

属于B类的有项目申报制度[5];《中国文化书院工资制度》《其他福利项目规定》《中国文化书院退离职制度》《中国文化书院医疗保险制度》《中国文化书院工伤事故处理规定》《中国文化书院休假制度》;[6]《中国文化书院考勤制度(暂行)》[7];《中国文化书院工作人员守则》《建立健全规章制度的决定》(主要为"例会制度")《中国文化书院关于人事工资管理的规定》《书院各部门负责人的任免及职权》《书院考勤制度》《书院保管制度》《书院外勤工作制度》[8],等等。

属于A类的有《中国文化书院院务机构设置及职能》(附"财务运转及监督")等。[9]

毫无疑问,中国文化书院在20世纪八十年代就具有那么明确的制度意识,既不是就事论事、一事一议地立规矩,更不是随机决策搞

---

[1] 在个人手中部分100元以上固定资产清单,1988年9月16日。
[2] 聘请版权法律顾问(代理人)合同,1989年9月11日。
[3] 《接待室使用暂行规定》,1987年8月1日。
[4] 中国文化书院财产登记本破铜烂铁类,1988年10月29日。
[5] 项目申报制度等讨论文件。
[6] 中国文化书院工资、福利、退休、离职、医疗保险、休假制度。
[7] 中国文化书院考勤制度(暂行,附10月考勤表),1987年8月7日。
[8] 中国文化书院工作人员守则等系列制度,1987年5月15日。
[9] 中国文化书院院务机构设置及职能(附"财务运转及监督"),1987年1月3日。

人治，而是建立一系列规章制度，以图实现以法治院，很是让人敬佩。具体分析这些制度，一是具有相当的系统性，从治理结构到组织结构、具体管理三大类别都有。二是这些制度有明显的改革时代烙印，强化管理，强化绩效，强化责权利统一，尤其在 B 类制度中。三是当时的注意力主要在对部门和员工的管理、考核和激励上，A 类制度的实施程序和整体数量都显得不够，这样，一旦在最高层出现问题，就缺乏制度的保障。

应该说，虽然在有关治理结构方面的制度只有一份《中国文化书院院务机构设置及职能》（附"财务运转及监督"），但这份制度文件十分重要，即使在具体实施程序上还有许多欠缺，已经可以弥补中国文化书院《章程》缺位的不足。特录于此：

中国文化书院院务机构设置及职能

一、院务委员会（院委会）

1. 批准长远发展规划及年度发展规划；

2. 批准年度财务预算；

3. 审核院长、副院长的任职资格及任免。

二、院务委员会常务工作执行委员会（执委会）

1. 制定长远发展规划及年度发展规划；

2. 制定并监督年度财政预算；

3. 审批各业务目标及其预算并监审其执行；

4. 制定书院财务制度、工资制度、福利制度及工作制度等，并有权审查执行情况；

5. 审批万元以上固定资产的购置及万元以上贷款、千元以上借款。

三、院长

1. 管理全院行政，对院务委员会及执委会负责；

2. 保证书院工作的稳定及年度发展目标的实现；

3. 执行财务预算；

4. 决定部门负责人的任免及奖惩，工作人员的聘任、辞退及奖惩。

一九八七年一月三日

然而，一切制度的生命力是在其实施过程中形成的。中国文化书院的这些制度，B 类和 C 类的制度，近三十年后当事人都还有各种记忆，这些制度是被执行过的，是在团体中形成了制度文化的力量的。王守常回忆说，1986、1987 年的一段时间他负责财务签字，一次鲁军的一张出租车票来报销，背面没有写明从哪里到哪里，让他补写，他不高兴，说"我还得写？"，王说那是制度！他也只好写上。[1] 这就是制度形成了文化，形成了生命力。但是，恰恰最重要的那份规定高层权力授予与划分和监督的制度，大家没有印象，既不记得制度建立的讨论过程，也不记得建立后如何执行实施，甚至，当出现冲突，最需要以此制度来检查和规范时，也没有人记得或提起这一制度。于是，制度虽然建立了，但依然是面对擅权，缺乏制度的制约；面对挑战，缺乏制度的支撑。

---

[1] 2015 年 11 月 11 日王守常访谈。

第七章 盛况：1987年—1989年中的中国文化书院

如果说八十年代是中国文化书院的黄金时代，那么，1987年至1989年就是它的鼎盛时期，前面所述的教学、研讨、出版的重大活动多是发生在这期间。然而，我们还可以从内部建设的角度来看看这鼎盛期的中国文化书院。

第1节 院务工作报告：1987年；1988年

一个团体的负责人定期向该团体的权力机构报告既往工作、提出发展目标，并请审议通过，这是现代法人组织授权运行的常识。但在30年前，刚刚出现的民间组织对此往往既无理论知晓，又无实际经验，多是自发聚集，发起人领头，自行其权。但是，在中国文化书院的档案资料中却保存着两份完整的院务工作报告，一份是1987年1月的，一份是1988年1月的，报告人是书院副院长兼秘书长鲁军，对象是全体院务委员。

1987年1月26日的《中国文化书院院务工作报告》[1]，鲁军开言直秉宗旨："我代表书院常务工作小组检讨1986年文化书院的工作情况，并报告1987发展规划，提请审议批准。"无论报告人的角色定位还是报告的性质定位都非常明确。报告的第一部分是"1986年工作总结"，认为"1985年可以说是书院探索道路的一年，1986年则可以说

---

[1] 鲁军：《院务工作报告》，1987年1月26日。

是书院走上正轨的一年。在这一年中,院务建设、学术交流、教学活动等工作,同步铺开,稳步发展,初见成效"。报告分五点阐述:一、建立工作系统,制定规章制度,院务工作逐渐走向正规化;二、通过教学和研究工作,加强了与国内外学术机构和学者的交流和往来,扩大了文化书院在国际和国内的影响;三、学术教育工作,主要是"中外比较文化函授班"的开设、招生和"中外比较文化"4期讲习班,推动了我国的学术研究;四、财务收支,从1986年3月建账起,截至年终总收入448341.27元,收支相抵、实际结余48790.60元;五、当前主要的困难,"无论是租房还是建房,如何解决校舍问题,对书院的发展来讲是一大困难"。总结下来,评价为"回想起两年前任继愈先生在书院筹委会上讲过'在草棚子里也要把学办起来'的话,我们今天大概可以说是做到了,但是距离冯友兰先生当年提出的让中国文化走向世界,要把中国文化书院办成国际一流的汉学研究和教育机构还远得很"。

报告的第二部分是"1987年的发展规划",首先在理念上提出新的一年以"重在发展,提高福利"为总方针,预计1987年的总收入超过100万,这在当时对一个刚起步的民间文化机构几乎是一个天文数字了。如何花钱?鲁军说:"实行'高积累'方针也只能达到20万元的极限。依靠几十万或一二百万元的资金是不可能达到我们建设一个一流水准的学术教育机构的目标的。所以,应该将收入主要投入学术教育项目的开发,在项目的开发中谋求发展。这就是'重在发展'的含义。"另外要吸引人才,不搞"穷过渡","应当提高导师和工作人员的福利待遇,为大家工作和生活创造好的条件。这样有利于发展,有利于长远目标的实现。这就是'提高福利'的含义"。具体对1987年的工作规划,提出四个项目:一、中外比较文化研究函授班;二、关于开设专题研究课程;三、学术研究和出版;四、有关"中国学研究咨询及资料提供中心"。最后专门讲"中国文化书院基金的使用规划",介绍基金的来源,1987年预计23万基金的分配比例及使用原则。

鲁军（前排左3）向院务委员会作院务工作报告

应该说，放在当时的环境中看，这样一个工作报告已是相当完备了。

1988年1月的《中国文化书院院务工作报告》[1]印制得相当考究，铅印，目录单列，内文46页，封面200克铜版纸烫金字标题，红印，覆膜。报告分三大部分：一、中国文化书院1987年院务工作报告；二、中国文化书院1988年发展规划；三、附录部分。对1987的书院工作，鲁军分别从"教学工作""研究出版工作""学术交流""院务工作"四个方面一一介绍，总体结论是："在这一年里，我们招收了近两万名学生；我们在香山建立了第一个教学基地；我们创刊了两份学报和一份双月刊；我们编印了300万字的两套教学丛书；我们编发了16种学术著作的文稿；我们筹集了10倍于前的资金；我们增置了几十倍于前的资产。简而言之，在这第三个年头，我们不仅实现了1987年年度发展规划的各项业务目标，而且远远地超出了这些目标，把文化书院推向一个全面发展的新时期。"报告者对成就的兴奋溢于言表，这样的骄人成绩也值得兴奋。要指出一下，这里"筹集资金"的概念不对，其实是年度收入。

"中国文化书院1988年发展规划"（草案）把1988年的工作重点

---

[1] 鲁军.《中国文化书院院务工作报告（1986年—1987年）》，1988年1月。

放在六个方面:一、教学业务,要充分利用已经开创出来的全国性教学模式的优势,再开二至三个教学项目;还要开设面向外国人的教学项目。二、研究咨询业务,中国学研究咨询资料中心的业务在1988年全面展开。三、读者俱乐部及学术书刊发行网络的建立,拟在1988年3月实施,建立哲学、人文科学范围的读者俱乐部,出版读书报,设立发行机构,设立专门向出版界推荐有价值书稿的机构,设立调研组提供国际出版界情报,"这计划的实现,将会在出版界和学术界获得巨大的收益"。四、建立图书馆。五、校舍建设。六、国际学术交流,建议院务委员会成立国际学术交流委员会,由秘书处、咨询部配合。

第三部分的附录,对研究八十年代的中国文化书院相当有史料价值,它包括:1.1985年—1986年开设课程一览表;2.1987年开设课程一览表;3.1987年出版工作一览表;4.1987年来访学者一览表;5.《中国文化书院文库》编纂计划;6.《中国文化研究年鉴》编辑方案;7.各界捐赠一览表;8.人事及组织变迁一览表;9.中国文化书院机构、导师、工作人员一览表。

鲁军的这个"中国文化书院1987年院务工作报告"和"中国文化书院1988年发展规划(草案)",是在1988年1月10日至11日召开的中国文化书院年度院务工作会议上作的,二十几名院务委员及各部门负责人出席了会议,汤一介、王守常主持了会议,"会议一致通过了《1987年院务工作报告》,并就《1988年发展规划》展开了热烈讨论","提出了18项提案"。"两天的院务工作会议开得十分成功。正如名誉院长张岱年所说:'书院的前途是非常光明的。'"[1]

第 2 节　雅兴与雅聚

文化书院自然是文人雅士相聚,当然也就少不了有文人的雅兴与

---

[1]《中国文化书院简报8801期》,1988年2月2日。

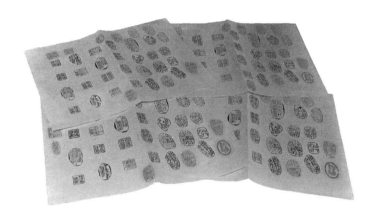

给导师们刻章的用印样张

雅聚。

1987年4月,中国文化书院秘书处向各位导师致函:"书院欲为各位导师刻制藏书章,请将您对印章字体、样式以及文字种类等要求,于5月5日出席函授部开学典礼时带来为荷!"这项工作,从导师们与书院秘书处往来信件和"用石料单"看,一直进行到第二年5月,刻章近80枚,也颇得导师们的赞许。[1]而留下存档的一份"用印样张",数十枚形状、字体各异的印鉴蔚为壮观,又都别具一格。[2]

中国文化书院成立后就有不定期的导师雅聚活动,形式为聚餐会上通报书院工作,书院最早的雅聚记载是1985年4月14日。[3]八十年代的雅聚中,规模最大的一次是1988年3月的听鹂馆雅聚。3月8日,书院发出请柬[4]。

---

[1] 给导师刻章用石料单;导师叶朗、严绍璗、许抗生、任继愈、徐绳武、张晋藩、张岱年、方立天、张立文、袁晓园、吴晓铃回复信函,1987年。

[2] 给导师刻章用印样张,1988年。

[3] 陈越光汇编:《中国文化书院八十年代大事系年(1984—1991)》"1985年4月14日"条,见本书附录一。

[4] 1988年春分颐和园听鹂馆雅聚请柬,1988年3月。

先生：

　　东风启蛰，今届春分；燕地虽寒，行见青开柳眼，红上桃腮。兹订于 1988 年 3 月 20 日（星期日）上午 9 时在颐和园内听鹂馆雅聚，共议筹建"中国文化书院口述历史资料馆"及"学术编译馆"等事宜，敬请届时出席。面缦回廊腰，瞩玉泉之塔影，湖色岚光，当益增逸兴也。顺颂

　　春安

中国文化书院

　　应邀出席听鹂馆雅聚的书院导师和友人百余人，雅聚由文化书院副秘书长魏婕主持；副院长鲁军介绍了新聘导师；季羡林先生介绍了筹建"中国文化书院图书馆"情况；梁从诫先生和丁守和先生分别介绍了筹建"中国文化书院编译馆""中国文化书院口述历史资料馆"情况。名誉院长张岱年先生、院长汤一介先生，国家教委副主任邹时炎，民革中央副主任贾亦斌，书院导师袁晓园先后在会上讲话。

　　年近八旬的张岱年先生说："当前，我们正处在一个承前启后、继往开来的大变革时代，文化领域是处在中国历史上第二个百家争鸣的时代。建立中国文化书院，开展中西文化交流，培养中西兼通的人才，是我们的历史使命。我们老一代学者要在人生的跑道上，努力跑到底，死而后已。"引得满堂喝彩。

　　国家教委副主任邹时炎祝书院越办越好，在龙年取得新的成绩，他说："你们中国文化书院正在做一件很有意义的事情，用一句话来总结，就是在建设社会主义的精神文明。"

　　雅聚席间，导师们即兴吟诗，挥毫于十米缣素之上，洋洋大观。其中庞朴先生赋诗[1]：

---

[1]《中国文化书院简报 8803 期》，1988 年 4 月 5 日。

中外古今西又东，国强民富理当同；
文章道德先生事，化为春风弟子功；
书不熟读方恨少，院能生聚复何穷；
万山千壑飞红粉，岁岁年年见彩虹。

文化书院的"雅聚"后来成为书院的一种"文化"，名目各异，寓意相同，年年不断，三十年矣！

第3节 1987年的大招聘

1987年是中国文化书院大发展的一年，这年的7月至11月，进行了书院历史上最大规模的一次公开招聘。无论理念、方式还是规模，在当时都是罕见的，极具创新性。虽然没有完整的记叙也无法找到当事人作全面回顾，但根据留存的几份表格和资料，我们可以判断这次招聘工作分为四个步骤完成。下面所引用材料除特别注明，凡打引号引用的数据和说明，都来自1987年10月7日的《中国文化书院简报第8705期》和鲁军1988年1月的《院务工作报告》。

第一，公开招募。7月份，中国文化书院"在报纸上登出招聘启事"，"向社会招聘行政、教务、文秘、财会、翻译、编辑等专业人才"，9月时"已收到1200余封应聘信件"，最后"应聘人员总计1600多人"。"慕名应聘的人士中不乏处级干部、高等院校教师、编辑及工程师等高级行政、专业人才"。用大众媒体发布人员招聘广告这在当时是不多见的，而一个民间文化机构有如此多人应聘也实在难得，要知道当时"人才流动"还是刚刚喊起来的一句口号，人们不但被户口而且被编制固定在单位里，人是单位的人。有那么多人愿意放弃体制的铁饭碗，虽然不排除一些人属于不了解情况的冲动，也说明中国文化书院已有相当的知名度。

第二，遴选面试者。8月份，"从应聘者中选出具有大专学历，有专业特长的 200 余人，并寄发了由秘书长鲁军撰写的《致应聘者》，及有关书院简介等资料，俾供斟酌"。从 1600 余位应聘者中选 200 位进入面试，1/8 的入选率。在一个档案袋中我发现 18 份标明"拟退"的应聘材料，多有本科学历，其中有本科毕业、已任北京某中学教导主任的 33 岁男性应聘者，有"接受十年英语课堂教育"、北邮毕业在邮电部软件中心工作的 24 岁女性应聘者，有南开历史系本科毕业、在文化部下属事业单位工作的 24 岁女性应聘者，还有解放军外国语学院本科毕业的现役军人和当年的应届本科毕业生[1]，等等。入选者是否有更好的条件我们不得而知，但这至少说明，应聘者学历条件都相当好，或者书院当时并不唯学历是选，而是从岗位的实际需要出发去选择。

另外，寄发给这 200 多位入选面试者的材料[2] 颇有讲究。一部分是中国文化书院的简介、机构部门结构图、导师名单、书院丛书和办班介绍，这是便于应聘者了解书院的概况。还有一份"关于人事、工资、待遇问题的答复"，估计是有应聘者在信中提问。这份答复比较简单，但扼要而明确：档案存放在国家科委人才交流中心，工龄连续计算，调进调出时原编制（干部或工人）、性质（全民或集体）不变；工资一般高于国家的工资标准；住房、两地分居、技术职称评定近期尚无能力解决。而一封秘书长鲁军的《致应聘者》，则可以看作一份书院用人文化的宣言。首先说明，"书院的学者虽或钦慕儒家'天下皆有所养'的大同理想，但实无力容养闲人，亦无力教化懒人。因此，它要求自己的成员有相当的独立精神，有自立、自律、自觉的工作态度和工作能力"。那么，书院能给应聘者提供的是什么呢？"文化书院特别能为您提供的是一个发挥才能的环境，一个一展雄才的舞台。"书院的目标是建成国际一流的汉学研究教育机构，书院已有了第一流的学者队伍，因此需要有一流的管理人才和业务人才配套。言外之意，看你是否具有"第一流"的素质了！那如何避免"逆向淘汰"呢？鲁

---

[1] 六份拟退应聘者信件，1987 年。
[2] 给应聘者的材料：书院简介、人事、工资、待遇问题答复，鲁军：《致应聘者》，1987 年 8 月。

军列出文化书院的原则：1.确立效能原则，即以工作的实际效率作为书院衡量和评价员工的唯一标准，其他价值取向，书院视之为个人行为范畴和道德实践范畴；2.确立责、权、利统一原则，要求个人无偿地奉献，与要求集体无端地给予，同样有失公正；3.确立纵向目标管理体制，各种目标将最大限度地量化为各种进度指标和质量指标，落实到处于纵向网格中的每一个人，各负其责，不需也不许横向的批评、议论和干涉，将最大限度地降低"内耗"。是的，这些原则不管实践起来如何困难或容易走样，对于八十年代的理想主义者们，对于一心想要摆脱压制、管束、内耗的年轻人，它们就是"向往"！

第三，面试，当时亦称为"面谈"。"招聘工作定于9月30日截止，10月15日安排面谈"，这里说的"招聘工作"指面试前的初选工作。9月14日又给入选面试的应聘者发放填写有何要求和疑问的表格。[1] 10月份，进行了面试，但我们没有哪些人担任面试官、有何种标准或试题、如何确定入选或淘汰的相关资料。

第四，培训。经过面试，"书院从两次筛选后挑出其中的46人参加了培训"。这是一个认真的、高含金量的培训，历时13天，每天两小时，课程如下：

中国文化书院应聘人员培训课题

培训时间 1987年11月4日—16日 18:30—20:30			
时间	课题	主讲	备注
第一单元：中国文化的发展（学术工作培训）			
11月4日	中国文化的现代化和世界化	汤一介院长、教授	
11月5日	中国文化的研究和教育	季羡林教授	
11月6日	海外中国研究动态	陈鼓应教授	
11月7日	传统与现代化	庞朴研究员	
第二单元：中国文化书院的发展			
11月8日	中国文化书院的缘起、沿革及近况	汤一介院长	
		鲁军副院长	

---

[1] 提供给参加面试的应聘者填写的"要求表"，1987年9月14日。

11月9日	中国文化书院发展的目标及总体规则	汤一介院长	
		鲁军副院长	
11月10日	中国文化书院近期发展规划及业务设想（一）	汤一介院长	
		鲁军副院长	
11月11日	中国文化书院的业务设想（二）	鲁军副院长	
第三单元：中国文化书院的管理体制			
11月12日	中国文化书院的机构设置及管理体制	鲁军副院长	
11月13日	中国文化书院的管理原则及有关制度（二）	鲁军副院长	
11月14日	礼宾制度	外交部礼宾司原司长驻欧洲共同体大使俞沛文先生	
11月15日	高级职员的礼仪和礼貌	北京市成人教育协会副理事长吴起先生	
11月16日	培训总结	鲁军副院长	

第五，录取。在参加培训的46名应聘者中，最终录取了30名。从1600余名应聘者中选出200余人进入面试，从200余位面试者中选出46人进行培训，最终录取30人，不到2%的录取率。1987年的大招聘后确定，"今后，书院应把人才的吸纳与培养作为一件重要工作开展起来"。遗憾的是，再也没有了：这样的规模，这样的培训，这样激动人心的招聘。

第4节 "图书馆"、"口述历史资料馆"与"编译馆"

1988年1月11日，中国文化书院院务委员会决定：1.筹建"中国文化书院图书馆"；2.1988年拨款7万元作为开办费及购书费；3.图书馆业务由图书委员会指导，行政上隶属院长办公室；4.图书委员会由下列人员组成：季羡林、宁可、乐黛云、包遵信、谢瑞林、那静坤。[1] 1月16日，季羡林主持召开了图书委员会首次会议，会议认为书院图书馆应是学术性、服务性的专业图书馆；服务对象主要是书院导师和住校

---

[1] "院务委员会关于筹建图书馆的决议"，1988年1月11日。

的中外学员；图书来源以赠为主，以买为辅；近期收藏重点为工具书、目录、索引，其次是港台版的有关中国文化的书；要求书院图书馆的工作人员，素质要高于北京图书馆及北京大学图书馆；图书馆管理要采用现代化手段；组织馆藏图书最好用《中国图书分类法》。会议委托宁可教授根据会议讨论写出书面意见。[1]宁可拟的《关于中国文化书院图书馆建设的意见》十条，归纳了第一次图书委员会会议的讨论意见，强调"中国旧籍，是馆的基藏，主要购置国内及台湾所印的成套书籍，如《四部丛刊》《四部备要》《丛书集成》以及《四库全书》等"。[2]

为了使图书馆尽快获得藏书，汤一介1月27日提出建议："给导师一封信，请师：（1）自己的著作给图书室一份；（2）自己不用的书可以捐送给图书室；（3）有些书也可以暂借给图书室由图书室保管；（4）捐送给图书室在500册以上的设专架陈列。"[3]一个月后，1988年2月27日中国文化书院图书委员会致函各位导师："拟向您征集您已经出版的著作、您藏书中的复本以及您愿意捐赠的书籍，以充实我院的藏书。"[4]

从1988年5月4日的"简报"可知，两个多月的图书馆筹建工作颇有成效。图书馆共购进图书1200余册，预订了《四部丛刊》《古今图书集成》《四库全书》《全上古三代六朝文》《全唐文》《全宋文》等。另外，已有11位先生向图书馆赠书，其中汤一介赠书65册、杂志13册，季羡林赠书26册，张岱年赠书2册，丁守和赠书19册，余绳武赠杂志344册，周一良赠书4册，侯仁之赠书4册，金春峰赠书1册，严绍璗赠书2册，陈万清赠书46册，牙含章赠书481册、杂志194册。[5]牙含章的亲笔捐赠信至今保存着。[6]

---

[1]《中国文化书院图书委员会第一次会议纪要》，1988年1月16日。
[2]《关于中国文化书院图书馆建设的意见》，1988年1月16日。
[3]"汤一介院长的意见"，1988年1月27日。
[4]"图书委员会向导师们征集著作、藏书复本及赠书的函"，1988年2月27日。
[5]《中国文化书院简报第8804期》，1988年5月4日。
[6]"牙含章先生捐赠中国文化书院图书馆481册书籍、194册杂志的信和清单"，1988年5月7日。

中国文化书院图书馆：

兹向贵馆捐赠有关民族、宗教、无神论和西藏问题的书籍 481 册，杂志 194 册，共计 675 册。

分类如下：

书籍

民族自治地方概况 51 本

各民族简史 32 本

世界民族 39 本

民族理论与民族工作研究 78 本

各民族的社会历史与文化 134 本

西藏问题 49 本

民族地方志 8 本

宗教与无神论 90 本

以上共计 481 本

杂志

民族研究 41 本

西藏资料 50 本

无神论和宗教资料 43 本

社会科学杂志 17 本

民族杂志 37 本

民族地方志 6 本

以上共计 194 本

两项合计 675 本

请查收，并请惠赠登记清单一份为盼。

此致

敬礼

牙含章　1988.4.19.

以上所购所获赠的两千多册书籍杂志就是中国文化书院图书馆开张的基础。

1988年4月5日出的第8803期《中国文化书院简报》记载:"1988年3月9日,书院在院长办公室召开成立'口述历史资料馆'会议。院长汤一介,副院长鲁军,学术委员会主席庞朴、副主席魏常海,院务委员会副主席王守常,委员季羡林、金克木、周一良、丁守和、梁从诫,书院导师宁可,学报编辑左锋,计12人出席会议。会议由鲁军主持。"会议决定名称定为"中国文化书院口述历史资料馆",丁守和先生为该馆负责人,并由丁守和、周一良、孙长江等先生组成该馆领导委员会。"范围暂限于文学、教育、艺术、科学等方面的文化人物、典型事件,不强求完整、系统。""当前,急需进行抢救性质的工作,即对高年龄、层次较高的学者进行录音、录像,如梁漱溟先生、冯友兰先生等。同时,要开设'纪实文学'班,培训口述历史通信员。"

那天会议的讨论颇为热烈,据同样编号为8803期但日期为1988年3月21日的"简报"(为何标号同为8803期的简报,出了3月21日和4月5日不同的两份?是否因3月21日的简报公布了关于建口述历史资料馆的讨论过程,事后有不同反映,改为4月5日重新出简报只公布讨论结果?我们不得而知)中有"中国文化书院'口述历史资料馆'讨论会纪要",会议开了一天,领导机构及名称是下午讨论确定的,上午主要讨论要不要搞、怎么搞。主持者鲁军一开始就亮出"改革与开放基金会"赞助的重点之一就是口述历史资料,梁从诫也提到"美国索罗斯(改革与开放基金会老板)对口述历史很感兴趣,愿意赞助,社会上也有人有志于搞这个"。所以,估计在资金上能获资助可能是要建口述历史资料馆的缘由之一。庞朴认为设想很好,但对可行性有点保留,还特别点出"鲁有个想法是争取'顾问委员会'(指'中顾委'——作者)的支持"。但鲁军对此没有认可,而是说"不仅名人的记录有意义,普通人的记录也很有用"。汤一介的关注在学界,提到某某"为丁玲和茅盾录了像,将来价值连城"。金克木说:"第一,这个事可以做,主要是范围和对象。第二,无论写出来的也好,口述也好,我都怀疑其可靠性,包括老子、孔子、释迦牟尼的东西也值得怀疑。"丁守和赞成搞,"范围是否在学术、教育、文化范围内。在一定意义上包括科学、民间艺人也可以搞一些,如泥人张、葡萄常。"梁从诫比较系统地谈了如何搞,"(1)不修官史,入子部,像过去的笔记、小说一类的东西";"(2)以文化人、文化现象、事物为对象,主要涉及教育、文学、艺术、科学,文学馆立馆史、立正史,我们不必凑热闹","不要求完整,不要求系统,在管理、分类归档问题上下功夫。要做提要,编索引,输入电脑,要充分利用录像"。宁可赞同梁从诫的意见,提出"应该确定'口述历史',而不是'口述文学',即使不准确,也有不准确的作用"。季羡林也主张做,认为有意义,"至于真实性问题,我们解决不了的问题,不去讲它,历史有多少是真实的?'文化大革命',在我们这一代是惊心动魄的,那么疯狂,世界上少有'小子何幸,躬逢盛会'应该记录"。鲁军最后归纳了两种做法,一是急着要做的,是年龄、层次较高的人及重要事件,二是"放长线钓大鱼";方式上我们派人、雇人做或者委托别人做。[1]

1988年4月22日上午,在中国社科院近代史所,汤一介、王守常、魏常海、丁守和、戴逸、周一良、宁可、雷音、张文定等人召开了"口述历史资料馆"第二次会议,丁守和主持。[2]王守常先说明,已不能寄望改革与开放基金会资助,要立足自力更生。魏常海主张立一个原则:忠于史实,不要急于出版发行。汤一介提议从书院70岁以上的导师开始做起,周一良补充院外的80岁以上的也可考虑同时进行,如罗尔纲、吕秋逸、吕叔湘先生。戴逸也主张"院内外结合起来,北京和外地结合起来"。会议最后决定:由雷音协助丁守和先生,订个近期计划和预算。从5月份开始,书院内先从梁漱溟、冯友兰先生做

---

[1]《中国文化书院简报第8803期》,1988年3月21日。

[2]《中国文化书院简报第8804期》,1988年5月4日。

起；书院外，先从吕秋逸先生做起。与会者对院外采访对象初步排了一个名单：罗尔纲、吕秋逸、容肇祖、贺麟、俞平伯、吕叔湘、常书鸿、沈从文、吕应中、钱钟书、钟敬文。[1]随后，5月上旬雷音即完成了所需设备的预算调查；5月12日丁守和、雷音专门走访北京大学历史系相立文副教授，了解美、英等国口述历史的起源及发展。正在进行梁漱溟、冯友兰先生口述史的前期资料、文案等准备工作时，得悉梁先生病重住院，雷音与姜明即于1988年5月19日去医院，用m5摄像机拍摄了韦政通探望梁漱溟先生，并采访韦政通谈他所著《中国现代思想家梁漱溟》。[2]

到1989年6月，中国文化书院口述历史资料馆的"中国当代著名学人电视系列"已完成《梁漱溟》：(1)收集了他生前仅存的影视资料，(2)拍摄了他生前最后一次公开讲课实况及部分社会活动实况（电视录像）；《冯友兰》：(1)录制了他的"口述问答"约4小时（电视录像），(2)口述历史录音（约5小时）；《张岱年》：(1)电视录像：口述生活片断及著作，(2)口述历史录音（约8小时）；《季羡林》：(1)口述问答、学术研究片断、生活片断（电视录像），(2)口述历史录音（10小时）。计划拍摄人物：吕秋逸、俞平伯、罗尔纲、钱钟书、金克木、启功等。但6月22日，中国文化书院口述历史资料馆发出一份《〈中国当代著名学人电视系列〉简介》，说明由于资金短缺（《梁漱溟》重新后期制作需5000元，《季羡林》《张岱年》《冯友兰》后期制作各需10000元），上述工作不得不暂告停止。"由于很多学者年事已高（吕秋逸先生、俞平伯先生等均已95高龄，钱钟书、罗尔纲等先生也已80多岁），需继续抢救他们的学术财富，为此我院向社会各界有识之士和爱护中国文化财富的企业界人士呼吁，请求给予资助，使这一有益于中国文化的事业不致中途夭折。"[3]如果我们注意到此文件的时间

---

[1]"'口述历史资料馆'第二次会议纪要"，1988年4月22日。

[2]雷音：《"口述历史资料馆"筹备工作情况汇报》，1988年5月25日。

[3]《〈中国当代著名学人电视系列〉简介及预算》，1988年6月22日。

是 1989 年 6 月 22 日，结果就可想而知了。

　　无论如何，这些未曾完成的片段依然是一笔财富，是文化书院的一项成就。所以无论汤一介 1989 年 9 月 10 日写的《五年来中国文化书院工作汇报》，还是书院 1993 年 8 月的《中国文化书院几年来的工作情况报告》，都在所做工作中提到口述历史：已录制《梁漱溟》《冯友兰》《张岱年》《季羡林》的录音、录像。遗憾的是，这些珍贵的影视纪录资料并没有存入中国文化书院的档案柜中。

　　1988 年 3 月 19 日，在院长办公室召开的"成立'编译馆'会议"上，决定成立"中国文化书院编译馆"。院长汤一介，副院长鲁军，学术委员会主席庞朴、副主席魏常海，院务委员会副主席王守常，委员梁从诫、秦麟征，书院导师严绍璗，副秘书长田志远，编辑出版部主任张文定出席会议，会议由汤一介、鲁军主持。会议决定：（1）名称定为"中国文化书院编译馆"；（2）一致推举梁从诫先生为"中国文化书院编译馆"负责人；（3）"中国文化书院编译馆"设"中国文化书院编译馆工作指导委员会"，由梁从诫先生和生活·读书·新知三联书店一人兼任；（4）筹建"中国文化书院编译馆"工作，由梁从诫先生先考虑，书院全力支持。大家认为书院和三联书店联合成立"编译馆"是件好事。编审组织工作由书院做，出版工作由三联书店做；发行拟通过读书俱乐部成员拓展发行范围。[1]

　　这次会议确定的事项与生活·读书·新知三联书店方面早有接洽。一个半月前的 1 月 28 日的双方会谈，书院是鲁军、王守常、田志远、魏婕、孙继红，三联书店是沈昌文、杨进等，从文利娅所做的整整十页会谈记录看，基本是鲁军和沈昌文洽谈，讨论相当深入，共识也很高，双方分工、读书会组织、出书决定权给两人、发行预期、成本控制、利益分配等等，都已基本取得一致。对于负责人人选，鲁军"透

---

[1]《中国文化书院简报第 8803 期》，1988 年 4 月 5 日。

露一个消息,梁从诫先生将放弃'大百科'的铁饭碗到书院来,可全部身心投入进来"。沈昌文回应"梁从诫是不可多得的人才,无论老、中、青,中、外他均能联络起来"。而且,从鲁军开场一句话"沈先生,若我们的合作成功将会产生很大意义,希望今天把原则定下来",沈昌文接的第一句话"今天是否按三个方面?"可见,这以前已有接洽。洽谈中鲁军甚至说到"业务设想可行性已一两年了"。由此可见,成立"编译馆"是谋定而动的一个大举措。[1]

1988年4月中,中国文化书院给北京市成人教育局、北京市新闻出版局打报告,申请报批"中国文化书院编译馆"为正式出版单位。报告历数文化书院在编辑出版方面的成果和具备的编辑力量,强调"编译馆""为人民服务,为社会主义服务"的编辑出版方针和一切费用"我院自行筹款"。呈报的"编译馆"出版委员会主席季羡林、副主席梁从诫,馆长梁从诫,总编杨宪益。[2]这个申请未被批准是意料之中的,当时的出版权管理极为严格,不许民间机构染指,但我们从这个报告可知"中国文化书院编译馆"在1988年4月已完成框架搭建。

目前,我们能找到的有关"中国文化书院编译馆"的工作记录,只有1988年6月4日出的一份《编译馆工作简报(一)》,通报了从3月19日成立后的工作:

4月22日,借美国"社会科学研究理事会"本届主席、加州大学(伯克利分校)历史学教授魏斐德来书院座谈,梁从诫同他商定,今后该理事会每年向"编译馆"推荐30种西方国家新近出版的社科、人文著作,作为"编译馆"译书选题基础。与此同时,美国著名中国问题学者费正清、黎安友、李侃如、夏伟及美中学术交流委员会驻京办主任朱小康接受聘函,担任中国文化书院编译馆顾问。

5月上旬,"编译馆"聘请了许德迁、武尚清两位编审,申坚、关

---

[1]《与三联书店洽谈合作》记录稿,1988年1月28日。
[2] 中国文化书院致北京市成人教育局、北京市新闻出版局:《关于中国文化书院编译馆申请报批为正式出版单位的报告》,1988年4月。

化两位特约编审,梁晓燕、王建华两位兼职编辑。

5月19日、26日两日,"编译馆"举行了第一次工作会议,汤一介院长、鲁军副院长、梁从诫馆长和全体应聘人员到会。

此外,中国改革与开放基金会"图书赠送计划"已向"编译馆"寄出了第一批近年由美国《纽约书评》杂志选定的全美畅销书供选译。"编译馆"同"翻译家协会"、"南开同学会"等组织接触,开始准备建立译者队伍。

除原定合办"编译馆"的生活·读书·新知三联书店,还有北京和外地的两家大出版社表示愿意合作,台湾《文星》愿意考虑出繁体字版。[1]

但1989年下半年后,"编译馆"的工作没有能再继续下去。

第5节 中国学研究资料咨询中心

中国文化书院中国学研究资料咨询中心,其日常工作机构即为文化书院的咨询部,设负责指导咨询业务的咨询委员会,庞朴为主任,钟敬文(北京师范大学教授)、赵靖(北京大学教授)、俞伟超(中国历史博物馆馆长)、孔祥星(中国历史博物馆副馆长)、杜友良(《中国大百科全书》出版社编审)为委员,魏常海为秘书长。咨询中心提供有关中国文学史、艺术史、美学史、科技史、建筑史、政治史、法律史、经济史、宗教史、哲学史、教育史、民俗史、民族学、考古学及其他中国学研究资料和咨询的有偿服务,并出版双月刊《中国学导报》。[2]

关于何时以何种形式决定建立这个咨询中心,现存档案资料没有相应文字记录,事隔久远,相关人员也无从记忆。可以看到最早提到咨询中心的文件,是中国文化书院1987年9月7日和12月30日分别

---

[1]均见《编译馆工作简报(一)》,1988年6月4日。
[2]中国文化书院中国学研究资料咨询中心介绍材料。

给习仲勋、万里两位领导人的报告，申请使用北京琉璃厂文化街工程的房屋建中国文化书院汉学研究咨询中心。[1] 当然，这只是申请房屋使用，并未具体说明"汉学研究咨询中心"的来龙去脉。但从中我们可以知道开始时名称上用"汉学"，后来改为"中国学"。

在1988年1月10日的院务委员会工作会议上，魏常海介绍咨询中心工作："我们开展对国外汉学研究的咨询，要由导师搞有偿咨询。《中国学导报》每两月一期，A. 中国学论文，B. 索引，C. 导师专稿，D. 学术研究信息。原计划1987年8月15日出第一期，因具体问题推迟了。但已有三期稿件，明天院委们可望拿到第一期。现在对国外的汉学研究盲目性很大。所以下决心招聘部分员工，先搞（清）国外汉学研究机构，重点项目是大学开设的汉学课程，有目的地扩大联系，开展交流。同时，把国外的成果推向国内。我们试想能否在二至三年内建成最新、最快、最全的汉学咨询机构。同时，我们也可以在半年之内尽快地掌握国外汉学新书信息。"秦麟征、梁从诫、陈鼓应、季羡林等都对咨询中心的信息服务和《中国学导报》发表了意见和建议，尤其梁从诫提出非常重要的两点："1.建议用'中国学'，不要用'汉学'。2.建议扩大研究范围，不要局限在传统文化范畴，如果仅仅局限在传统文化范畴内，我们研究范围就小了。"[2] 梁从诫的这个建议，极具远见，立意甚高，既体现了中国学术界的主体性，又把研究范围扩展到整个中华民族，并囊括传统与现代。其实，早在20世纪六十年代，美国学界已在讨论"汉学"（Sinology）一词是否值得保留，后来，不但关于中国近现代研究分散在历史、文学、宗教、哲学、社会学等学科中，对18世纪前的传统中国研究的"汉学"也慢慢融入了各学科，称为"中国学""中国研究"（China studies，Chinese studies），"除了欧洲人还

---

[1] 呈习仲勋同志：关于申请使用琉璃厂文化街西路原菜站房屋作为中国文化书院汉学研究咨询中心的请示报告，1987年9月7日；呈万里同志：申请在北京琉璃厂一期工程剩余房屋中建立中国文化书院汉学研究咨询中心报告，1987年12月30日。

[2] 中国文化书院院务工作会议记录，1988年1月10日至11日上午。

偶用'汉学'一词,在美国已不流行了。"[1]但在八十年代能像梁先生那样看清这一趋势的,在中国学界当属凤毛麟角。

1988年3月7日,魏常海主持召开咨询工作会议,进行工作总结、部署。至此,"咨询中心"已"搜集了国外450余个中国学研究机构的研究方向、出版刊物,以及600余名中国学者的自然简历和学术简历,并于3月上旬、下旬将第一、二期《中国学导报》发往美、英、德、法、意、日等19个国家的1100个中国学研究机构及学者"。同时,决定咨询中心内部设三个组:"1.《中国学导报》组,负责《导报》的编辑、出版工作;2.情报资料组,负责国内外中国学研究的调研及业务管理工作;3.咨询组,执行具体的咨询工作。"[2]就在这3月里,中国文化书院正式向北京市成人教育局、北京市新闻出版局提交了"关于《中国学导报》公开发行的请示报告",申请《中国学导报》改为公开出版物,每月一期;申报的编辑部名单为;主编:庞朴;编委:张岱年、季羡林、汤一介、周一良、金克木、庞朴、丁守和、钟敬文、赵靖、李中华、鲁军、王守常、田志远、张文定、魏常海、王鲁湘。[3]

鲁军在1988年7月15日的院务委员会议上,通报《中国学导报》已出至第4期,"我们向国外汉学机构和学者推荐了导报。现美方有机构订,日本方面欢迎但不订。《导报》试刊阶段可提供给各位委员,请提意见,然后改进。现《导报》偏古代,另外我们对《导报》宣传不够,渠道不畅。过去对这项工作没做过实证性研究。希望导师们在此工作上予以支持"。[4]

现存有关《中国学导报》的最后一个文件,是1988年底或1989年初的一张"申请基金预算表",申请总金额为人民币3万元,起止

---

[1] 陈致:《余英时访谈录》,香港中华书局有限公司,2012年5月初版,第78—82页。

[2] 《中国文化书院简报第8803期》,1988年4月5日。

[3] 中国文化书院致北京市成人教育局、北京市新闻出版局:关于《中国学导报》公开发行的请示报告,1988年3月。

[4] 院务委员会记录本1988年7月15日—1988年12月3日。

年月为自1989年1月至1989年12月，用途为6期《中国学导报》需6万元，其他一半资金提供单位为中国文化书院。估计，这是向中国改革与开放基金会提出的申请。

第6节 同学们

中国文化书院在八十年代有约3万学员，其中最集中的一个班是为期两年的"中外文化比较研究班"，学员1.3万。这1万多名学员中不乏佼佼者，后来在学界、商界大展宏图，比如后来的北京大学法学院名教授贺卫方、湖南理工学院院长余三定、宋城集团董事长黄巧灵等等。学员们的文化热情和互相交流、交往的积极性都很高。许多地区学员们自发组织了同学会，召集会议，还出版刊物。1988年1月的中国文化书院院务委员会会议上，提出了12个问题进行讨论，其中之一就是"对各地'同学会'应表何态？""现已成立'同学会'的有如下几个省份：广东、上海、浙江、安徽、河北五个，今后还会有。那么，作为院方和函授部应表何态呢？"[1]院务委员会对此似乎没有结论，没有任何这方面的存档文件。院方既没有积极地去帮助同学建立地区组织，更没有主动建设全国学员规模的院友会，但是，也没有阻止学员建立各地区的同学会，甚至还参加了一些院友活动。

1988年1月22日，中国文化书院浙江院友会召开成立大会，通过章程，选举产生了理事会。作为"自愿结合的联谊性群众学术团体"，"凡中国文化书院浙江院友，承认本章程，经两名会员介绍，可申请加入本会"，须交每年2元的会费。同年10月，浙江院友会还出了自己的会刊《文化交流》，所刊登文章以古诗词研究和文物介绍为多，但公布了马方方等66位会友的"近期研究课题或方向"。[2]北京

---

[1] 1988年1月院务委员会会议讨论问题汇总，1988年1月10日—11日。

[2] 《中国文化书院浙江院友会章程》，见中国文化书院浙江院友会会刊《文化交流》第1期，杭州，1988年10月。

上海、黑龙江学员通讯录与浙江院友会会刊《文化交流》

同学会在 1988 年 7 月 18 日举办"儒家文化与当今世界学术讨论会","书院导师庞朴、包遵信、李中华与十多位学员参加了讨论",会议地点就在文化书院。[1]印制于 1988 年 7 月的《中国文化书院上海同学会通讯录》[2],记录了 287 名上海同学会会员的身份信息、所学专业和联系方式。一本"中外比较文化研究班黑龙江学员录"[3],则记录 356 位黑龙江学员的姓名和单位。

中国文化书院在八十年代的辉煌事业,是书院的导师、员工和学员们共同创造的,但有关学员的档案文献几近空白,缺少这方面的记叙,是本书的一大缺憾。

第 7 节 购置或建造院舍的努力

从 1988 年至今一直在中国文化书院工作的刘若邻,历数中国文化书院的搬家史:最早在《红旗》杂志社地下室、琉璃厂;1988 年 1

---

[1]《中国文化书院简报第 8805 期》,1988 年 8 月 7 日。
[2]《中国文化书院上海同学会通讯录》,1988 年 7 月。
[3]《中国文化书院中外比较文化研究班黑龙江学员录》。

月,从琉璃厂到中国人民大学附中;1989年7月,从中国人民大学附中到圆明园;1992年11月,从圆明园到京桥大学;1992年12月,从京桥大学到沙滩;1993年1月,从沙滩到朝阳区兴华公寓;1993年4月,从兴华公寓到马甸裕中西里;1994年4月,从马甸裕中西里到海淀黄庄;1995年4月,从海淀黄庄到北京大学治贝子园,在治贝子园已经21年了。

在中国文化书院鼎盛期的1987年,书院曾认真地张罗过自建院舍。

1987年4月29日印发的《中国文化书院简报第8702期》上,院务办公室介绍了关于在昌平建院舍的情况。选址昌平主要是手续比城里相对好办,价格便宜,而且和昌平房管局及经办的县政府住宅经营开发公司关系较好。所以,"院务办公室看法是:就目前掌握的情况看,昌平条件成熟"。只是地点远,"对留学生的招生是否有影响,请大家多提参考意见"。新选院址的具体位置在昌平南环路与东环路相交处,北京第二毛纺织厂的东侧;用地面积3.92公顷(58.8亩),计划建筑面积14,660平方米,分为教学楼、图书资料研究中心、行政办公楼、宿舍及客房、生活辅助设施、运动设施六个部分,以满足高级学者50人、外国留学生200人、中国学生100人、住宿教职工70人的需求。[1]昌平院舍的主体设想由文化书院副院长鲁军负责,设计由书院导师、建筑设计大师吴良镛负责。从书院和昌平县房屋经营开发公司各自起草的协议看,书院总投资预算876万元,对方承诺"图纸交付乙方算起,一个月内开工,全部工程自开工之日起一年半时间乙方保证全部竣工"。[2]当然,这样的承诺是否能够兑现是值得怀疑的。

1987年12月14日,中国文化书院院务办公室向院务委员会提交

---

[1]《中国文化书院新建书院建筑规划任务书》。
[2] 孔经一:《文化书院昌平建址工作事宜交待》(附双方各拟协议书),1988年4月26日。

《关于我院院舍远景方案情况介绍》，提出三个方案供院务委员会讨论、决策：一是昌平建院舍，总投资 1000 万左右；二是长期维修使用石景山区级文物保护单位承恩寺，投资 200 万—300 万；三是西山森林公园松鹤山庄，投资 400 万元；也可以考虑投资 1500 万，三个都上。[1] 在档案资料中没有有关院务委员会对此研究决策结果的材料，只有此前的 9 月 7 日，中国文化书院盖好章的致中央统战部负责同志并转呈习仲勋同志的《关于申请使用琉璃厂文化街西路原菜站房屋作为中国文化书院汉学研究咨询中心的请示报告》，主要是新近修建的北京琉璃厂文化街一期工程尚剩余部分房屋，希望能用该处房屋作为文化书院的汉学研究咨询中心。内容基本同样的报告，12 月 30 日又呈报国务院万里同志，但这份留底的报告未盖章。此外，还有一份给中央对台办思德同志并呈杨尚昆、胡启立同志的报告，汇报了文化书院的工作，尤其是与国际和台湾的学术交流，为了"购置或自建一处小规模的永久性院址"，"拟请对台办代为安排贷款 2000 万元"[2]，这份以中国文化书院院务委员会主席和院长落款的报告，并没有签章和填写时间。当然，此三份给领导人的报告我们并不能判定是否呈送。但有这样的想法并成文，也可见当时中国文化书院领导者的气魄和与上层沟通渠道的通达。

第 8 节　基金会与海内外筹资的设想

在中国文化书院最初的"建院方案"中，就把书院机构的顶层设计为"三会"：院务委员会、学术委员会和中华文化发展基金会，然后是行政机构的名誉院长、院长、副院长和秘书长。[3] 中国文化书院

---

[1]《关于我院院舍远景方案情况介绍》，1987 年 12 月 14 日。
[2] 致"中央对台办思德同志并呈尚昆、启立同志"的信。
[3]《关于建立中国文化书院的方案》，1985 年 4 月。

发展基金会[1]的第一任主席梁漱溟、副主席王守常[2]；第二任主席梁从诫，副主席王守常[3]。

但文化书院的基金会一直没有真正建立（注册），筹集资助资金的努力虽然一直没有放弃，也一直没有多大成果。

1988年1月公布的1987年"各界捐赠"，除图书，仅有"李玲瑶女士太平洋模拟工程顾问公司捐款3000美元"和"和崎博夫先生日本亚洲问题研究会代表理事捐赠录音机1台"。[4]在八十年代，争取资助最大手笔的一次努力，是王守常1985年访问新加坡时，他和新加坡李氏基金会建立了联系。经两年往复商榷，1987年时该基金会香港秘书长刘文江非正式地通知：将以该基金会香港分会的名义向中国文化书院捐助250万港币。因新加坡与中国尚无正式外交关系，又囿于新加坡政府限制任何机构及个人向中国捐款，故先由汤一介院长协调联络此事。[5]但此项努力没有成功。1989年2月26日季羡林、汤一介联名致信李氏基金会，"年前接贵基金会函告，得悉中国文化书院于1988年向贵基金会申请赞助一事，因条例所限，暂不能资助。尽管如此，贵会对中华文化的热情关注，我们深表钦佩"。[6]在整个八十年代，文化书院获得赞助最大的一笔是1989年星云法师捐赠的1万美元。[7]此外，在向八十年代中后期非常活跃的中国改革与开放基金会申请项

---

[1] 这一基金会的名称用词并不严谨，在《关于建立中国文化书院的方案》和一些简介中用"中华文化发展基金会"，而在另一些简介中则用"中国文化书院发展基金会"。
[2] 八十年代的小黄本简介；八十年代的大黑本简介（1987年3月）。
[3] 1990年打印"简介"，1990年。
[4] 《中国文化书院院务工作报告（1986年—1987年）》（附录"各界捐赠"），1988年1月。
[5] 《中国文化书院简报第8702期》，1987年4月29日。
[6] "季羡林、汤一介致郑子瑜教授并转李氏基金会执事信"，1989年2月26日。
[7] 王守常：《关于星云法师捐赠书院一万美金情况说明》，1989年8月19日。

目资助中[1],1988年9月得到"中日近代比较研讨会"项目的20330元人民币资助(其经办的北京办事处按规定扣除3%的管理费)[2];而此前书院购置"轻印刷系统"申请11.5万元人民币资助未获成功[3],此后办《中国学导报》申请资助3万元人民币[4]、开"'五四'70周年研讨会"申请资助19687.50元人民币[5],都无法确定结果如何。

1990年4月向原"中国改革与开放基金会善后小组"("中国改革与开放基金会"已被停止活动)申请9000元人民币资助,来办几次小型学术活动和导师联谊活动[6],也不知是否成功。此后,在九十年代,这方面的努力转向向企业家募集资金,并试图建立基金会或理事会。1992年11月,汤一介提出"'中国文化书院基金会'拟定于1993年12月16日中国文化书院九周年时正式成立","'中国文化书院基金会筹备委员会'由本院院长、北京大学教授汤一介担任筹委会召集人,本院导师季羡林、张岱年、周一良、庞朴、孙长江、梁从诫、王守常、陈越光等担任筹备委员"。[7]1994年4月,又成立了"由吴明瑜、汤一介、厉以宁、孙长江、孙文华、陈越光、李中华组成,由孙文华任理事长,孙长江任副理事长"的中国文化书院理事会。理事会的职

---

[1] 据时为中国经济体制改革研究所所长,并兼任中国改革与开放基金会中方主席(美方主席为每年提供100万美元资金的索罗斯)的陈一谘回忆:"1988年初张岱年、汤一介、庞朴和梁从诫约我吃饭,热情地向我介绍了书院的情况,并希望他们的项目能得到中国改革开放基金会的资助。"见《陈一谘回忆录》,香港:新世纪出版及传媒有限公司,2013年5月第1版,第373页。

[2] 为举办"中日近代比较研讨会",向中国改革与开放基金会申请20330.20元人民币资助预算表及批准协议、通知函,1988年9月27日。

[3] 申请资助购置"轻印刷系统"的预算报告(附基金会给庞朴的"无力提供完全的现金资助"复函),1988年2月25日。

[4] 为《中国学导报》向中国改革与开放基金会申请3万元人民币资助预算表,1989年1月。

[5] 为举办"'五四'七十周年研讨会",向中国改革与开放基金会申请19687.50元人民币资助预算表,1989年4月。

[6] 梁从诫、王守常致原改革与开放基金会善后小组毛国华、郑晓梅:"申请资助文化书院小型学术活动费用9000元",1990年4月29日。

[7] 汤一介:《关于建立"中国文化书院基金会"的意见》,1992年11月8日。

责的第一条就是"为书院筹措资金"。[1]

这种种努力,也获得过几笔6位数的资助,但所谓的基金会、理事会都不了了之。中国文化书院当初以院务委员会决策、学术委员会引导、基金会为支撑的三角鼎立的设想,始终存在跛脚现象。

第9节 文化书院鼎盛期的阵容

从人员格局上,我们也可以看到所谓"鼎盛期"一番景象,请看1988年1月时文化书院的人员阵容[2]:

一、中国文化书院机构
(一)中国文化书院行政机构
名誉院长:冯友兰、张岱年
院　　长:汤一介
副 院 长:鲁　军
秘 书 长:鲁　军
副秘书长:田志远
副秘书长:魏　婕

(二)中国文化书院院务委员会
主　席:梁漱溟
副主席:王守常、谢龙
委　员:梁漱溟、冯友兰、张岱年、季羡林、虞愚、袁晓园、周一良、侯仁之、何兹全、金克木、阴法鲁、吴晓铃、牙含章、任继愈、丁守和、石峻、朱伯崑、庞朴、戴逸、牟小东、汤一介、李泽厚、谢龙、孙长江、乐黛云、陈鼓应、梁从诫、包遵信、秦

---

[1]中国文化书院院务委员会执委会会议纪要,1994年4月15日。
[2]《中国文化书院院务工作报告(1986年—1987年)》(附录),1988年1月。

汤一介（2排右6）、阴法鲁（2排右5）、李中华（2排右7）、王守常（2排右4）与中国文化书院的部分学员八十年代时在书院门口的一张合影

麟征、鲁军、王守常、魏常海、李中华、林娅、陈占国、田志远

顾　　问：孔怀智、王文浩

（三）中国文化书院学术委员会

主　　席：庞　朴

副主席：李中华、魏常海

委　　员：梁漱溟、冯友兰、张岱年、李泽厚、季羡林、汤一介、侯仁之、周一良、阴法鲁、金克木、石峻、朱伯崑、吴晓铃、丁守和、牙含章、戴逸、庞朴、何兹全、包遵信、乐黛云、孙长江、杜维明、陈鼓应、李中华、鲁军、魏常海、王守常、陈占国、林娅

顾　　问：张启钧

（四）中国文化书院发展基金会

主　　席：梁漱溟

副主席：王守常

（五）中国文化书院咨询中心（咨询部）

指导委员会

主　　任：庞朴

秘书长：魏常海

委　　员：钟敬文、赵靖、俞伟超、孔祥星、杜友良

二、中国文化书院导师

梁漱溟　著名学者

冯友兰　北京大学教授

张岱年　北京大学教授

季羡林　北京大学教授

虞　愚　中国社会科学院研究员、书法家

杨宪益　著名翻译家

袁晓园　著名学者

周一良　北京大学教授

侯仁之　北京大学教授

何兹全　北京师范大学教授

金克木　北京大学教授

吴晓铃　中国社会科学院研究员

牙含章　中国社会科学院研究员

阴法鲁　北京大学教授

任继愈　北京图书馆馆长、中国社会科学院研究员

丁守和　中国社会科学院研究员

石　峻　中国人民大学教授

朱伯崑　北京大学教授

庞　朴　中国社会科学院研究员

戴　逸　中国人民大学教授

李学勤　中国社会科学院研究员

吴良镛　清华大学教授

汤一介　北京大学教授

张晋藩　中国政法大学教授

李泽厚　中国社会科学院研究员

谢　龙　北京大学副教授

张立文　中国人民大学教授

方立天　中国人民大学教授

乐黛云　北京大学教授

宁　可　北京师范学院教授

孙长江　北京师范学院教授、《科技日报》副总编

成中英　美国夏威夷大学教授

陈鼓应　北京大学教授（加州大学研究院，北京大学客座教授）

金开诚　北京大学教授

金春峰　人民出版社编审

叶　朗　北京大学教授

严绍璗　北京大学副教授

梁从诫　知名学者

许抗生　北京大学副教授

包遵信　中国社会科学院副研究员

冉云华　加拿大麦克马斯特大学教授

陈启云　美国加州大学教授

林毓生　美国威斯康辛大学教授

傅伟勋　美国天普大学教授

杜维明　美国哈佛大学教授

赵令扬　香港大学文学院院长、教授

霍韬晦　香港法住学院院长

陆人龙　香港大学文学院副院长

姜允明　澳大利亚马克理大学教授
高宣扬　法国巴黎第十大学兼职教授
秦麟征　中国社会科学院副研究员
陈占国　北京社会科学院助理研究员
李中华　北京大学讲师
魏常海　北京大学讲师
林　娅　北京大学讲师
王守常　北京大学讲师
鲁　军　北京大学讲师

三、中国文化书院工作人员

孙继红先生	孔经一先生	谢瑞林先生
鲜玢女士	马莉丽女士	方兵先生
部咏梅女士	杨亚力先生	刘然女士
李屹小姐	张均小姐	王蕾小姐
杨亦农小姐	王赞小姐	齐志毅先生
齐善玲女士	张蓉芳小姐	徐明先生
雷音女士	王满利先生	赵昌宁女士
文利姮女士	胡晓瑜先生	宋德榴女士
傅永吉先生	姜明先生	郑季敏女士
郝子斌先生	华荣九先生	戴宪先生
高小健先生	黄信万先生	刘强先生
陈万清先生	俞小光先生	王立达先生
田锐先生	刘小玲女士	郭莹女士
王北碧女士	那静坤女士	张士杰先生

以这样的阵容，在八十年代，中国文化书院开的课曾名噪一时。本书附录收录"中国文化书院1985—1987开课一览表"，从这1985、

1986、1987 三年书院开设的课程一览表，可见课程之全，名家阵容更是人文之英，彬彬济济。

第 10 节　财务分析

中国文化书院在八十年代的盛况，还可以从书院的财务数据看到当时的成绩。虽然我们已无法看到当时完整的财务资料了。据在文化书院工作了 28 年的财务总监刘若邻说："因为以前国家规定财务资料只保存 20 年，所以 1991 年以前的财务资料都销毁了。"但从一些残存在文档中的财务数据和资料，我们还是可以做出基本的分析和判断。

中国文化书院几乎是八十年代有全国性影响的民间文化团体中唯一一个实体机构，所以它的财务管理不仅要满足内部记账、统计、分配、激励等要求，还必须要符合国家管理机构的规制。在财务科目系列中，书院财务设计了专门的"科目系列"，比如：在一级科目"经费支出"下，设二级科目"管理经费""专项经费"等；在二级科目"管理经费"下，设三级科目"业务管理费""院务管理费"等；在三级科目"业务管理费"下，设四级科目"教学管理费""出版管理费""学术管理费"；而在四级科目"教学管理费"下，又设最基础的五级科目"工薪费""劳务费""职工福利费""办公费""会议费""差旅费"等 15 项。在"专项经费"的二级科目下，则设"导师经费""雅聚经费""宣传经费""院长经费""开发经费""基建业务经费""特支经费""修缮工程费"8 项三级科目，其下各设四级、五级科目。[1] 而且，书院还专门铅印了标以"中国文化书院"的专用"报销单""稿费支付通知单""劳务费支付通知单""误餐费和会议补助费报销单""缴款单""借款单"等至少 10 种会计凭证。[2] 在当时，一般单位的会计凭证，或用通用凭证，或单位自己油印凭证，本单位统一设计的专

---

[1] 中国文化书院"经费支出——专项经费科目体系"，1988 年 5 月。
[2] 中国文化书院印制的"会计凭证"。

用会计凭证种类之多，而且铅印，说明管理思想的前卫和凭证的使用量较大。

作为民间机构，书院的工资标准是根据自身的财务情况自定的，制定了《中国文化书院工资制度》，职务工资分 4 类 10 级，从 90 元到 270 元；工龄工资为每年 8 元。[1] 从一份 "1987 年 6 月份工资表"[2] 上，我们可以知晓 1987 年时文化书院实际执行怎样的工资标准：该月领薪共 45 人，共发放工资 5249.68 元，人均 116.66 元。最高者刘强 210 元，其次鲁军 180 元（因副院长兼秘书长鲁军 180 元，院长汤一介在此表中没有，而在另一份"汤一介工资条"上也是 180 元，估计实发最高工资标准为 180 元，而刘强该月为特殊情况，并非仅为当月职务工资）；最低 50 元为王文浩、刘文西、李中华，次低为胡述言 60 元（与李中华资格和任职相同的王守常、魏常海、陈占国、田志远等都是 120 元，估计这 50 元也是特殊情况）。这 45 人中，100 元及以上者 26 人，超过 57%，考虑到一些特殊情况，应该估计 100 元及以上工资标准的占 60%。此外，这 45 人中有 23 人有奖金和交通补贴，奖金标准最高 30 元，最低 10 元；交通补贴标准最高 20 元，最低 5 元。即使不考虑这些人中凡院领导基本都是兼职，在原单位另有工资，就以此为全部工资收入，在当时也是相当高的标准了。当时副处级的国家干部，职务工资 105 元，正处级 122 元。

在 1987 年这一年，文化书院每个月都有新购入的固定资产，全年新增固定资产总值达 451,661.05 元。

1987 年中国文化书院收支数据更能说明问题。根据 1988 年 1 月的《中国文化书院院务工作报告》公布："1987 年书院有收入的项目共计 8 项，总收入为 303.2 万元。业务费用、人员开支及固定资产的购置，总开支为 173.6 万元，加上去年结存的 4.4 万元，至 1987 年 12

---

[1] 中国文化书院"工资制度"、"其他福利项目规定"、"退离职制度"、"医疗保险制度"、"休假制度"。

[2] 1987 年 6 月份工资表。

月底，总结存为 134 万元。"从 1987 年 12 月，1988 年 1 月、2 月这三个月的资金平衡表来看，这 3 个月的货币资金余额分别为：1,280,373.87 元，1,172,160.42 元，1,103,681.35 元。[1]

年度收入 303 万，年度结余 134 万，这在今天是文化教育企业界一个小微企业的数字，但以作者本人八十年代的经历来看，这却是一个惊人的数据！有两个可以比较说明的例子：一、1987 年时，四川人民出版社汇给"走向未来"丛书编委会的丛书和杂志办公经费、劳务和活动经费为年度 3 万元 [稿费和每本书 80 元的特约责编费、杂志按千字几元计的编辑费出版社直接寄给个人，大型专项活动（如"走向未来画展"）另行协商]。[2] 二、1988 年中作者调入中国残疾人联合会，奉命负责组建《中国残疾人》杂志社，一个副局级的差额拨款事业单位，出版《中国残疾人》《三月风》《盲人月刊》三种月刊，40 人编制，年度拨款 40 多万（其中 22 万是出版盲文版《盲人月刊》的专项财政补贴），全年拨款加创收也不过 70 万左右，这在当时已是相当宽松的财务状况了。据沈昌文先生回忆，1986 年生活·读书·新知三联书店恢复独立建制时他任总经理，"我上任三联总经理之后，上面给了我 30 万块钱经费"。[3]

所以，中国文化书院在 1987 年达到年收入 303 万，是相当了不起的数据，说明它有很强的生存能力，可以走出一条民间办学的路子来。

---

[1] 中国文化书院 1987 年 12 月份—1988 年 2 月份资金平衡表。
[2] 本书作者当时任"走向未来"丛书和《走向未来》杂志常务副主编。
[3] 沈昌文口述，张冠生整理：《知道：沈昌文口述自传》，花城出版社，2008 年 4 月第 1 版，第 124 页。

第八章　内部分裂与一个时代的结束

笔者以整整一章的篇幅，来记叙中国文化书院的内部分裂事件。不仅因为此事件对书院影响之大，而且团体的内部分歧终至最重要的团队成员分裂，这也是值得分析的共性问题。

对于整个分裂事件过程的叙述，尽量不以个人的事后回顾为据，而是以当时的文件和记录为主。至于分析，主要是留给读者思考。无论是八十年代的过来人，还是八〇后及更后来的人们，在这里多一点反思，就为未来多创造一种自由度。

至于一个时代的结束，没有具体展开，正好一个内部事件搁置在一个大时代潮落的当口而已。

第1节　裂开的阵营

中国文化书院管理层从内部的正常的意见分歧到阵营的分裂，其时间的界线在哪里？在1988年7月。

第一，1988年7月，投入很大人力物力和期待的"机动车驾驶员继续教育全国统一教程"项目流产，深得鲁军信任的副秘书长魏婕，从哈尔滨回京后随即提出因病离职。离职信[1]写给另一位副秘书长田志远，田是创始人之一，是执委。其实，魏、田冲突由来已久，背后是鲁军和其他几位早期创始人的争执与分歧。魏也并没有就此离职，

---

[1] 副秘书长魏婕分家前致田志远的因病离职信，1988年7月。

而是继续着分歧和冲突，只是她的这封离职信在今天看来画出了书院分歧的一道时间线。此后，这些分歧走向公开化、白热化，书院的行政班子已近公开决裂。到了9月份，如何解决一线执行团队的分歧和冲突，已成为中国文化书院的头等大事。

第二，这个时间界线也正是当事人鲁军所认定的。鲁军说："但正在有发展基础时，书院发生分裂，其来源暂不管，程序就回顾一下，我全权负责书院，日常工作、业务、行政财务，1988年7月被打断。"[1] 鲁军这句话是在他闯入1989年9月7日导师座谈会，对着季羡林、汤一介、庞朴、王守常、魏常海、梁从诫等众多院务委员说的，可以说这个时间的界线当时并无异议。

分裂的两边又是怎样的阵营呢？

书院在八十年代的人事结构可以分为四个层次：基层是员工，员工是受薪的工作人员，或经熟人推荐介绍，或经招聘程序进入书院工作；第二层是指挥员工工作的院务委员会执委会中的"少壮派"——就是最早提出建立书院的鲁军、李中华、魏常海、王守常、田志远和陈占国、林娅；第三层是院长汤一介、学术委员会主席庞朴和参与日常工作较多的导师梁从诫、谢龙、孙长江、陈鼓应等；最上面一层是先后以梁漱溟、季羡林为主席的院务委员会全体。这次分裂，发生在第二层——日常指挥层，就是在首议发起建立书院的"几位年轻人"之间。一边是一直主持书院日常工作的副院长兼秘书长鲁军，另一边是学术委员会副主席李中华、魏常海，院务委员会副主席王守常，副秘书长田志远，院务委员陈占国、林娅也支持这一边。这个分裂的阵营一摆出，多数与少数立判，但权力集中在少数这边。基层员工自然地分站两边。第三层的汤、庞等人，开始在能力上欣赏鲁军，在感情上则倾向多数派。最上一层在相当长的时间里并不了解分裂的情况。

那么，分裂的原因是什么呢？

---

[1]《"九七"会议现场记录手稿一》，1989年9月7日。

从上面所引鲁军所说，我全权负责书院日常工作，1988年7月被打断。可以说在鲁军看来分裂来自其他几位对他"全权负责"的"打断"。为什么要打断呢？近三十年后，王守常、李中华、田志远、魏常海都一致否认由于"政见不同"，也都不认为鲁军"贪腐"。李中华说："和鲁军的冲突主要是他任人唯亲。把我们创办的几个人都踢了，大田（田志远）凉了，陈占国被赶走了，魏常海也有意见。经济上全花了。当时他和我们有'量出为入'还是'量入为出'的争论。没有怀疑他多吃多占或贪污的问题。"[1]王守常说："钱越搞越多，他（鲁军）牛皮哄哄了！桑塔纳车只能鲁军坐，他定的事别人不能提意见。完全没有政治观念冲突，都是工作方法冲突。冲突的原因就是财政不行了，钱感觉少下来了，不是没钱花了。一次鲁军与李中华争'量入为出'还是'量出为入'，鲁军说'花了钱才能挣钱！'。"[2]田志远说："冲突的起点在我和鲁军，但记不清具体事由了。冲突无关政治观点，是对钱的支配权问题，不是怀疑贪腐。最大的冲突还是没钱时可以一起混日子，有了钱感觉不一样了。鲁军认为钱是他赚的，人是他找的，得他做主。出现掣肘、不同声音，他不容忍，渐渐连对汤先生也不客气了，而他认为书院就是他的。"[3]看来，从根本说，分裂是一场所有权之争。遗憾的是，当时，无论汤、庞还是季先生都没有看到这一点。

第2节 秋风中的分家

1988年9月13日，汤一介院长主持扩大的院务执行委员会会议，会上，王守常、魏常海、田志远、李中华等对鲁军当场摊牌，直指其过。王守常说"鲁军有功劳，但不是全能的"，甚至表示仍然这样"我退出"。魏常海历数各种事例说明鲁军专权任性，"秘书处的人事变动，

---

[1] 2015年12月21日李中华访谈。

[2] 2015年11约11日王守常访谈。

[3] 2016年4月14日田志远访谈。

迅雷不及掩耳,不能容忍。同室操戈,相煎何急!""鲁军有大毛病,虽不全是为自己,但如此搞法,要将书院搞垮。""鲁军管财、人,我不放心。"田志远则一一指出财务和行政工作中,如何受到鲁军掣肘。李中华归纳,"面临的危机是经费上和管理上","经济上危机的来由,是量出为入;管理上的危机,是长官意志,目中无人,不相信集体意志"。林娅也主张"加强集体领导"。这些批评足够坦率而尖锐,但没有人身攻击。作为另一方,一直是执掌书院行政大权的鲁军,对一些事实做了解释,也承认"我的缺点:过于追求发展,用人不当",而说明用得不当之人则是田志远。鲁军说,按他的理解,"院委会——立法、司法;院长、秘书长——行政。""我不赞成任劳任怨、忍辱负重。人们愿望大家同做一件事,都插嘴",他希望"收缩业务,加紧开发","收拾局面,挽回下降"。最终,会议达成了一个调整分工和管理的决议。[1]

"九·一三"执委扩大会议的决议是公开冲突后的一次维护大局的努力,方式是不判是非,避免破裂,但在保留鲁军现有项目"领地"的前提下,对其他执委扩大分权,书院整体的管理权由院长统管,"所有部门对院长负责,副院长协助院长工作",尤其是"由鲁军和魏常海负责财务管理,须由两人会签"。该决议在9月14日的院行政会议上宣布,并就此发出"关于调整书院管理制度的通知"。[2]

在该通知打印件末,有一行汤一介手写的小字"汤一介同意发送9月19日"。为什么9月14日的通知要拖到9月19日才发出?因为还未发出,在打印过程中即出现矛盾,对决议内容发生争执,文件打印、收回、修改、再打印,几次反复,直到这个第五稿。

庞朴事后向院务委员会通报情况时说:"9月13日召开执委会扩大会,会上决定基本维持原体系,但重新明确分工。以后问题没解决,矛盾反而继续加强,决议本身的起草、印刷、分发时都出现纠纷。此

[1]"九月十三日记录",1988年9月13日。
[2]《所谓"调整书院管理制度决议"的形成过程》(附"九·一三"会议决议前后五稿),1988年9月。

决议经打字、印刷人员的修改,再经院长重新修改,发下时已很晚。以后书院员工要求对话,这是群众自己组织的,两次会是两个倾向的人员参加的。"[1]

这几次对话会,也被称为"责询会",自然落入一种没有程序的民主中间,意见越谈越多,分歧越扯越大,情绪越搞越坏,旧的问题没有在"九·一三"决议后解决,"九·一三"决议本身又成为问题(李中华要查决议的底稿,鲁军承认"我通过汤一介影响了后一稿"),甚至有人在会上直呼"文化书院应寿终正寝了"![2]

文化书院院务委员会是老、中、青的结构,本来是"青"在一线干,"中"把关,"老"的精神感召。现在,一线的"青"们分裂了,工作人员也自然随之分派;"中"的牵头人汤一介也被分裂的风波卷入,已左右为难。庞朴被推出来协调。"九·一三"决议"基本维持原体系",强化"管理权由院长行使",是往"统"的方向走一步,既然走不通,就干脆往"分"的方向走。"9月底,10月1、2日季、汤、庞研究了一个方案,将书院分为两个院。"(庞朴语)[3]

这个方案在10月3日的会议上讨论,虽然王守常表示:"冲突的焦点,是集权的领导,还是分权与统一管理,不可调和,故目前接受分部的建议,虽然它不是最好的方案,今后两部应有一定的规矩。"但孙长江表示:"不同意分,决策要慢。"丁守和表示"不同意分",建议"扩大人员来研究制度与办法"。牙含章、谢龙、张岱年都赞成不急于做决策,再考虑一个时期。石峻并代表戴逸提出要"同心同德,发展改进,忍让。表示我们的善良愿望"。陈鼓应转达了"梁从诫主张分开来做一段时间",但他本人还是认为"目前不宜急于决策,良性竞争可能变为恶性竞争,和为贵"。于是,此方案被否决。会上,

---

[1] 院务委员会记录本1988年7月15日—1988年12月3日。

[2] "9月29日晚"记录,1988年9月29日;"10月7日晚责询"记录,1988年10月7日。

[3] 以下"庞朴语"均为1988年11月20日庞朴在院委会上的说明,院务委员会记录本1988年7月15日—1988年12月3日。

鲁军给大家算账，说明书院的资产状况并不糟糕。"开发失败，这是常规。"鲁军说，"书院的性质，除目标外，仍有生存的问题，它是个个体户，但又要服务于科学。""我一直没有安全感，冒风险，得罪人。"[1]此"个体户"一语实乃鲁军的心里话！

10月3日会后有了季羡林、汤一介、庞朴、陈鼓应、包遵信、孙长江、谢龙、丁守和、朱伯崑九人小组。"九人小组成立后，当天下午开始工作，直至10月7日，先集中听取几位青年领导的意见，他们对院务委员会的意见，然后分别听取他们对工作的意见，双方在一起辩论，又开过听证会，后议定四个方案：1.增设一院长、一副院长；2.扩大执委会职权范围；3.维持现状；4.维持现状，扩大执委会权力。10月11日第四方案传达至双方领导人，但未被接受。"（庞朴语）如何不接受？魏常海认为是从9月13日会议的"退步"，要求"加院长、副院长，或——分家"。田志远说"现在是鲁军干错事，大家擦屁股"，建议"免去他，或增一至二名副院长，分管工作，因鲁军已无力全面管起来"。李中华直言"失望"！批评此方案"以和为目的，以不损丧面子（鲁）为条件，指导思想有问题"，"半月前仍有合的幻想，半月后已全破灭，因鲁军更后退，无诚意。代表小组仍从主观愿望出发，而对客观不了解，相信鲁军"，并提出发生争执的"五人都回避，另请高明。或四人回避或鲁军回避"。[2]在这些交涉、争执的记录中，鲁军的发言很少，尤其没有指责性、批评性发言，是因为他处在被动的局面？是因为选择性记录？还是他已经不想用语言而准备用行动解决分歧？我们不得而知。

九人小组"10月13日又搞成一方案，即仍将书院划成两个部，人文部偏重于理论，社哲部偏重于实践，将现有业务、人员、资产做了分配。此方案向员工宣布，然后是一些具体工作，如员工归属、大宗业务归属、资产分配、流动资金的划分等"（庞朴语）。看

---

[1] "10月3日"记录，1988年10月3日。
[2] "10月10日上午"记录，1988年10月10日；"10月11日晚"记录，1988年10月11日。

来，分是双方接受的现实，无人硬顶。员工归属采用了双向选择的原则，每个员工填一张"选择志愿登记表"[1]，可在院部、李中华执掌的人文科学部和鲁军执掌的社会哲学部三者之间排列一二三个志愿。

10月下半月期间汤一介和庞朴有几次函件往来商量分家的具体事项，当然，他们面商一定更多。16日汤一介给庞朴信[2]，告之他想到的八件事，多是具体事务，如两部以后的财务签字，乃至两部信件如何收发等事。信尾除了"一切谢谢。顺祝安好！"，还有一句"希望你别头痛"。信入信封，信封背后还要加一句"李中华部的资金存入哪个银行请再和他们商量一下"。从此信可知：一、当时是庞朴在第一线代表九人小组和双方洽谈；二、汤一介牵挂之心跃然纸上。30日庞朴把修订好的汤一介起草的《关于中国文化书院下设两个开发和管理部门的决定》《关于中国文化书院现有财产分配使用的决定》《关于中国文化书院经费问题的决定》返回给汤先生，并说明修改之重点。[3]这三个文件以分设两部决定为主文件，以财产和经费分配为配套文件（这三个文件均收录在本书附录）。

这三个所谓"书院分家"的文件，汤、庞既要让分裂的两方接受，又要尽可能保全"院部"的权力和利益，思虑缜密，遣词谨慎，但毕竟不是出自法律专业人士之手，对违约处置一概没有约定。虽然在资金的分配上鲁军主持的社会哲学部（60万）明显多于李中华主持的人文科学部（25万），但鲁军从主持全局到分管局部，还被免除了秘书长之职，显然是一种打击。

需要说明的是，这三个如此重要的文件都是汤一介手写，季羡林、庞朴、汤一介签字，鲁军、李中华二人则签字并注明"遵照执行"。

---

[1] 分家时员工"选择志愿登记表"，1988年9月。
[2] 汤一介就分家执行事项致庞朴信，1988年10月16日。
[3] 汤一介手写"设两部决定""财产分配决定""经费问题决定"草稿及庞朴的修改并给汤一介的信，1988年10月30日。

这样重要的文件为什么不打印呢？也许是为避免上次"九·一三"决议的打印风波吧！另外，三个文件中所列的院务委员会代表并没有人签字，至于为什么有了院务委员会主席签字，还要列"院务委员会代表"？也无从得知。

这三个文件的签署日期是10月30日和31日，但人员的分家已在此前完成，书院老员工方兵根据他当年的日记证实："开会公布了分家、员工选择的结果，李中华这边人多，我们社会哲学部人较少，十几个，10月20日我被正式分到鲁军的部。"[1]

"分家"的本意是要为下滑的局势支起一个阻挡的平台，但以后的情况却是它成就了下滑的加速度。

第3节 院务委员会对"分家"的态度

"分家"的文件签署并基本执行后，1988年11月20日召开了院务委员会会议[2]，庞朴代表九人小组向院务委员会汇报了调整乃至分家的过程和最后结果。为什么会分家？庞朴说："我认为有两个问题促成此举：一是思想问题，一是具体问题。经营思想、管理思想有分歧，一种观点倾向于更大胆一点，即量出为入，一种观点是不同意大手大脚，要求量入为出；一种倾向于更资本主义一点，一种主张不能乱发奖金和对工作人员不负责任。在具体问题上，从开办书院至今，有许多的问题有误会和分歧，特别在金钱上、人员用退上，具体的未得到及时的谅解和澄清。"分家后的前景如何？庞朴说："我觉得目前的方案并不理想，也不是很合理的，但较现实。我希望有一天我们能重新庆祝书院的联合。"

季羡林、张岱年、任继愈、陈占国、梁从诫、牟小东、汤一介、

---

[1] 2016年6月6日老员工座谈。
[2] 本节材料来源均为1988年11月20日院委会会议记录，院务委员会记录本1988年7月15日—1988年12月3日。

阴法鲁、谢龙、秦麟征、包遵信、金克木、陈鼓应、乐黛云、李中华都在会上发了言，有的几次发言还意犹未尽。鲁军没有到会。根据汤一介的提议，会议最后决定扩大执委会，原有执委不动，增设院务委员会主席、副主席，学术委员会主席、副主席，梁从诫、朱伯崑、孙长江，两部再各选职工代表一名，庞朴为召集人；增设李中华为副院长（不知是否出于谦让，记录中李本人对增补为副院长表示不同意）。

院务委员的发言中普遍表示吃惊和惋惜，也都肯定书院的成绩，具体可以分为几种态度：一是强调要有信心，如汤一介介绍明年的几项国际活动，对书院未来有信心，季羡林则认为分久必合，也是有信心的。二是主张加强权力核心，金克木主张以执委会为权力核心，张岱年主张强化院长的权力。三是认为要以制度来制约人，任继愈、阴法鲁、秦麟征都强调了这一点。四是点名或不点名地对鲁军表示不满和批评，如陈占国、梁从诫、牟小东、谢龙的发言，梁从诫尤其激烈，"将书院当买卖干，我很反感，但有人就这样干。我觉得这是很恶劣的作风，不仅经营思想，而且做派都如此"，"难道我们是在此捞一把？如私人汽车，一次奖金5000元，这与书院原则相违，拿着老先生的招牌招摇过市"！五是肯定书院在国内外的影响和成就是主要的，不要因内部垮下去，如陈鼓应、包遵信的发言。六是包遵信提出书院的问题"既有管理制度问题，也有经验不足的问题和作风问题，但不能将所有问题让鲁军个人承担"。

总起来看，院委会普遍重视书院管理层分裂的问题了，也接受分家的现实；对书院成绩的肯定有相当部分是肯定鲁军以前的工作，所以没有一人提出要罢免鲁军的，比较多的意见在工作作风上；但多数认为要制约，或强化院长、执委会的权力，或强化制度管理（但没有人拿出已有的制度来对照、检查和进行约束）。所以，在1988年底来看，分家后相对稳定甚至重归于好，并不是不可能的事。

第 4 节 "六·一八"夺家具与"七·二一"取公章事件

分家后的中国文化书院,院部、人文科学部与社会哲学部的员工们,虽还在一个楼里上班,但已互不往来,甚至在楼道里相遇也不打招呼,形同陌人。这不是一种可以长久的状态,大家都在心里嘀咕着后面会是什么?

方兵根据日记回忆:1989 年 1 月 2 日鲁军在家中开会,商量发展规划,决定自己建立中国企业文化研究院、中国气功哲学研究院等。2 月中国企业文化研究院正式成立,在浙江注册。4 月初,鲁军把社会哲学部从人大附中搬出,到了通广大厦。[1] 鲁军此举违规吗?以他中国文化书院副院长、社会哲学部负责人的身份,不向院务委员会做任何说明,独自在外建立新的机构,又不打招呼就把社会哲学部擅自搬走,显然是加剧分裂的行为。但是,从另一个角度说,文化书院的领导层都是兼职(当时梁从诫已是书院专职人员,但还未任书院领导),书院的规章制度并未限制院领导的其他兼职或创业活动,书院有关"分家"的文件中只是规定现有人大附中的办公房使用划分和房租承担,没有限定社会哲学部只能在此办公,所以,鲁军此举也不能说违反了什么规章。当然,院务委员会和院长是有权主动干预的,但没有干预。不干预,各干各的,也许以为时间也可以成为一种黏合剂?

邻里间,家庭中,单位里,一个小组织的内部问题,往往在大事变的冲击下改变其原有的路径。1989 年 6 月的中国,国家和民族前途的大风波、大震荡,使许多人突然觉得个人的、小团体的争斗、得失、输赢变得如此无聊与不值,从而前嫌尽释。但也许,有人却就此看到了可借用的力量,或是对方的软肋?

---

[1] 2016 年 6 月 6 日书院老员工座谈。

1989年6月18日[1]，周日，书院负责传达与收发的老太太裴淑华8点40分到书院办公室，却发现大门开着而没有人，进而令她大吃一惊的是：许多办公室的门被撬开了，里面的物品全被搬空！书院租的是人大附中的办公房，随即到附中保卫处报案。邻居说，6点多来的，8点多走的，两辆解放牌卡车、一辆北京130型卡车、一辆印有"北京大学"字样的小型卡车、一辆白色小卧车，走时印有"北京大学"字样的车上挂着地毯，解放牌卡车上有家具，共十几个人。人大附中保卫处的同志说："因门是白天被撬的，我们以为是搬家，同时这是书院内部的问题，我们也不好插手。"[2]这个周末，鲁军的社会哲学部来人突击撬了院部和人文科学部的一些办公室，搬走了里面的家具物品。[3]鲁军选这个时间撬门抢物，是自恃有凭借或料定你们不敢有所作为？还是没有多想率性而为撬门抢物也只是出口气而已呢？不知道。

显然，当时院部和人文科学部的头头脑脑们都不明白鲁军想干什么，还是作为内部纠纷来交涉。汤一介说："6月18日鲁军先生让社会哲学部的工作人员杨亚力等把属于院部的家具大部运走，而且还拿走了人文科学部的一些东西。我们曾找鲁军谈过，希望他把东西交回来，或封存，等以后再解决。他没有接受我们的意见。"[4]对于这次找鲁军，鲁军表现很狂妄，王守常在26年后记忆犹新："'六·一八'下午我和汤先生、李中华去鲁军办公室，鲁军指着汤先生说：'汤先生你

---

[1] 关于"1989年6月18日"这个日期，绝大多数当事人的记忆都认为不对，有的记得是1988年，有的记得是1989年7月或9、10月，大部分当事人一致否认是"89.6.18"。然而，当时留下的所有文字材料，包括事发时的记录，此后几个月中的交涉信件、会议记录，及此后一年中向有关领导反映情况的文件、律师起诉材料，全部记录的时间都是1989年6月18日。可见，单凭记忆并不可靠。

[2] 裴淑华口述、徐兰婷记录："关于6月18日事情的叙述"，1989年6月24日。

[3] "据回忆办公平房物品丢失情况"（院存015中此件为裴淑华叙述的附件），1989年6月24日；"被告鲁军1989年6月18日劫夺中国文化书院财物清单"，《起诉书》附件一，1990年12月20日。

[4] 汤一介就鲁军问题分别致庞朴、梁从诫的信，1989年7月21日。

今天有这么大名声都是我抬起来的！'"[1]而且，狂着的鲁军，并没有就此止步。

1989年7月21日下午，在院部负责保管书院公章的田锐接到通知，鲁军副院长约去谈话。田锐赶到在通广大厦的鲁副院长办公室，一谈就是几个小时，谈话中鲁军提出要收文化书院的公章，田锐即说要通知魏常海或汤院长，鲁军不同意。等田锐回到书院，书院公章和人事章已被取走。[2]鲁军倒是明人不做暗事，取章人留下一张字条：上面是"田锐：现按鲁军副院长的指示，前往你处取回书院公章。杨亚力1989年7月20日"，下面是鲁军的批示："望田锐同志按我的意见办理。鲁军7月20日。"[3]看来原计划凭鲁副院长手谕取章，后又觉得不保险，临时演了一出"调虎离山"。高小梅[4]在事发十天后写的情况说明是："7月21日下午，有一男同志来找田锐，说是田锐的同事要取件东西。当时我正在看孩子就让他自己找，他走时告诉我留下一张条子在抽屉里。"如此，来人就堂而皇之地取走了院章和人事章，还行不更名，坐不改姓地留下字条一张！

抢章夺印（不管是武抢还是智取）是"文革"时夺权斗争的标准程式，当代中国人重印章不重签字，似乎章为公、字为私。公章是权力的象征，所以夺权要抢章。但章并不是人的象征，并不是人心的象征。

---

[1] 2015年11月11日王守常访谈。但是魏常海认为这个记忆的时间肯定有误："'六四'后汤先生绝不可能和鲁军见面！汤先生更不可能6月18日带两人去鲁军的办公室。他们去乐先生的表姐妹家躲起来了。"（2016年4月7日魏常海访谈）乐黛云也估计时间可能不对："'六四'后，6月10日前，我们躲到我妹妹家，躲了两个礼拜。"（2016年5月16日乐黛云访谈）但是，汤一介在6月18日至7月21日之间见过鲁军是他给庞朴、梁从诫的信中说明的，所以王守常记忆最多有前后数天或十数天之差，不会是无中生有。

[2] 田锐：《书院公章及人事章被社会科学部拿走经过》，1989年8月1日。

[3] 鲁军的批示和杨亚力致田锐的取章条，1989年7月20日。

[4] 田锐是外地人，当时住在书院办公室。书院员工资料中没有高小梅的记录，据2016年6月6日老员工座谈会有人回忆，高小梅是田锐的妻子，那时和孩子都住在书院办公室。

即使不去关注1989年6、7月的特殊时间背景，半年前"分部"，尚是兄弟分家，清官难断家务事；如今"撬门抢物"和"擅夺公章"，已是同室操戈，是非自有公论了。

第5节 超越底线的动作

1989年7月21日当天，汤一介就给庞朴、梁从诫写信，面对"院章抢走"，院长自无法坐视，"我建议在适当时间召开有全体导师参加的扩大院务委员会，讨论如何处理鲁军先生的问题以及中国文化书院今后的工作问题"。办公室被撬，财物被抢，如今又夺院章，是被逼到墙角了，先生处事，还是待"适当时间"。[1]

8月16日，院务委员会主席季羡林和副主席王守常发函要求鲁军交还公章[2]，没被理睬。

石头滚落，不砸到底，坠势不止。何处为底？学问人往往难以窥测。

1989年9月4日，一份编号为"(89)院字第1号"，标题为"关于结束中国文化书院分裂与混乱的局面全面开展清理整顿工作的决定"的中国文化书院文件，"发至：书院导师、各处室"，"报至：北京市委清查办、北京市国家机关工委、中央统战部、国家教委、北京市成人教育局"，"抄送：北京大学、社会科学院、中国人民大学、北京师范大学"。文件上堂而皇之地盖着7月21日被"取走"的中国文化书院院章，文件中义正词严地宣布："自1988年6月以来，以院领导机构中的汤一介、庞朴、李中华、王守常、田志远等少数成员，为达到攫取更多的权力和金钱的目的，开始了有计划地分裂书院的活动"。所列罪状有："不顾以副院长鲁军为代表的大多数导师和书院员工的反对，打着'引进竞争机制'的幌子，强行将书院分为'院

---

[1] 汤一介就鲁军问题分别致庞朴、梁从诫的信，1989年7月21日。

[2]《鲁军同志的主要错误》。

部'、'人文科学部'和'社会科学部'（原文如此，应为'社会哲学部'——作者）三部分。""他们利用职权之便，大量侵吞公款，并私分书院公有资产中饱私囊"，"特别是在今年北京发生动乱和反革命暴乱期间，'人文科学部'和'院部'两次组织员工参加非法游行、声援、演讲等活动，并为非法组织提供会议场所"。为此，通告成立"中国文化书院清理整顿领导小组"，"清理整顿小组由丁守和、王文嘉、鲁军、张晋藩四人组成。组长由王文嘉先生担任。"[1]（丁守和、张晋藩两位书院导师都不认可此文件，而与书院无关的王文嘉则据说是鲁军的亲戚。[2]）

两天后的9月6日，文化书院的导师们又收到"（89）院清字第1号文件"《关于解除汤一介等人在中国文化书院所有领导职务的决定》："经中国文化书院清理整顿领导小组研究决定，自即日起解除：汤一介、李中华、王守常、田志远在中国文化书院所兼任的一切职务。考虑到上述人等均为本院的兼职工作人员，其人事、党政关系均不在本院，因此，本院对他们所犯错误和违法活动的证据材料，将分别移交其所在单位和司法机关做出相应处理。"[3]导师们同时收到的"（89）院清字第2号"文件《关于公布中国文化书院清理整顿工作第一批调查材料的决定》[4]，有三个附件：《附件一：关于汤一介涉嫌贪污的部分调查材料》[5]，指控汤一介把星云大师捐献给书院的1万美金支票私自拿到中国银行兑换成美元现金取走，涉嫌贪污，还提供了由汤一介签字的银行取款条复印件和会计"没有接触过这笔钱往来"的证明复印件；《附件二：关于我院人文科学部非法出版淫秽书籍〈风流花债〉的

---

[1] 中国文化书院文件（89）院字第1号，1989年9月4日。
[2] 2016年4月7日魏常海访谈时说"王文嘉是鲁军的姐夫"。
[3] 中国文化书院文件（89）院清字第1号，1989年9月6日。
[4] 中国文化书院文件（89）院清字第2号，1989年9月6日。
[5] 中国文化书院文件（89）院清字第2号，《附件一：关于汤一介涉嫌贪污的部分调查材料》，1989年9月2日。

调查材料（之一）》[1]；附件三没有标题，只有如下一段文字和一张照片："关于损害书院利益的非学术活动的部分材料，现已查明，汤一介、王守常等利用中国文化书院的名义干了大量违反书院宗旨，性质严重的非学术活动，给书院的生存造成严重危机，这里仅公布他们组织书院部分员工上街游行的事实。五月十七日、五月二十六日两次组织上街游行。这里公布的是香港《摄影画报》第287期刊登的照片。"[2]

到这里，汤一介看清楚了，导师们也都明白了。坠石下砸，底在何处？被指控为贪污、涉黄、动乱，岂不是陷之于绝地？原来底在死地，是非要置人于死地而不可。不过，看来中国文化书院鲁副院长也并不真正懂得中国文化和文化人，中国文化讲恕道、守弱势、为忍者，但柔能克刚，忍者有韧，百折不挠，置之死地而后生，"虽万千人吾往矣"的，也正是中国文化啊！

第6节 解决问题：27：1

鲁军他们搞的所谓"（89）院清字第2号"文件指控汤一介他们的贪污、涉黄违法活动，澄清得很快：所谓汤一介把星云大师捐赠给书院的1万美金支票私自拿到中国银行兑换成美元现金取走，其实那张被兑换的支票是美国"国际宗教基金会"汇给汤一介个人名下，用于"中国宗教的过去与现在"会议费用，自然要取款开会；而此前两个月星云法师通过傅伟勋先生转交给汤的捐款，汤一介说明："交给我的是壹万美元现金，并用佛光山红衬套装着，我把事先写好的由我签名盖章的收据交给了傅伟勋先生。由于鲁军一向不遵守书院规矩，我们怕他用不正当手段窃取星云所赠壹万元，因此不敢把这壹万元放在

---

[1] 中国文化书院文件（89）院清字第2号，《附件二：关于我院人文科学部非法出版淫秽书籍〈风流花债〉的调查材料（之一）》，1989年9月4日。

[2] 中国文化书院文件（89）院清字第2号，《附件三：关于损害书院利益的非学术活动的部分材料（游行）》。

1989年4月台湾佛光山星云大师向中国文化书院院长汤一介先生赠送佛学词典

书院,但在书院保险箱内留有一纸说明原因。这笔美元6月5日前存我处,6月5日后存院务委员会副主席王守常处。"[1]王守常在1989年8月19日就写过一份《关于星云法师捐赠书院壹万美金情况说明》:"星云法师来访大陆时,向我书院捐赠一万美金及佛学词典一部。佛学词典一部现存于我院图书馆。美金壹万元原存于汤一介先生处。汤一介先生在6月5日将美金壹万元转交我保存。为防备鲁军以非法手段窃取此钱,我将现金存于手中,留一证明存于院部保险柜出纳箱中。特此说明。王守常89.8.19"。[2] 而指控出版淫秽书籍《风流花债》,"事实是,所谓'淫秽书籍'只是鲁军个人强加于这本书的诬蔑之辞",书院和出版社只是包销合同,不存在"合作出版",出版署图书管理

---

[1] 汤一介:《关于星云法师捐赠中国文化书院壹万元问题》,1989年9月5日;汤一介:《关于汤一介涉嫌贪污的部分调查材料的问题》,1989年9月7日。

[2] 王守常:《关于星云法师捐赠书院壹万美金情况说明》,1989年8月19日。

司不准该社出版此书，也只因文艺小说不属于该社出版业务范围。[1]

至于所谓包遵信利用书院的会议室开会（去年分家时却是包遵信为鲁军陈词"不能将所有问题让鲁军个人承担"）和部分书院员工游行等"几件应说清楚，并认真检查的问题"，汤一介虽事先不知情，但在1989年9月10日的《五年来中国文化书院工作汇报》中也向主管机构一一做了说明和澄清。[2]

该怎么对待鲁军呢？以后该和他如何共事呢？还能有以后吗？

对于解决鲁军问题获得共识，是在一次意外的针锋相对中。

1989年9月7日，中国文化书院院务委员会主席季羡林召集部分导师在北京大学勺园开座谈会，原意是要就近期的书院情况通通气。会议通知在9月4日发出[3]，此后两天恰恰大家都收到了鲁军所发的清查文件、解除汤一介等职务文件和公布所谓汤一介涉嫌贪污等问题的材料。对于这种做法和这些材料，大家都是过来人，都懂，也都有话要说。

9月7日到会的导师有：牙含章、牟小东、阴法鲁、侯仁之、季羡林、孙长江、梁从诫、谢龙、魏常海、庞朴、张岱年、乐黛云、汤一介、王守常、林娅、方立天、石峻、陈鼓应。[4]季羡林主持会议，刚开始没多久，未被邀请的鲁军带领书院社会哲学部的八名员工，携摄像机、录音机闯入会场，季羡林等责令不许录音录像、非导师退出会场，鲁军等坚持："既然来开会，干吗怕录？"[5]直至燕园派出所民警前来干涉才退出会场。

后经导师们商议同意，请鲁军和社会哲学部的一名职工代表进来

---

[1]《鲁军同志的主要错误》。
[2]汤一介：《五年来中国文化书院工作汇报》，1989年9月10日。
[3]"九七"会议通知，1989年9月4日。
[4]"九七"会议到会导师签到件。
[5]此段"九七"会议的记叙中凡引号中的引文，均见《"九七"会议会议现场记录手稿一》，1989年9月7日。

参加会议。此后的会议基本是众导师对鲁军的责询和谴责。季羡林说："我们不怕录音，我们开座谈会不请你可以，有你的机会讲话。我说悬崖勒马！什么意思？书院成立你有功，你有本领，有前途，不能否认。但你的道路要注意。"最后直言："你走的路危险。"陈鼓应说："过去我较偏鲁，近日看到此事。"又说："我昨日收到你的东西，几点不妥，清查小组，有另一朋友在，认为有搞'文革'的味道。有些内容对书院有损害，但有几点较重，起先我听说汤跑了，后说汤贪污，特别有一点很伤我，涉及以政治手段做政治构陷。"谢龙说鲁军等与他说过多次，说院务委员会是由少数人操纵的，他根本不承认；院务委员会主席季羡林还是他鲁军任命的。张岱年即说："季非鲁任命，鲁说这话无耻！"孙长江说："你鲁军以副院长名义送导师、请开会可以，但要建清查组，丁（丁守和）说他不知此事。……鲁军你就算是公安部人，也应该通知一下！"林娅说，她今天7点30分找张晋藩，"张说鲁（昨夜）12点左右才走，给我送来文件。一、我拒收文件，也没看；二、我对文件所讲任何事一律不负责；三、当时责令鲁将所发文件全部追回，希望转告汤和会议。按道理以个人名义发文件本身就是违法的"。当谢龙说鲁军的部下告诉他"鲁捞不到书院也要砸掉"，张岱年愤慨地说："这是违法的，他哪有权搞这个，与谁商议过？我没想到书院搞到这样，争权夺利，很要不得。搞成这样砸了也行！我们导师很惭愧。鲁诬告汤许多事，我这话不怕录，你无资格搞，你还诬告，不符合事实，没想到为了1万美元就不顾道德！"谢龙作为文化书院的主办单位北京市高校哲学教学协会会长，他最后说：为了吸取6月18日事件的教训，我请教了法律界人士，鲁军的行为是非法的，我认为要解决书院问题就首先要彻底纠正一些事情。对鲁军所抢走的一些家具和物品，要申报数量和存放地点；已宣布作废的公章鲁军又使用了[1]，这

---

[1] 中国文化书院原繁体字院章1988年10月遗失，1988年11月6日登报声明作废，并报公安局备案。但1989年5月3日，鲁军使用这枚已作废的公章，向北京友谊医院出具愿意承担马礼堂先生住院费用的证明。见《鲁军同志的主要错误》。

是非法的,应承担责任,而现有的公章应尽快交回;至于他成立的清查小组是非法的,材料发到什么地方,都应全部收回,否则就要考虑鲁军还能不能继续担任职务。如果他不纠正错误,能否做出停止他工作的决定,这一点可分别征求导师意见,由季羡林、汤一介先生来做组织上的处理。至于政治清查已由市委责成北京大学处理。凡是有触犯法律地方,要诉诸法律解决,建议书院聘请法律顾问。[1]

9月12日,汤一介以中国文化书院院长的名义致函各位导师,送上《鲁军同志主要错误》和《九月七日部分导师座谈会纪要》,并告"书院院部及院务委员会主席、副主席,以及主办单位北京市高校哲学教学研究会共同研究对鲁军的处理意见,将于近期向各位导师通报。也希望各位导师能向院部或院务委员会提供鲁军的错误"。[2]

9月14日,一份将鲁军免职除名的提案[3]在中国文化书院院务委员中传签:

关于免除鲁军同志副院长及书院一切职务并从中国文化书院除名的提案

一九八九年九月十四日

鲁军同志置书院宗旨、制度于不顾,采取非组织程序,擅自印发文件,打击诬陷同志,窃取院部财产及书院公章,非法使用作废公章行骗,几经院务委员会制止,仍屡犯不改,致使书院工作不能正常进行,于院内外造成极其恶劣影响。鉴于此,院务委员会主席、副主席、院长提议:免去鲁军同志副院长职务及书院一切职务,并从中国文化书院除名。

---

[1] 此段"九七"会议的记叙除引号中的引文外,均见《部分导师"九七"座谈会纪要》。
[2] 汤一介就鲁军问题致各位导师的信,1989年9月12日。
[3] 《关于免除鲁军同志副院长及书院一切职务并从中国文化书院除名的提案》,1989年9月14日。

《关于免除鲁军同志副院长及书院一切职务并从中国文化书院除名的提案》签名文件

同意此提议的院务委员请签名：
季羡林　张岱年　汤一介　王守常
谢　龙　阴法鲁　冯友兰　侯仁之
梁从诫　乐黛云　何兹全　任继愈
陈鼓应　石　峻　牙含章　牟小东
朱伯崑　金克木　庞　朴　孙长江
袁晓园　魏常海　林　娅　陈占国
秦麟征　李中华　田志远

一张微微发黄的4开白纸，手写的提案，27个签名，中国当代文化史群英汇此。这张纸上一共28个名字——被罢免者鲁军和签署罢免文件的27位书院院务委员,一边1个,一边27个,而且是如此这般的27个啊,如果套用政治学上以一个人的对手来衡量他的分量,不禁感慨:值也,鲁君;而又想,要是这1个归汇于队,又会是怎样的合力:惜也,鲁军!沉舟侧畔千帆过。

10月20日,季羡林代表中国文化书院院务委员会签署发出《中国文化书院关于免去鲁军同志在书院所任各项职务并不再承认鲁军同志为书院成员的决定》。[1]《决定》第一条肯定鲁军对书院有过的贡献:"鲁军同志是中国文化书院最早的成员和创办人之一。几年来,他在书院创建和发展的过程中,曾做过很多工作,对书院有过较大的贡献。"第二、三、四条列数鲁军所犯的错误。第五、六条分析鲁军错误对书院的影响和危害。第七条为决定的产生及生效:"基于以上事实,中国文化书院院务委员会主席、副主席和院长经慎重研究后,向院务委员会郑重提议:免去鲁军同志在书院担任的副院长以及其他各项职务,并不再承认他为中国文化书院成员。这项提议经院务委员传阅,在全体(包括鲁军)33位委员中,有27人表示赞成,1人反对,2人弃权,3人由于在国外等原因未能表态,从而获得了通过,成为中国文化书院院务委员会的正式决定。这个决定自即日起生效。"第八、九条为决定公布后的执行及决定之备案情况。

11月1日,中国文化书院院务委员会主席季羡林、副主席王守常签字发出给鲁军的通知函,通告对其的处理决定,并要求鲁军11月11日交回书院公章,11月16日办理其所使用的公用财产交接。[2]

1989年11月,院务委员会执委会"决定撤销社会哲学、人文科学两部,恢复一元体制。目前,将人文科学部先行并入院部,社会哲学部待鲁军问题解决后再做处理。决定请梁从诫先生、林娅先生出任

---

[1]《中国文化书院关于免除鲁军同志在书院所任各项职务并不再承认鲁军同志为书院成员的决定》,1989年10月20日。

[2] 关于对鲁军的处理决定给鲁军的通知函,1989年11月1日。

副院长"。[1]在一年前分家时,庞朴说过:"我希望有一天我们能重新庆祝书院的联合。"这一天来了,有谁能庆祝?没有共赢,也没有胜者,只是劫后余生、遍体鳞伤的存在而已。

至此,解决鲁军问题应该是可以画上句号了。但在文化书院的档案资料中却还有1989年12月给党和政府最高领导层人员[2]、新华社国内部[3]呈送的有关反映鲁军问题的材料——《发生在1989年夏秋的一场"文革"式丑剧——中国文化书院在动乱期间是怎样遭到破坏的》[4]。不过,这些信和打印的材料均未签字用章(当时院章为鲁军所据,书院文件除签字外盖法人代表汤一介的签名章或钢印),也无从判定是否发出。

确定发出的是1990年3月,书院导师中为全国政协委员的侯仁之、金克木、袁晓园、梁从诫向政协七届全国委员会第三次会议提交了007号提案——《政府应保护有影响的民间学术机构》[5],要求制裁鲁军的不法行为。北京市人民政府办公厅的答复是:"对您们所提问题市成人教育局做了调查了解,由于中国文化书院的情况比较复杂,涉及问题较多,已将有关材料和您们的提案报送市委,现市委有关部门正在研究处理。"[6]5月,因鲁军"在他被书院免职并除名后,仍拒不归还公章等物,却继续盗用书院名义在社会上活动。问题至今得不到解决。"三位导师致函公安部俞雷副部长,"望能得到你的关心和处理",

---

[1]《中国文化书院简报1990年第1期》,1990年1月3日。

[2] 致江泽民总书记、李鹏总理、宋平同志、乔石书记、李瑞环书记,1989年12月26日。

[3] 致新华社国内政治部,1989年12月29日。

[4]《发生在1989年夏秋的一场"文革"式丑剧——中国文化书院在动乱期间是怎样遭到破坏的》,1989年12月25日。

[5] 侯仁之、金克木、袁晓园、梁从诫在七届政协上"政府应保护有影响的民间学术机构"的提案,1990年3月9日。

[6] 北京市政府办公厅:对政协七届全国委员会第三次会议第007号提案的答复(B),1990年6月22日。

并转去他们的政协提案。[1] 12月，有中国文化书院与北京大地律师事务所签署的以要求鲁军送回公章、返还财产为诉讼目的的委托代理协议[2]，以及以中国文化书院为原告、以鲁军为被告、以返还财物、赔偿损失为案由的起诉书[3]，这两份文件都有签字章和书院公章，但法院是否立案、是否开庭、有何判决则既无存档文件，也无人知晓。

这一切，在鲁军被免职除名后历时一年之久。既已驱逐，何必相煎之急？是要以其人之道还治其人之身？岂不有违中国文化之恕道、西方文化之宽容精神？访谈中问及李中华、王守常，他们都不记得这些具体事项，但估计是因为鲁军一直以文化书院的名义在外活动，造成两个同名机构在外打架，想要制止鲁军继续冒用书院的名义罢了。

这个说法不是无凭无据。1989年7月鲁军擅取文化书院公章后，8月就以中国文化书院和他自己办的中国企业文化研究院名义给中外比较文化研究班的学员发函，为他的"中国企业文化理论培训（研究）班"招生。[4] 甚至在他被文化书院除名后，也依然窃据中国文化书院的公章并以文化书院的名义组织活动，为此，1990年12月18日中国文化书院致函中央电视台（此函盖了书院补刻的院章和法人代表汤一介的签名章），对于鲁军等人"盗用中国文化书院名义，与贵台联名筹建'中国文化电视选题规划委员会'，进行与贵台有关之电视选题活动"提出交涉。[5] 确实，鲁军在1990年5月、10月两次以中国文化书院的名义与中央电视台会谈，"决定由中央电视台和中国文化书院联合筹组'中国文化电视选题规划委员会'"，并于11月3日召开了第一次工作会，鲁军以中国文化书院院长的身份出任领导小组副组

---

[1] 袁晓园、侯仁之、梁从诫致俞雷副部长，1990年5月26日。
[2] 中国文化书院与北京市大地律师事务所的《委托代理协议》，1990年12月。
[3] 中国文化书院对鲁军的《起诉书》，1990年12月20日。
[4] 鲁军以"中国文化书院、中国企业文化研究院"名义（为"企业文化班"招生工作）致"中外比较文化研究班"学员，1989年8月20日。
[5] 中国文化书院致中央电视台的函，1989年12月18日。

长,发表讲话。[1] 鲁军被除名后,如此公然以中国文化书院及书院院长的名义四处活动,对中国文化书院来说,自然是"是可忍,孰不可忍"的。

第7节 分析与追问

"鲁军事件"值得分析与追问。我们分别从"冲突的本质是什么?鲁军的误区在哪里?院务委员会的误区在哪里?"三个问题展开。

先来分析冲突,根本之争是什么?

分裂的时间界线在1988年7月,因为"机动车驾驶员继续教育全国统一教程"项目流产,感觉到资金压力,"钱感觉少下来了,虽不是没钱花了"(王守常语)。这就是失水之河见泥沙。项目进展顺利,资金充裕,就像河水满溢掩盖了分歧和冲突的石头,此时,项目流产、资金吃紧,矛盾和冲突就水落石出了。所以,所谓"时间界线"不是关键,关键在"水落",但"石头"才是问题的根本,要看看这些石头是什么。

双方冲突的表象在一笔笔开支上,一个个事件上,所谓"花钱大手大脚",给某人"5000元奖金";所谓"专权","秘书处的人事变动,迅雷不及掩耳",等等。这些表象的背后是理念之争,所谓"量入为出"还是"量出为入";所谓"长官意志"还是"集体意志",等等。但理念之争也不是冲突的本质。

"鲁军事件"的本质之争就在中国文化书院的所有权归属。在这一点上只有鲁军是清晰的,他在1988年10月分家前的协调会上说书院"它是个个体户"!这个体是谁?在鲁军是不言而喻的。所以,田志远说,鲁军认为书院就是他的;所以,谢龙说鲁军的部下告诉他"鲁捞不到书院也要砸掉"。可惜,院务委员会的大多数,对这个根本之

---

[1] 鲁军以书院名义和央视合作的工作简报,1990年11月5日。

在中国文化书院的一次活动中，鲁军（右1）与汤一介先生（右2）

争没有清晰的认识。

鲁军的误区在哪里？少则狂也，恃才傲物，这都算不得多大之误。鲁军的真正误区是在他对导师们的作用的认知上。他误判了这个时代，看不到这个时代与此前时代的根本区别。鲁军始终认为文化书院的天下是他打下来的，在他心目中先生们是他"用"的工具。鲁军"文革"后期以工农兵大学生的身份进入北京大学，老知识分子被判定为"夹着尾巴做人"，他自是耳闻目睹。创办书院后，搭起舞台，让老先生和教授们上台，掀起阵阵文化热的飓风，也许，在鲁军看来，策划者是他，搭台者是他，导演者是他，刚从"文革"中抬起头来的先生们本无事可做，只是按他的脚本上台的演员而已。所以他敢对汤一介先生说："你今天有这么大名声都是我抬起来的！"他也敢说季羡林先生的院务委员会主席是他任命的。"狐假虎威"的故事里，狐狸是明白的，不明白的是老虎，或者老虎也是明白的只是宽宏大量地成全狐狸。但要真有一只不明白的狐狸呢？

对时代主角的误判，鲁军在分家后的半年里就应该清醒了：分家后那些似乎没有组织能力、没有管理能力、没有社会资源的攫取与使用能力的先生们，一个一个的学术会风生水起，而他另立炉灶的中国企业文化研究院却相形见绌。他是何等聪敏，他不会不明白时代变了，社会、人们真正需要的是谁。其实，这时候他有条件回头，但他立悬崖而不返反进，这就出来了所谓"鲁军之恶"（庞朴语）。[1]

"鲁军之恶"不在争权夺利，不在他认为书院就该是他的，甚至也不在他对先生的狂悖之言。"鲁军之恶"不在于他的目的，而在于他的手段没有底线。为了达到目的，手段上无所不为，程度上无所不用其极。这个"恶"不属于鲁军个人，这是鲁军的不幸，这颗恶疮，百年来在我们民族的肌体上一直溃烂着！

放下个人的感情和敬意，以对待一段历史的敬畏态度来看，院务委员会也是有误区的。先生们在道德判断上一目了然，而在鲁军所争执的本质上却看法模糊。在整个八十年代院务委员会对其权力行使方式没有明文约定，对权的制约，对利的分配，都不甚了了，反映出一种制度文化的误区。当被逼到底线后的反击，除了付诸表决、政协提案、授权律师这些正常的维权做法，还寄望于最高层的个人特殊干预——求助权力的法外干预，虽然没有任何结果，甚至许多文件未必送出，然就中国文化的观念来说，季札系剑，乃心许之；此念已动，因果已起——从而失去了一个高屋建瓴的道义制高点。当然，先生们是有底线的，没有无端无据之词，甚至不抹煞历史，不否认对手的既有之功。

当1989年过去，除名了鲁军的中国文化书院，伤痕累累，又面对茫然，因为，一个时代结束了，诞生它养育它的八十年代正在成为过去。

---

[1] 1991年作者到中国文化书院任职，庞朴对时任院办主任的胡晓瑜介绍说"越光有鲁军之才无鲁军之恶"。此言自含有庞公对作者的抬爱，也反映出庞公等先生对鲁军一些手段的厌恶。

第九章　困局中的坚守

在研究八十年代时，年代的划分是个基础性问题，大体上有三种分法：1980—1989；1978—1989；1978—1991。第一种按照自然年代的分法，最无可争议；第二种把起点提前，以中共十一届三中全会划开七十年代和八十年代，这是目前使用最广泛的；第三种把八十年代的结束划在 1991 年底，这是以邓小平 1992 年南方谈话，中国主流转向商业经济为九十年代开启的标志，从而完全结束了八十年代意识，这样的划分，也应该是可取的。尤其在个案研究中，应该就研究对象的具体情况，有不同的划分。

就中国文化书院的历史来说，1990、1991 年有明显的过渡性，但在观念意识上更接近于八十年代，当然，这是八十年代带着压抑的结束的意识氛围。

第 1 节　没有选择，只有坚守

经历了内部分裂，经历了时代风波的中国文化书院，在 1989 年岁末，似乎直接面对哈姆雷特之问："生还是死？这是个问题。"队伍分裂了，留下来的人心也是散的；为了节省开支，书院从人大附中的一栋楼，搬到了圆明园小南苑 71 号八间平房，"因条件比较简陋，举行学术会议和外事活动尚有一定困难"[1]；积累的资金虽还有几十万

---

[1]《中国文化书院简报 1990 年第 1 期》，1990 年 1 月 3 日。

（1990年12月29日院部账户上资金余额294080元[1]），但付完各种应付款，大概属于清算安置有余、开发投资不足的情况。而根本性的、更为严峻的现实是，八十年代那种对文化思想的渴望，那种一切可以在变革中创造的精神，那种上下相通左右互助的氛围，没有了。八十年代这历史的一页正在被翻过去，八十年代所创造和养育的中国文化书院还要继续吗？还怎么继续呢？

汤一介曾说，1984年时推举他当中国文化书院院长也是有不同意见的，因干事的年轻人都推崇他，老先生中的多数也赞成他，所以他当了院长。如果建院时的院长汤一介只是选项之一，那么到这时候，要说散，无论清盘善后，还是不了了之，都是顺水推舟，谁都可以办；要说干，要继续，只有汤一介一个人可以挑起担子。因为此时的文化书院老、中、青结构中，王守常、李中华、魏常海、林娅等所谓年轻人（陈占国、田志远已离开书院）都还不足以撑起大旗；冯友兰、张岱年、季羡林等老先生自不可能亲自掌勺来管理书院人事与业务；中年导师中参与书院事务较多的除汤一介，还有庞朴、孙长江、谢龙、梁从诫、陈鼓应、乐黛云等，这中间学问、声望、能力上可以和汤先生并肩的是庞朴，但庞朴先生不在北京大学，文化书院导师的主体在北京大学。因此，即使不考虑汤一介身为书院院长，当时能成为老先生和年轻人的联结点，中年一代的凝聚点，上下左右系于一身的，唯有汤一介。中国文化书院是继续走，还是就此散，取决于汤一介先生。

我们不知道汤先生当时是怎么做的权衡。毫无疑问，就个人而言，退一步，回身学府书斋，无论是对应大转折后迷离扑朔的前景，还是自己在学术上精进都是明智的选择。要往前走，要撑起中国文化书院的大旗、继续书院在八十年代开创的事业，他必须直面两大风险：第一是现实的法律风险，政府的相关政策已调整[2]，中国文化书院面临合

---

[1] 银行对书院账号资金余额证明，1990年12月29日。
[2] 北京市成人教育局：《社会力量办高校的清理整顿意见（征求意见稿）》，1989年6月12日；北京市人民政府令1990年第26号：发布《北京市社会力量办学管理办法》。

法性危机，20年后汤先生回顾书院历程时也说"从1989到1993年四年的时间，我们是'非法'的团体在那里进行活动"；第二是声誉风险，此时止步，无人可怪；决策继续如最终无以为继，至少在声誉上是要为书院的失败承担责任的。该怎么选择，算盘该怎么打？一个团队的领导人在大事难事上进退抉择，从来不是看聪明算计，而是看胸怀担当。

63岁的汤一介，面对选择，没有权衡，只有坚守。

乐黛云回忆说："他是非常坚持的，我觉得他没有想过不做。老汤一直有个愿望就是办学，从没有放弃，办私立大学就是他毕生的理想啊！"[1]

"1989年12月30日，院部全体员工和季羡林、汤一介、谢龙及其他负责人一起联欢，辞旧迎新。在简陋的会场中，大家共同回顾了过去一年中不平凡的经历，展望来年新的前景，互相鼓励，更增强了书院办好的信心，最后，大家在汤一介同志的带领下，高唱《团结就是力量》，尽欢而散。"[2]

于是，中国文化书院在"团结就是力量"中再出发。在继续前进的第一年——1990年，中国文化书院召开了"冯友兰哲学思想国际研讨会"；编辑出版了五种学术著作；继《梁漱溟》《张岱年》两部学术音像资料片后，又完成了《冯友兰》《季羡林》的学术生活音像资料片；与东方影视集团确定合作编辑出版大型系列丛书——《神州文化集成》100种；邀请并接待了以张震东教授为首的台湾辅仁大学教师访问团一行30余人，以及台湾著名学者严灵峰与夫人；举办了十余期各种短期讲习班、培训班、进修班，参加进修与培训的学员达2000余人次；文化书院与宣武、丰台、崇文等区合办的一年制"法制教育培训班"，5000学员，从1989年7月至1990年8月结束；3000学员规模、二年制函授班"经济管理与行政管理专业证书研究班"，从1989年5月起

---

[1] 2016年5月16日乐黛云访谈。
[2] 《中国文化书院简报1990年第1期》，1990年1月3日。

至 1991 年 5 月结束，也是 1990 年全年的工作之一。[1]

可以说，1989 年 12 月 30 日下午《团结就是力量》的歌声，一直响了二十几年，直到汤先生身后仍在中国文化书院余音不绝——它使中国文化书院成为八十年代有全国性影响的民间文化团体中唯一存续至今的民间研究机构。

第 2 节 "冯友兰哲学思想国际研讨会"的会前书信

1990 年 12 月 4 日至 6 日，中国文化书院举办了"冯友兰哲学思想国际研讨会"。此会缘起为"今年 12 月 4 日欣逢冯友兰先生九十晋五诞辰，为进行庆祝，中国文化书院届时将在北京邀集一次国际性学术讨论会"。[2] 但在会议前几天的 11 月 26 日，"冯友兰先生于生日庆典前仙去。此会便成了冯友兰学术思想研讨会、追思会"。会议开幕式在北京图书馆举办，"人大常委会副委员长周谷城、孔子基金会副会长宫达非及书院 30 余名导师出席了会议开幕式。开幕式后，会议转至万年青宾馆举行。"[3] 与会学者共 138 人。其中有来自美国、西德、澳大利亚、苏联、日本、韩国等国家的学者 26 名；台湾学者 4 名；北京学者 76 名；中国大陆外省学者 32 名。[4] 会议收取注册费，国内学者每人人民币 30 元；国外学者每人 30 美元。伙食费每人每天交 5 元，其余由书院补贴。[5]

而在中国文化书院历史资料档案的第 30、35、48、136、143 档案袋中，我们发现一些有关冯友兰哲学思想讨论会的信件。

---

[1]《中国文化书院简报 1991 年第 1 期》，1991 年 1 月 31 日。

[2] "冯友兰哲学思想研讨会（第一次通知）"，1990 年 3 月 30 日。

[3] 陈越光汇编：《中国文化书院八十年代大事系年（1984—1991）》"1990 年 12 月 4 日至 6 日"条，见本书附录一。

[4] "冯友兰哲学思想国际讨论会会议代表名单"，1990 年 12 月 1 日。

[5] "冯友兰哲学思想国际讨论会报到通知"及"会议有关事项"，1990 年 11 月 26 日。

第九章　困局中的坚守 | 245

冯友兰哲学思想国际研讨会

周谷城先生（中）在"冯友兰哲学思想国际研讨会"上发言

1990年11月16日阴法鲁、石峻均致信"办公室负责同志"：阴法鲁"因事不能参加，特祝讨论会圆满成功，冯先生健康长寿"。石峻"决定参加，特此奉复"。而吴晓铃则写道："如能参与盛会，至感荣幸，但因不学无术，难于提出论文，祈谅！"何兹全的信是回给汤一介的："我将只参加'冯先生哲学思想国际学术研讨会'的开幕式。我自己叫车前往，不必安排车接。"[1]华东师范大学杨国荣回执报了论文题目《冯友兰与新实在论》；华东师范大学冯契回执能参加会议，但论文题目未定；武汉大学萧萐父回执报论文题目《道家思想的儒化——重评〈新原道〉》，并附言给经办人，"文利姮同志：已得一介同志信，同意给我系田文军同志发一邀请书，望早发是感！致敬礼！萧萐父 1990.5.9"。都是学界大腕，都是亲笔回信回执，哪怕只是面对一个不认得甚至不知名的工作人员。这还是八十年代的作风。

在八十年代这是普遍的风气，即使担任一定行政职务的领导也基本如此。两年前中国文化书院筹办"中国宗教：过去与现在国际讨论会"，时任中国社科院副院长的赵复三因故不能到会，也是亲笔致信会议"筹委会同志"表达歉意。[2]甚至像胡乔木这样的中央领导人也不例外，1987年8月23日《读书》编辑部致函"乔木同志"，告知"大札及惠稿收到。《读书》十月号八月十八日付排，尊稿未及刊入。现在准备刊入十一月号《读书》"，并提出几点修改意见，"是否可改，敬候复示"。这里，《读书》收到的是中央领导人胡乔木的个人投稿；编辑部并不因此改变既有付排流程，而是两个多月后再刊发（这在今天都是不可设想的），只是回信语气比较恭敬。而8月30日胡乔木亲笔复信，对于"提出各点都同意，不缕述，对校正'棉薄'之误甚感"，并特别指出："来信对一个投稿人的礼貌用语似越常规，以后希望平等

---

[1]"导师阴法鲁、吴晓铃、何兹全、石峻邀请回函"，1990年11月16日。
[2]赵复三致"中国宗教的过去与现在"会务组，1988年10月10日。

相待，此不特没有平等就没有民主，彼此说话亦有许多不方便也。"[1]能不忆当年？

有关冯友兰哲学研讨会的来信中，海外华人学者姜允明、姚秀彦、郑学礼、李弘祺的信都是给汤一介的，其中李弘祺的信是因无法与会而来致歉的，因"观涛夫妇说这恐怕是书院最后的活动了"，更觉为此不安而歉疚[2]，这也可见告别八十年代的学人们前瞻之茫然。

一封以名誉院长张岱年、院务委员会主席季羡林、院长汤一介签名的，中国文化书院致某基金会"执事先生"的函，为"冯友兰哲学讨论会"申请资助6000元人民币，但不知是否成功。[3]

对会议最重要的一封信，来自冯友兰的女儿冯钟璞。书院档案资料中留有钟璞的两封信，一封是11月19日写给会议工作人员小文[4]，要求增发几份请柬。冯先生是11月26日去世，可见19日时情况还都正常。钟璞的另一封信对会议有重要影响，写给汤一介，全文如下：

> 一介兄：
> 开会的题目你事先已和我说过，现我又生花样，真是非常抱歉！
> 把开会通知在老人耳旁念了一遍，他说知道大家因爱护他故将主题定在三四十年代，但他以为自己的哲学思想到81章才完成。如开会最好还是定为冯友兰哲学思想研讨一类的题目为好。如有批判亦无所惧。我觉得可定为研讨冯友兰哲学思想，同时可拟出侧重的范围，提几个讨论题等，尽量离开政治为好。不知可行否？
> 现在的题目似乎会议分两部分，回执上的论文类别更分四部分了，冯学只占1/4，这是中国语文的含糊所致。

---

[1] 沈昌文口述，张冠生整理：《知道：沈昌文口述自传》，花城出版社，2008年4月第1版，第121—122页。
[2] "姚秀彦、李弘祺、郑学礼复信汤一介"，1990年10月17日、1990年11月11日。
[3] "为冯友兰哲学讨论会申请6000元资助的信"，1990年10月1日。
[4] "钟璞致小文同志信"，1990年11月19日。

听说通知已印妥,造成返工麻烦,皆我之过也。

俪安!

钟璞 25 日

在信纸的右上角,还有补叙:"昨晚给朱德生打电话,是他改变主意,应给你打电话,他说以为你出国去了。清华文化思想研究所怎样?"信纸左边,有竖写文字"从昨天打电话,总不通"。而信纸的反面,则有汤一介笔迹的几行字:"讨论内容:(1)冯友兰先生的'贞元六书';(2)冯友兰先生的《中国哲学史》;(3)三四十年代中西与冯友兰哲学的关系;(4)冯友兰先生的《中国哲学史新编》;(5)其他有关冯友兰先生的著述与中西哲学问题。"

正因为有了钟璞的这封信,在保存的档案资料中有日期同为1990年3月30日的两份"第一次通知",一份为"我国三四十年代中西哲学关系暨冯友兰哲学思想讨论会(第一次通知)",没有列出讨论议题;另一份为"冯友兰哲学思想讨论会(第一次通知)",列出会议"讨论内容"五项,和汤一介写在钟璞信纸反面五点完全一样[只是第(3)"中西"后加了"哲学"两字——笔者注]。可见,前一份正是钟璞在冯先生耳边念的通知,后一份是汤一介收到钟璞信后重新拟定发出的通知。钟璞信的落款时间"25日",没写是哪个月的,但我们可以推断钟璞信的"25日"是1990年3月25日,因为如果是4月25日,则修改后的通知的日期就不对了;如果是2月25日,则修改后的通知不会拖到3月30日再发。

第3节　东亚地区文化与经济互动国际研讨会

1990年、1991年是从八十年代到九十年代的转折时期,八十年代的文化热潮已经潮落,九十年代的经济大潮尚未兴起,大部分知识人的心绪还在此前的漩涡中，但也有人开始关注"包括中国在内的亚太地区正处在国际经济秩序的转折点上。一个新的经济文化区——亚太地区的经济崛起——将随着21世纪的来临而转移到太平洋盆地"。中国文化书院为了"探讨具有相同文化背景下的不同国家、地区在相同经济发展阶段上经济与文化的相互作用及其特点；通过政府间、民间、企业家、学者的交流增进相互了解……促进中国经济的发展和文化现代化以及中外跨国企业及跨国文化之建立……促进中国及整个亚太地区经济整体实力的提高，进而引导共同文化背景下的经济力量的联合，探讨建构亚太经济共同体的现实可能性"，将邀请一些有战略思维的企业家、学者和退居二线的政府官员举行研讨会。中国文化书院在1991年1月成立了筹备组，起草了方案，准备1991年11月20日—26日在海口开会。[1]

这个计划流产了，这个念头并没有放下。1991年8月中国文化书院院务执行委员会决定此会1992年5月在泉州举办，由李中华、陈越光负责研讨会筹备组。[2]1992年4月中国文化书院、泉州黎明职业大学、福建闽台经济文化交流促进会发出《东亚地区文化与经济互动国际学术研讨会宗旨及议题》和会议邀请函，会期改为1993年1月10日—13日，地点改为泉州市，区域从"亚太"聚焦为"东亚"，议题为：(1)日本及"四小龙"经济体制、企业及企业管理制度的特点；(2)东亚地区经济发展的文化动因、文化背景及未来展望；(3)儒家文化与工业文明的互动和平衡问题；(4)东西方企业精神的比较：异同和取舍；(5)闽台经济和文化的互动研究；(6)东亚地区经济合作的趋势、走向和特点。[3]

1993年1月，中国文化书院、泉州黎明职业大学、福建闽台经济文化交流促进会联合举办的"东亚地区文化与经济互动国际学术研讨

---

[1]《亚太地区文化与经济互动开发国际研讨会（第二稿）》，1991年1月。

[2]"中国文化书院执行委员会会议纪要"，1991年8月29日。

[3]《东亚地区文化与经济互动国际学术研讨会宗旨及议题》，《中国文化书院档案资料集》、《邀请函》，1992年4月。

乐黛云先生（正中左1）在"东亚地区文化与经济互动学术研讨会"上发言

会"在泉州黎明职业大学顺利举行。与会者的阵容在当地"堪称一绝"，学者名流不说，特别引人注目的是，有"中国农村改革之父"之称的原中顾委委员、中央农研室主任杜润生，原中顾委委员、中国社会科学院副院长于光远，原中顾委委员、中央组织部常务副部长李锐，原福建省委书记项南，原人民日报社社长秦川，原外交部副部长宫达非，原中国社会科学院副院长李慎之，原中央党校理论研究室副主任杜光，著名经济学家、原国务院研究中心高级研究员林子力，原中央农研室副主任吴象，原中央党校理论室主任、社会主义学院副院长吴江，中国体改研究会副会长童大林，国务院发展研究中心副主任吴明瑜，原中央统战部知识分子局局长陶斯亮[1]等，都是八十年代的改革明星，这次会议相当成功，媒体报道众多，与会者和主办者都很满意，于是，拟定明年再举行第二届。

1993年8月，中国文化书院和泉州黎明职业大学、福建闽台经济

---

[1]《东亚地区文化与经济互动学术研讨会代表通讯录》。

杜润生先生（右1）等在"东亚地区文化与经济互动学术研讨会"上

文化交流促进会发出《东亚地区文化与经济互动第二届国际学术研讨会邀请函》[1]，研讨会定于1994年5月上旬在厦门召开。三家机构的分工依然是文化书院负责会议设计和与会者邀请，黎明大学配合，福建闽台交流中心负责会议报批和经费。1994年2月14日汤一介以中国文化书院院长的名义致信会议受邀者，会议时间定在5月8日至12日，地点在厦门集美侨友之家，"我谨代表会议主办单位热情请您出席会议！"，[2]但汤先生的热情却无法兑现，两个月后的4月20日，他不得不再次以文化书院院长的名义致函各位："满以为我们可以在厦门会面共同切磋商讨一些有意义的问题。现在看来，此事已难如期实现，但我们仍希望能在今秋再见面。"

---

[1]《东亚地区文化与经济互动第二届国际学术研讨会邀请函》，1993年8月。
[2] "第二届'东亚会议'汤一介的再次邀请信"，1994年2月14日。

第十章　余声：未竟的梦想

余声者，非多余之声，乃余音绕梁之声也。此绕梁之声，非歌功颂德之声，乃念兹在兹之心声也。人已远去，事已淡忘，然此声不绝也。

第1节　九十年代组织编写的几套丛书

汤一介在《我与中国文化书院（二）》中说："从1989年春到1992年夏，在相当长的一段时间里书院虽然没有合法地位，但实际上我们并没有停止活动。""而要像八十年代起着学术文化的引领作用已不可能了。这不是中国文化书院同人不愿这样做，而是社会、政治环境已不同了，加之学术文化本身的新发展也需要给我们时间来研究一些新问题，基于此，书院在工作方向上有了一个转变。为了把学术文化比较系统地推向社会，书院在此期间组织编写了几套书。"[1] 其实，组织编写丛书已是中国文化书院九十年代的主要工作。

1990年3月，中国文化书院与北京东方影视集团召开座谈会，"讨论双方合作编辑与出版"神州文化集成"丛书的意向。书院二十余位导师出席了座谈会"。[2] 这套丛书由中国文化书院和东方影视集团东方文化研究中心联合组编，书院导师季羡林、汤一介、孙长江任主编，

---

[1] 汤一介：《我与中国文化书院（二）》，载汤一介《我们三代人》，中国大百科全书出版社，2015年9月第1版，第384—385页。

[2] 常华：《中国文化书院大事系年（1984—1994）》"一九九〇年三月"条，载《文化的回顾与展望》，北京大学出版社，1994年12月第1版，第60页。

东方影视负责人李生泉任常务副主编。由中国文化书院的数十名导师组成编委会,"负责总体设计、课题选定、组稿审稿,并亲自参与撰写。同时,还组织各方面专家百余人,合力对中国文化分门别类加以研究、撰写审定"[1];由新华出版社出版。

"神州文化集成"丛书共100种,分为8个系列:一、思想文化;二、宗教与神话;三、文学与艺术;四、衣食与民俗;五、经济与科技;六、教育与文献;七、政府制度;八、文化交流。每种约12万字,32开装订,布纹纸彩封,附有插图。每种书除了作者,还有审定者,审定者多为名家。季羡林、庞朴、张岱年、周一良、乐黛云等审定者还亲自撰写了书稿。

1993年1月4日,"神州文化集成"丛书出版并上市过半,在北京人民大会堂举行学术座谈会。"国家领导人严济慈、雷洁琼、王光英、卢嘉锡,及老一辈革命家李德生、陈锡联、陈再道、柴泽民等出席了座谈会。""出席座谈会的还有在北京的著名学者和本丛书编委季羡林、张岱年、阴法鲁、何兹全、朱伯崑、黄心川、徐宗勉、孔繁、陈鼓应、谢龙、乐黛云、孙长江、汤一介、魏常海等及首都新闻出版界朋友共二百余人。"丛书主编季羡林在会上"描述了作为主编的编辑思想,他说,中国文化是东方文化的重要组成部分。本世纪末到下世纪初,东方文化将在批判吸收西方文化基础上,成为世界文化主导文化。中国文化则越来越被世界所关注。中国文化的特点可以归纳为:普遍联系和整体观念。正是这一特点,中国文化将对世界的进步起着和将起着重要的作用"。张岱年先生说:"中国文化在17世纪以前一直居世界领先地位,说明中国文化有其光辉的一面;17世纪以后,中国文化落后于他人,说明有其糟粕的一面。弘扬民族文化,就是对中国文化的两面做一番艰苦细致的科学工作,去其糟粕、留其精华,使其发扬光大。"神州文化集成"丛书,正好完成这一任务,

---

[1]"向海内外读者隆重推出100种大型丛书——'神州文化集成'"征订单。

这是十分难得的,中国学术界和世界学术界,应该重视这一科学成果。"丛书常务副主编李生泉在发言中说到编者和作者的认真:庞朴的《白马非马》在丛书出版,"为一个字不清楚,中森(责编)同志跑了几十里路找到庞朴先生,订正了这一误差,庞先生还向编辑鞠了一个躬"。[1]

"神州文化集成"计划 100 种,1992 年 12 月由新华出版社出版 50 种简装本,最终是否出齐? 从 1996 年 6 月 10 日华成文化传播公司(1993 年 5 月后该公司接替东方影视集团负责该丛书出版事务)"就'神州文化集成'丛书出版问题致作者、编委的公开信"来看,"在 1993 年 12 月出版的丛书 50 种精装本中,重复出版(指与一年前的 50 种简装本重复)的就达 30 种之多",因人事和财务种种问题"目前公司所有的 14 部手稿将陆续退稿"。[2] 由此看来"神州文化集成"丛书并未出齐 100 种。

中国 19 世纪末至 20 世纪初的文化思想资料毁损、失散严重,不及时收集整理,后人将无法正确了解历史。为此,中国文化书院组织编辑出版"20 世纪中国文化论著辑要"丛书。1995 年 3 月 15 日汤一介代表中国文化书院与中国广播电视出版社签署出版合同,中国文化书院为著作权人,中国广播电视出版社为出版者。[3]

"20 世纪中国文化论著辑要"共 8 种:《古国新知》(有关《学衡》派的材料)、《时代之波》(有关'战国策派'的材料)、《走出东方》(有关陈序经的全盘西化论的材料)、《知识与文化》(有关张东荪的材料)、《人间佛教》(20 世纪前半期中国佛教的材料)、《本色教会》(20 世纪前半期中国基督教的材料)、《三清之境》(20 世纪前半期中国道教的材料);而《追求真宰》(20 世纪前半期中国伊斯兰教的材料)则作

---

[1]《中国文化书院简报 1993 年第 1 期》,1993 年 3 月 5 日。
[2]《就'神州文化集成'丛书出版问题致作者、编委的公开信》,1996 年 6 月 10 日。
[3]《'二十世纪中国文化论著辑要'丛书出版合同》,1995 年 3 月 15 日。

为'内部资料'印出来。"[1]

汤一介说:"我总有一个非常顽固的观念:我认为,中国哲学定会被西方哲学冲击得七零八落,但最终中国哲学仍会像吸收印度佛教哲学一样,形成一种融化了西方哲学于其中的中国哲学。我的这一观点自然而然和我相信在今后相当长的一个时期,世界文化的走向将沿着在全球化意识观照下多元发展的总趋势前进着,相一致的。"[2]所以要注重西学东渐的历史进程。《20世纪西方哲学东渐史》从严复的译著到"后现代主义"在中国的影响,包括西方哲学在港台及基督教哲学在中国等等,共27册,其中14册为著作,13册为资料,共约近500万字。由首都师范大学出版社出版,汤一介为此书写了3万多字的"总序"。

"道家文化研究"丛书由汤一介主编,分四个系列:"道家历史""道家哲学问题""道教历史""道教经典和仪式"。原计划出40种,先出版12种。汤一介说:"这套丛书开始是由陈鼓应教授提出来组织人编写的,当然我也很赞成,而且我一直认为中国学术界对'道家'和'道藏'的研究很不够,例如《老子》《庄子》有那么多种注释,大多没有人逐一研究过,而'道教'的研究更差,一部《道藏》其中所收道教典籍是什么时候的作品多难以确定,就是把这些典籍的时代(也包括作者)考订清楚,不知要花多少时间。因此,我觉得组织一些学者来在这方面做些研究,对中国学术的发展,应说是件好事。"[3]

"国学举要"丛书,中国文化书院组织编写,汤一介主编,湖北教育出版社出版。"'国学举要'概要式地介绍中国传统文化的方方面

---

[1] 汤一介:《我与中国文化书院(二)》,载汤一介《我们三代人》,中国大百科全书出版社,2015年9月第1版,第386—387页。

[2] 汤一介:《我与中国文化书院(二)》,载汤一介《我们三代人》,中国大百科全书出版社,2015年9月第1版,第388—389页。

[3] 汤一介:《我与中国文化书院(二)》,载汤一介《我们三代人》,中国大百科全书出版社,2015年9月第1版,第389—390页。

面,共八卷:'儒家'、'道家'(包括道教)、'佛教'、'史学'、'文学'、'艺术'、'科技'、'医药'。每卷中又包含三个部分:'历史概要'、'思想精要'、'知识辑要'。"(汤一介语)[1]

《中国佛教史》14册,共500余万字。季羡林、汤一介主编,山西教育出版社出版。给各位编写者的《〈中国佛教史〉编写体例》于1999年6月26日订出[2],这是中国文化书院在九十年代组织编写的最后一套书。如何在各种中国佛教史著作中显出这部书的学术分量和特点?汤一介先生认为"尽管这部书在质量上很可能参差不齐,但它作为一个整体看,还是有它的特色,还是有其他《中国佛教史》所不可及的地方",因为季羡林、汤一介两位主编早就商定这套《中国佛教史》的编写原则:"第一,已成的'中国佛教史'往往只是汉地佛教史,这不能反映'中国佛教'的全貌,因此,我们这部'中国佛教史'除写汉地佛教,还要包括'藏传佛教''云南南传上座部佛教''西夏佛教''敦煌佛教''西域佛教''佛教东传'等部分;第二,不仅要写佛教思想,而且要注重佛教文学和艺术,因此又另外加了两卷专门讨论'佛教文学''佛教艺术';第三,要注意各朝代佛教在民间的影响。"[3]

这六套书,是中国文化书院在九十年代的主要工作成绩。

第2节 中西印文化的融合及发展国际研讨会

1993年是著名哲学家、逻辑学家张申府先生(1893—1986),著名中国哲学史家、中国佛教史专家汤用彤先生(1893—1964),著名思

---

[1] 汤一介:《我与中国文化书院(二)》,载汤一介《我们三代人》,中国大百科全书出版社,2015年9月第1版,第390—391页。

[2] 《〈中国佛教史〉编写体例》,1999年6月26日。

[3] 汤一介:《我与中国文化书院(二)》,载汤一介《我们三代人》,中国大百科全书出版社,2015年9月第1版,第391—392页。

想家、教育家和社会活动家梁漱溟先生（1893—1988）诞辰100周年。为隆重纪念这三位中国现代史上的杰出学者，探讨研究他们在中、西、印文化研究领域取得的成就和对中国现代学术思想的贡献，中国文化书院于1993年2月27日发出邀请函：定于1993年10月23日举行"中西印文化的融合及其发展前景国际学术研讨会——纪念张申府汤用彤梁漱溟诞辰100周年"。[1]这三位著名学者和中国文化书院还有一层特别的渊源，张申府先生是文化书院名誉院长张岱年先生的哥哥，汤用彤先生是文化书院院长汤一介先生的父亲，梁漱溟先生则是中国文化书院的第一任院务委员会主席。

研讨会如期在北京香山卧佛寺饭店召开，主办单位除中国文化书院，增加了国际文化交流中心、中国教育国际交流协会、北京大学中国哲学与文化研究所。出席研讨会的有来自美国、日本、瑞士、韩国等国和中国台湾、香港地区以及大陆各地的一百余位专家学者。

在10月23日的开幕式上，季羡林做了题为"中西印文化的融合及其发展前景"的主题报告，张岱年、张岂之、庞朴发表演讲分别介绍张、汤、梁三位先哲的学术思想。李学勤、陈方正、王元化、苏衡哲、吴江、耿宁在23日下午作了大会专题演讲。在24、25日的分组讨论中，李慎之针对亨廷顿不久前在《纽约时报》提出文化冲突将取代意识形态和经济的冲突，作题为"文化之冲突与文化之调和"的发言，认为"冲突过程实际上也是不同文化之间相互吸纳、相互补充、相互融合的过程"。乐黛云认为，后现代主义不是一个时间含义的概念，并非指继现代主义之后出现并取而代之的思想体系，而是研究问题的一种思路和方法，甚至只不过是对现代主义的嘲讽。张世英认为后现代主义哲学的反传统精神是应当肯定的，它反对西方哲学的主体性与主客观二分，主张人与自然交融，这是与中国传统哲学相通的。四川师范大学李耀仙分析了现代新儒学面临的形势和问题，指出"对儒学

---

[1]"中西印文化的融合及其发展前景研讨会邀请函"，1993年2月27日。

"中西印文化的融合及发展国际学术研究会"与会代表合影

长达数十年的压制无疑将会带来儒学的新的繁荣"。日本学者镰田茂雄在闭幕式上做了题为"从中西印文化融合看华严思想特征"的讲演,给与会者留下深刻印象。[1]

  纪念这三位先哲,主办者为什么选这样一个角度?当然是因为他们在这方面有重要的贡献。但另一方面,是由于"在八十年代中期后的'文化热'中,我们更多地注意了中西文化的角度,而相对忽视了对中印或西印的文化之间的角度的研究。我想,我们把三种在历史上有过重大影响的文化作一些比较研究,也许是非常有意义的。因此,我们选择了这样一个主题。朋友们,我们大家都知道,在八十年代中期,中国大陆出现了'文化热',为什么那时会出现文化热呢?据我看,是因为中国的确在考虑我们的国家应如何走向'现代',实现全

---

[1]《中国文化书院简报1993年第3期》,1993年12月10日;"中西印文化的融合及其发展前景研讨会会议程序表""会议代表名单"。

面的现代化，应如何认识自己的传统（老传统与新传统），如何对待西方文化等等问题。但1989年'六四'把对文化的研究和讨论打断了。本来应该讨论的问题不能讨论了。这对中国未来文化的发展应说有不小影响。但我们从另一方面考虑，'六四'以后，或者可以使我们对中国文化的负面影响有更多的认识，对中国走向'现代'，对中国的民主政治，对争取学术自由的必要有更为深刻的认识。因此，在'六四'以后，我们对中国的旧传统和新传统的研究可能更为深入了，有些学者正在潜下心来研究中国文化问题了。我想，在即将到来的21世纪或者我们的学术文化研究能有更好的发展"。[1]——汤一介先生在开幕式上的这一段充满文化情怀和道义担当的话感动了许多人。

第3节 关于《儒藏》

《儒藏》工程是汤一介先生生命最后十年中的一件大事，也是我们国家的一项重大的学术文化项目。2003年，"《儒藏》编纂与研究"被确定为"2003年度教育部哲学社会科学研究重大课题攻关项目"，汤一介先生任项目首席专家。2004年，"《儒藏》精华编"又被全国哲学社会科学规划办公室批准为"2004年度国家社会科学基金重大项目"。同年，《儒藏》工程被列为"北京大学'985'工程重点项目"。2006年，《儒藏》编纂工程被列入国家哲学社会科学研究"十一五"规划。2007年，《儒藏》"精华编"的出版被新闻出版总署列入"十一五"国家重点图书出版规划项目之重大工程出版规划。《儒藏》工程包括《儒藏》编纂和"儒家思想与儒家经典研究"。《儒藏》编纂分《儒藏》"精华编"的编纂（包括《儒藏总目》）和《儒藏》"大全"的编纂两步走。《儒藏》"大全"将收录中国历史上重要的儒家典籍文献近6000部，约15亿字，计划于2022年完成。[2]

---

[1] "中西印文化的融合及其发展前景研讨会开幕式汤一介致辞"手稿，1991年10月。
[2] 见北京大学《儒藏》编纂与研究中心官网。

中国文化书院和《儒藏》有关吗？答案似乎应该是肯定的。文化书院的创院院长汤一介先生是《儒藏》项目的首席专家、总编纂之一和北京大学《儒藏》编纂与研究中心主任；文化书院的院务委员会主席季羡林先生是《儒藏》的首席总编纂；文化书院的学术委员会主席庞朴先生是《儒藏》的总编纂之一，也就是说《儒藏》的五位总编纂排在前面的三位都是文化书院的负责人。13位《儒藏》精华编顾问中任继愈、王元化、朱伯崑、萧萐父等多位是文化书院的导师。

"《儒藏》与中国文化书院有什么关系？"对这个问题，魏常海的回答是："没有什么关系啊！就是汤先生心里总把他牵头干的事儿揉在一起，反正书院也是他，《儒藏》也是他。"常海是文化书院的发起人之一，书院学术委员会副主席，也是北京大学《儒藏》编纂与研究中心的常务副主任。常海乃方正之士，在他看来，《儒藏》编纂委员会中有那么多文化书院的导师，并不是书院组织的，是这些先生的学术地位决定的。所以不能把人的参与和机构的工作参与混同了，君子成人之美而不掠人之美。

然而，在起源上，中国文化书院和《儒藏》的编纂确有渊源——汤一介先生最早发起编纂《儒藏》的倡议和讨论，就是在文化书院进行的。汤先生说："到2002年我就提出搞《儒藏》，2003年教育部立项。其实在1990年我就提出来了，范业强也是个企业家，他提出要支持我们文化书院做事。我当时有两个设想，一个就是印《四库全书》，把它标点重新做，做成电子版，那时还没有做成电子版，现在当然已经有电子版了；另外一个就是干脆编《儒藏》，那时就提出这个问题。那是在香山卧佛寺我们有一次在那开会提出这个建议，庞朴都在，提出这个意见，看作哪一个，范业强都说好，他筹集资金。但是他企业没有办上去，后来垮台了，这事就没有办成。一直拖到2002年，我向北京大学提出这个意见来，2003年人民大学也提出这个意见来，所以教育部就把它作为重大项目来竞标，你们谁能中标给谁，后来北京大学中标了，2003年批给我们，2004年我们开始做，我就去做这边（《儒藏》),那边(书院)就王守常负责。"[1]

当然,这只是一个记忆,一个源头的遥远的念起而已。《儒藏》项目在21世纪成为国家项目,文化书院不可能参与其中。但是,不去掠美的文化书院人,除了祝贺,还是可以留一丝悠远的记忆的,为了那个念起。

第4节 未竟的私立大学梦

1999年8月下旬,中国文化书院的同仁和一些比较紧密的朋友,都收到汤一介写的一封信,表达了对九十年代文化书院平庸的生存状态的不满和自责,而面对新世纪又升起新的梦想——由文化书院来办一所民办综合性大学。汤先生的信[2]全文如下。

> 先生:
>
> 中国文化书院建院已经15年了,在八十年代中国文化书院曾为中国文化从传统走向现代化做过贡献。九十年代,由于种种原因,主要是由于我作为院长领导不力,而没有能使书院有所发展。现在将进入21世纪,如果中国文化书院再不能跟上当前发展的形势,中国文化书院将会被淘汰出局了。有鉴于此,我现在提出一个由中国文化书院来办私立综合性大学的意见,寄送给各位导师和各位朋友,请提出书面意见,并于9月内寄给我。我的通信地址是:北京市北京大学哲学系,邮编为:100871。
>
> 祝
> 好!
>
> 汤一介
1999年8月15日

---

[1]《几度东风,几度飞花——汤一介先生谈中国文化书院》,载《中国文化书院大事系》,第23页。
[2] "汤一介就书院办私立大学给导师和朋友的一封信",1999年8月15日。

汤先生在信后所附的是一份他亲自起草的2000字的"中国文化书院筹建私立综合性大学的设想"。该设想具体分析了由文化书院创办私立大学的已有条件，提出以中国文化书院的宗旨，"通过对中国传统文化的研究和教学活动，继承和阐扬中国的优秀文化遗产，通过对海外文化的介绍、研究以及国际性的学术交流活动，提高对中国传统文化的研究水平，并促进中国文化的现代化"为出发点，创办一所高起点的综合性大学。大学的机构设置以"少而精"为原则，可设董事会；教授会；校长一人，副校长三人；并"设党委会，监督和保证党和国家的政策、法令的实行，党委书记作为董事会成员参加董事会"。"可考虑设五个学院：中国传统文化（国学）院；跨文化学院；法商学院；环保学院；高科技学院。下不分系，可分若干专业。学院成熟一个办一个，不必五个学院同时设立。并可考虑成立若干研究所或研究中心，如'藏学研究中心''比较文化研究所''中国画研究中心''中医研究所''道家文化研究所''佛教研究所'等等。"招生人数最多不超过1500人（包括本科生和研究生）。汤先生提出的办学方针是学校以蔡元培先生提出的"兼容并包""学术自由"为办学的方针，"以便使学校更具有浓厚的自由讨论的学术风气，以利于培养高素质的有创造力的人才"。步骤上希望"用一年时间做好各项准备工作，再用一年时间建校，于2002年招生"。[1]

这份理想主义的"筹建私立综合性大学的设想"，充满了八十年代的文化气息，在行政许可和资金渠道两大前提不明确的情况下，自然难以有所作为。此信发出后汤一介先生还组织了小型讨论、论证会议，据汤先生留下的亲笔讨论记录看，参加谈论的有陈越光、徐迅、苑天舒、张国琦等，但都只是就背景和前提的分析而已。[2]

五个月后的2000年1月18日，汤一介先生写下《中国文化书院十五年》一文，进一步提到办私立大学的意义："我们大家都知道，现

---

[1] 汤一介：《中国文化书院筹建私立综合性大学的设想》，1999年8月15日。
[2] 汤一介手写"关于筹建私立的综合性大学的设想"及讨论亲笔记录。

在的高等教育有许多不如人意之处,看起来也许也得像国营企业受私营(合作、外资)企业冲击一样,才可得到真正的改革。如果我们真能办成一所像样的私立大学,这或许是我们对我国高等教育的一个重要贡献。"但是,他在文中更多是表达了内心的愿望和对现实前景的无奈:"孔子说他'十有五而志于学',那么书院是不是可以从现在起学习办大学呢?如果我们能办起来,是不是到书院建立的第30年就可以确立我们在中国办私立大学的地位呢?这也许是我的一个'梦想',但我多希望'梦想成真'呀!我当了中国文化书院的院长已经15年了,想起来真有点惭愧,对不起各位导师的信任,我的这一心情已经在8月15日的那封信中表明了。这里我把那封信和'中国文化书院筹建私立综合性大学的设想'抄下来,哪怕作为一份'档案'存档也行!""希望'梦想成真',即使不成,我也算尽力了。"[1]这样的文字在这位年逾古稀的老人笔下,真是字字精卫填海心,句句杜鹃啼血志!

虽然在2000年4、5月间,中国文化书院曾把汤先生的设想修订为先办班再办校的"新构想"[2],汤先生还进一步起草了《北京中华文化大学章程》[3],但是,犹如一语成谶,汤先生尽力了,而人们今天看到的不是一所像样的私立大学,除了一次失败的尝试[4],只是一份档案。

不光是汤先生,季羡林先生在出任书院院务委员会主席的致辞中即说"我们开了风气之先,恢复了几千年的书院传统","建议国家教委和国务院学术委员会应承认书院的学位,培养高精尖人才";不光

---

[1] 汤一介:《中国文化书院十五年》手稿,2000年1月18日。
[2] 《关于中国文化书院办学的新构想》,2000年5月25日。
[3] 《北京中华文化大学章程》(汤一介手稿)。
[4] 在2000年2月至8月,中国文化书院和卓达集团就共建卓达大学哲学人文学院还有过一场轰轰烈烈的合作,九旬高龄的季羡林出任卓达大学名誉校长,汤一介出任哲学人文学院院长。汤先生亲笔起草了协议书、建院方案、对建院方案的说明意见、各种经费预算、人员工资、拟聘教师名单、杂志出版计划、图书资料清单等各种文件,并多次给卓达老总写信提出建院工作的建议和意见,直至2000年8月4日亲笔起草了以"中国文化书院院长汤一介"署名的单方面终止协议通知书。一头是刻骨铭心的办学梦,另一头是轰轰烈烈的媒体效应追求,焉能相合?

是季先生，以建立中国文化书院为"历史使命"的张岱年先生，立志建"草棚大学"的任继愈先生，为书院呕心沥血的庞朴、孙长江、谢龙、乐黛云先生……中国文化书院的先生们不都是怀着一个"办学"的梦想集合起来的吗？

八十年代是创造的年代，是孕育未来的年代。2015年排在中国民营企业前十位的企业，有六家是八十年代成立的（一家是七十年代成立，三家是九十年代成立）。在著名民营企业中，和中国文化书院同时起步的联想公司，1984年中科院计算机所投资20万元人民币，由11名科技人员创办，30年后，已是进入世界500强企业的国际集团公司；同样成立于1984年的万科企业，现已是销售规模持续居全球同行首位的著名房地产企业；成立于1987年的华为公司，不仅跻身世界500强，而且在2017年跻身500强中的前100强，位居84名。成立于1987年的苏宁集团，也已是资产近千亿、品牌价值超千亿的业界翘楚；成立于1988年的大连万达集团，2015年资产达到6340亿，年收入2901亿。

当然，柳传志、王石、任正非、张近东、王健林，这些名字都是企业界超凡的精英，但季羡林、张岱年、汤一介、庞朴……等大师，这些名字难道不是人文学界璀璨的人杰？今天，相比于民营企业的群星灿烂，民办人文社科大学却乏善可陈，这就不能把中国文化书院办私立大学的梦想终成一纸空文，仅仅看作是中国文化书院的失败了。

对比之下，我们只能对历史说，时代开启了一扇门，关闭了另一扇门，文化书院的先生们站在那扇闭门之前。

命运对于季羡林、汤一介们，应该说是很好地回馈了他们的天分和付出，他们都著述等身，誉冠高耸，桃李满天下，亦都得享高寿。但是，在这一个心愿、这一个追求上，他们努力了，付出不小（尤其是汤一介），却未能如愿以偿——一所私立大学——一个不仅传承知识，而且传承自由智慧，传承宁静之心的道义追求的地方，在这一点上，他们的奋发努力，命运之神闭目以对，他们会因此抱憾吗？

尽管，八十年代的中国文化书院已有上述那么多的建树……

附 录

附录一：
《中国文化书院八十年代大事系年 1984—1991》[1]

陈越光汇编

1984年3月

◎北京大学哲学系年轻教师鲁军联络了同在哲学系的李中华、王守常，北京大学出版社青年编辑田志远等，在鲁军的宿舍和北大图书馆前草坪上聚谈，勾画了一个民间文化团体的蓝图——"九州知识信息开发中心"，以此开创教育、文化学术界的改革开放。在北京大学哲学系中国哲学史教研室会上，李中华、王守常、鲁军三位青年教员倡议，为适应改革开放，应寻找一种"民间办学方式"来培养中外文化兼通人才，并强调中国传统人文教育仍有现实性。此即建立中国文化书院的最早设想。

1984年7月—9月

◎创立"书院"的构想得到北京大学哲学系教授张岱年、朱伯崑、楼宇烈、许抗生等人的支持。8月后，汤一介先生从国外回来也积极投入。大家推举汤一介出面筹备中国文化书院；在筹备期间，还邀请了著名学者梁漱溟、冯友兰、周一良、阴法鲁、任继愈、吴晓铃、虞愚、戴逸、侯仁之、白寿彝、吴良镛、季羡林、金克木、乐黛云、石峻、

---

[1] 常华1994年编的《中国文化书院大事系年（1984—1994）》是现存唯一一份中国文化书院前十年历史的整体性资料，非常值得重视。但是，该文件在时间、地点、人物、事件名称几大要素上误差率相当高。现据本书资料，对中国文化书院1984年—1991年（本书以1978年—1991年来界定八十年代的中国文化书院）大事记做重新汇编。新汇编的《中国文化书院八十年代大事系年（1984—1991）》共114条，其中选用常华《中国文化书院大事系年（1984—1994）》中的原条目38条，占1/3。凡是条目前标有◎符号的为依据本书资料汇编的新编条目；凡段落前标有●符号的为选用常华《中国文化书院大事系年（1984—1994）》中的原条目。

何兹全、庞朴、李泽厚、孙长江、牟小东、丁守和和牙含章参与其事。

◎为得到国家教育部的支持，鲁军、李中华等请冯友兰先生出面致信胡耀邦总书记，申明创办文化书院的设想，请求支持。

●胡耀邦总书记很快在信上批示："我同意这件事，请胡启立、何东昌、彭珮云酌情处理。"

1984 年 10 月

◎经汤一介、鲁军、李中华、王守常议论，提出"中国文化书院"的名称；经征求冯友兰、梁漱溟等老先生意见后，就此定名。

◎李中华在年中时致信正在日本进修的北京大学哲学系青年教师魏常海，邀其参与正在策划中的民间文化事业，得到魏常海的赞同并于 10 月回国后参与书院的策划筹备工作。

◎彭珮云同志约见北京大学领导和汤一介等人，讨论中国文化书院的隶属问题。会商中，北京大学领导对创办中国文化书院表示支持，主张将其纳入研究院管理。

◎26 日，鲁军等创办的"九州知识信息开发中心"获北京市工商行政管理局颁发的"京东乙字第 2228 号"工商企业营业执照，经济性质为集体所有制。

1984 年 12 月

◎鉴于成为北京大学的内设机构将没有自主办学的权力，筹建者们决定走民间办学之路。

16 日，在北京大学举行了筹建中国文化书院座谈会，宣布"中国文化书院筹备委员会"成立。《光明日报》于 1984 年 12 月 31 日对此作了报道。

◎下旬，在中国社会科学院近代史研究所会议室召开中国文化书院第一次全体导师大会。

1985年

◎中国八十年代第一所民办教育研究机构——中国文化书院成立。梁漱溟为院务委员会主席，王守常为副主席；冯友兰为名誉院长；汤一介为院长、法定代表人，鲁军为副院长；张岱年为学术委员会主席，李中华为副主席；梁漱溟为中国文化书院发展基金会主席，王守常为秘书长。中国文化书院提出三项宗旨：一、继承并弘扬中国传统文化，大力推进中国文化的教学科研活动；二、为中国文化走向世界，与世界各国进行广泛的学术对话与交流；三、开展中外文化比较研究，促进中国文化的现代化。中国文化书院聘任一批人文社会科学的著名学者为书院导师。

1985年3月

◎4日至24日，中国文化书院筹委会和九州知识信息开发中心在北京联合举办第一期"中国文化系列讲习班"：3月4日开班，24日结束，共20讲。

这是中国文化书院成立后举办的第一项活动，有国内梁漱溟、冯友兰、张岱年、任继愈、侯仁之、金克木、虞愚、牙含章、石峻、吴晓玲、戴逸、何兹全、丁守和、阴法鲁、朱伯崑、汤一介、庞朴、李泽厚、孙长江等19名著名学者，台湾知名学者陈鼓应，以及国外的杜维明、袁晓园等，为讲习班作了精彩的讲演。听课学员200余人，来自全国。

这次讲习班开创了1949年之后大型民间讲演的先河，对当时正在形成的"文化热"起到推波助澜的作用。讲座获得广泛社会影响，尤其梁漱溟先生是1953年受到批判后的第一次公开演讲，备受各方关注。《人民日报》（海外版）、《光明日报》、《北京日报》、《文汇报》、《中国日报》（英文版），以及美国《美中交流通讯》、新加坡《新明日报》等国内外20余家报纸、电台作了广泛报道。

◎25日至27日，中国文化书院在中央团校举办了"重新检讨中国传统文化价值与作用学术讨论会"，辛冠洁、汤一介、楼宇烈、金春峰、葛荣晋、许抗生、杜维明、陈鼓应等教授及一批在京中青年学者金观涛、何维凌、鲁军、李中华、陈占国、程宜山、尤西林等50余人参加讨论，重新检讨了中国传统文化的价值及发展前景。《中国社会科学》《未定稿》等杂志以"学术动态"作了长篇报道。

● 中国文化书院接待美国戴圣虞教授，并进行学术座谈。

1985年4月

◎ 14日，中国文化书院在北海仿膳坊举办导师聚餐座谈会，总结第一期讲习班的工作并对下一步工作进行了讨论。鲁军、李中华分别向导师们汇报了社会各界对讲习班的反响以及财政收支情况。

1985年8月

◎ 28日，冯友兰、汤一介等先生分别会见了美国学者戴圣虞。双方广泛交谈了建立中国文化书院的意义，以及加强中外文化交流、建立"中华文化季刊基金会"等事宜。

1986年1月

◎ 1日，在北京外交学院礼堂，中国文化书院举行了第二期文化系列讲习班"中西文化比较研究"开学典礼。中外著名学者梁漱溟、张岱年、任继愈、汤一介、李泽厚、庞朴、孙长江、包遵信、乐黛云、邹谠、杜维明、成中英、魏斐德、姜允明、赵令扬、刘年玲、冉云华，以及来自全国的七百余名学员和新加坡、日本、西德等国家的十几名学员参加了开学典礼。梁漱溟、张岱年、汤一介、李泽厚、邹谠、杜维明等在开幕式上讲了话。

◎ 1日至16日，"中西文化比较研究"讲习班在北京外交学院开办，主讲人有：梁漱溟、周谷城、季羡林、周一良、汤一介、庞朴、乐黛云、严绍璗、包遵信、陈鼓应、冉云华（加拿大）、姜允明（澳大利亚）、杜维明（美国）、成中英（美国）、赵令扬（香港）、魏斐德（美国）、邹谠（美国）、刘年玲（美国）等。

◎ 10日，中国文化书院组织参加"中西文化比较讲习班"的学员中从事马克思主义哲学教学工作的80余人，举行"高校哲学教学改革座谈会"，北京大学哲学系教授、北京市高校哲学教学协会会长谢龙主持座谈会。

1986年8月

● 中国文化书院在北京大学开办第三期文化系列讲习班，主题为"科技与文化"。主讲人有：余谋昌、李绍昆（美国）、吴允曾、马希文、包遵信、殷登祥、张岱年、金观涛、丁守和、柳树滋、方药宗、沈德灿、沈小锋、吴良镛等。主讲人中有数位是医学、建筑、计算机、心理学、科技管理学的专家教授。这次讲习班促进了中国文化与科技的对话。

1986年12月

● 中国文化书院开办第四期文化系列讲习班，主题为"文化与未来"。主讲人有：汤一介、秦麟征、庞朴、乐黛云、王勇领、陈传康、詹姆士·阿伦·戴特（James.A.Dator，世界未来学会及罗马俱乐部成员）、维克多·斯卡迪格列（Victor Scardigli）、弗兰克·费瑟（Frank Feather）、鲁尔夫·霍曼（Rolf Homan，世界未来联合会执行委员）、吉姆·戴特（Jim Dator，世界未来联合会秘书长）、盖伊·克得斯托弗林（Gaye Christoffersen）、埃利欧罗娜·玛西妮（Eleonora Barhieri Masini，世界未来联合会主席）。这次讲习班着重介绍、探讨了世界文化的未来发展、东西文化交流冲突之历史及中国文化的前途等问题。

1987年1月

◎ 26日，在中国文化书院院务委员会会议上，鲁军代表书院常务工作小组向院务委员会作院务工作报告。

1987年4月

◎ 10日,《中国文化书院学报》创刊,每月10日出报。

1987年5月

◎ 5日,经过一年筹备的"中外文化比较研究"函授班正式开学。该班为2年学制。面向全国招生,第一年注册学生为12754人,其中具有博士、硕士学位的434人,教授职称的149人,讲师职称的1627人,编辑、记者职称的495人。除台湾,学员遍布全国。该班开设了15门文化比较研究课程:"文化学概论""马克思主义文化""比较科学方法论""中国文化概论""日本文化概论""印度文化概论""西方文化概论""比较哲学""比较史学""比较美学""比较法学""比较教育学""比较伦理学""比较文学""比较宗教学"等。执教教师除了书院导师,又特邀海内外知名学者共计50余人,分别担任上述相关教材的编写,面授辅导,答疑解难惑,并为学员的未来研究课题提供指导咨询。

这次函授班的开办,是1949年之后中国第一次大规模民间函授办学。

● 中国文化书院接待北美华人协会主席潘毓刚先生。

1987年6月

● 中国文化书院接待新加坡亚洲研究会文化团一行7人,座谈新加坡儒家伦理教育问题;接待新加坡报业中心负责人黄锦西先生。

1987年7月—8月

◎ 中国文化书院"中外文化比较研究"函授班的首次面授教学——1987年暑期的面授从7月18日起至8月21日止,在全国分6条线17个省城开班,4000名学员接受了面授。

◎ 8月15日,由中国文化书院中国学研究资料咨询中心(咨询委员会庞朴为主任、魏常海为秘书长）创办的《中国学导报》第一期出版。

1987年9月

●中国文化书院接待新加坡东亚哲学研究所所长吴德耀教授，新加坡国立大学梁元生、吕武吉、李卓然、郭振羽教授，澳大利亚国立大学柳存仁教授，就中国文化与东亚地区经济发展，中国与新加坡、澳大利亚等地的文化学术交流进行了广泛讨论。

1987年10月—11月

◎由劳动人事部人才交流中心、国家环保总局宣传处、中国文化书院科技部联合主办（实际是中国文化书院承办）为期2年的"全国环境保护专业培训班"，10月开学，超过6000人报名参加。

◎中国文化书院于10月31日至11月2日在北京主办了"梁漱溟思想国际学术讨论会"。会议开幕式10月31日上午在北京"二七剧场"举行，费孝通、周谷城副委员长等领导和中外学者600余人参加开幕式。来自美国、加拿大、法国、日本、澳大利亚、新加坡等国，以及内地和香港地区的学者专家（包括中国文化书院的导师），共计70余人参加了随后在香山饭店举行的研讨会。

"梁漱溟思想国际学术讨论会"召开的当晚，中央电视台在新闻联播节目中予以报道。《人民日报》，《人民日报》（海外版）、《光明日报》、《文汇报》、《科技日报》、《北京晚报》、《人民政协报》、中国国际广播电台等，会后作了报道。

◎11月4日至13日，中国文化书院对通过面试的应聘者进行了为期10天的培训。这次招聘从7月开始，共1600余人报名，200余人进入面试，46人面试通过后参加培训，最终录取30人。

●中国文化书院接待意大利那不勒斯大学东方学院的科怡教授，商谈合作编辑、出版英文版"中国历史文化百科丛书"。

1987年12月

◎ 17日，中国文化书院首届免费高级学术研究班在北京香山别墅开班，来自全国的近百名学员参加研究班，汤一介、冉云华、庞朴、朱伯崑等17名中外著名学者向学员授课，为期22天，1988年1月7日结束。

1988年1月

◎ 3日至4日，中国文化书院接待美国加州大学社会学系杨午晴先生及夫人一行，杨先生讲授"美国社会心理学研究"。

◎ 10日至11日，中国文化书院召开院务工作会议，汤一介宣布院务委员会决定：鉴于冯友兰先生年事已高，增设张岱年先生为名誉院长；经学术委员会研究决定，增设魏常海先生为学术委员会副主席。

鲁军作"1987年院务工作报告"，并提出"1988年工作规划"。会议一致通过了"1987年院务工作报告"。

◎ 11日，中国文化书院院务委员会决定：筹建中国文化书院图书馆；1988年拨款7万元作为开办费及购书费；图书馆业务由图书委员会指导，委员会由下列人员组成：季羡林、宁可、乐黛云、包遵信、谢瑞林、那静坤。

◎ 11日至31日，中国文化书院第二期高级学术研究班，在北京香山别墅书院教学楼举办。

◎ 30日，中国文化书院接待台湾小说家王拓，并和北京大学比较文学研究所共同举办"海峡两岸文学讨论会"。汤一介、乐黛云、陈鼓应、刘再复、刘宾雁、谢冕、王守常、冯宗璞、王拓、林斤澜、郑万隆、黄子平、刘树钢、邵燕祥、戴晴、沈昌文、金克木、陈建功，以及香港《文汇报》《大公报》，中新社，《中国文化报》等10多家报社的记者参会，陈鼓应主持。

1988年2月

◎ 9日，台湾学者王晓波先生为中国文化书院学员讲课。

◎ 12日，中国文化书院欢迎台湾学者王晓波来访，并举办"中国传统文化与现代学术讨论会"。除张岱年、庞朴等十几位书院导师，辛冠洁、赵复三、刘笑敢、金观涛等先生也应邀出席会议。中新社，《瞭望》周刊，《光明日报》，香港《文汇报》《大公报》，《中国文化报》，《中国青年报》等派记者与会采访；中央电视台当天的"晚间新闻"对会议作了报道。

◎ 24日，中国文化书院第三期高级学术研究班在北京海军干休所举行了开学典礼，教学时间3周。中国文化书院学术委员会主席庞朴、导师季羡林、副秘书长魏婕等出席了开学典礼。

◎ 29日，中国文化书院在北京饭店为驻京外宾举办了首次"中国文化系列讲座"，美国、英国、意大利、墨西哥和丹麦5个国家的13名外国友人前来听课，杨宪益先生主讲"中国早期与东罗马的交往"。

1988年3月

◎ 9日，中国文化书院院长办公会议决定：筹建"中国文化书院口述历史资料馆"，丁守和先生为该馆负责人，由丁守和、周一良、宁可、孙长江先生组成"口述历史资料馆领导委员会"。

◎ 19日，中国文化书院决定成立"中国文化书院编译馆"，由梁从诫先生负责。

◎ 20日，中国文化书院邀请全体导师及友人百余人雅聚于颐和园听鹂馆。季羡林、梁从诫、丁守和三位先生分别介绍了筹建"中国文化书院图书馆""中国文化书院编译馆""中国文化书院口述历史资料馆"的情况。

◎ 23日，中国文化书院举行"中外文化比较研修班"开学典礼，名誉院长张岱年、院务委员会副主席王守常到会讲话。

◎ 30 日，中国文化书院全体国内导师在颐和园听鹂馆雅聚，接待美中学术交流委员会驻北京办公室主任朱晓康先生、澳大利亚墨尔本大学教授康坦先生、美国爱荷华大学陈炳藻先生。

◎ 在本月中为驻京外宾举办了 5 次"中国文化系列讲座"，听课的外宾达 50 余人，分别由刘叶秋、梁从诫、钟志邦、吴晓铃和白化文 5 位先生讲授了"北京的季节风俗——春节""中西大百科全书的比较""儒家文化与基督教文化的对话""昆曲""近现代的汉化寺庙"。

1988 年 4 月

◎ 5 日，中国文化书院接待香港大学陆人龙教授，召开小型"学术讨论会"。

◎ 7 日，中国文化书院会见并宴请香港汉荣书局董事长石景宜先生，会商学术交流事宜。

◎ 4 月 9 日至 11 日，中国文化书院和北京市社会科学院主办的"东西文化与人格暨健康人格理论学术讨论会"在北京召开，来自全国各地的与会者共 70 人，收到论文 40 篇。

◎ 14 日，中国文化书院、国家环保局和劳动人事部共同举办了 1988 年第一期全国环境保护培训班高级讲座。

◎ 22 日，应中国文化书院邀请，美国社会科学委员会主席魏斐德先生在北京大学举行学术座谈，作"美国当代人文科学研究现状"学术报告。全国人大副委员长周谷城，书院导师季羡林、阴法鲁、周一良、朱伯崑、乐黛云、孙长江、梁从诫，北京大学哲学系主任朱德生、历史系主任田余庆、美中文化交流委员会代表朱晓康及哲学系 20 余名研究生参加座谈会，汤一介主持会议。

● 台湾立法委员胡秋原访问中国文化书院，并举办"中国文化问题讨论会"。

1988年5月

- 中国文化书院接待法国明斯特大学英语系主任赫伯特教授。
- 中国文化书院接待日本东方学院中村元教授。

◎ 27日至28日,在中国文化书院会议室举行"传统与现代化问题"讨论会。出席人员为:庞朴、包遵信、张立文、成中英、赵令扬、林毓生、朱小康、丁守和、汤一介、韦政通、钟志邦、陈来、王守常、鲁军、叶朗、孙长江、谢龙、梁从诫、方立天、陈俊民、李金生,《人民日报》主任编辑马立诚,《工人日报》记者胡健,胡舒立,《瞭望》(海外版)编辑徐民和。

1988年6月

◎ 14日,意大利那不勒斯大学东方学院文化教授圣康吉罗、罗马远近东研究所教授Lionell.Lanciotti等一行来书院访问,书院导师张岱年、周一良、丁守和、梁从诫接待了来访者。

那不勒斯大学东方学院和罗马远近东研究所正在编辑《中国历史文化百科全书》,希望中国学者能帮助审订该书的中文部分,邀请张岱年、周一良教授参加该书顾问委员会,并愿在东德即将召开的中国学会议上介绍中国文化书院的《中国学导报》。

- 美国新墨西哥大学巴姆教授在中国文化书院演讲。

◎ 23日,中国文化书院第一任院务委员会主席、导师梁漱溟先生在京逝世。

◎ 26日,中国文化书院举办"梁漱溟先生追思会"。

1988年7月

◎ 15日,中国文化书院召开院务委员会会议,决定由季羡林先生接任梁漱溟先生院务委员会主席一职;鲁军副院长汇报了上半年工作。

晚上,书院举行在京导师雅聚。

◎ 18 日，中国文化书院北京地区同学会举行"儒家文化与当今世界"学术讨论会，导师庞朴、包遵信、李中华参加了讨论会。

1988 年 8 月

◎ 20 日，中国文化书院学术委员会提出《关于编辑出版〈梁漱溟全集〉的设想》，后经梁漱溟之子梁培宽、梁培恕委托，书院学术委员会负责编辑《梁漱溟全集》，八卷本《梁漱溟全集》1993 年 6 月由山东人民出版社出齐。

◎ 30 日，中国文化书院为编撰《中国文化研究年鉴（1989 年）》"专论"部分，向若干"著名中国文化研究专家"发出特邀约稿信。《中国文化研究年鉴（1989 年）》最终在 1990 年 12 月由台北国文天地杂志社丛书编辑部出版，大 16 开，855 页，110 万字。

1988 年 9 月

● 中国文化书院接待台湾立法委员费希平率领的访问团一行 20 余人，并与之座谈"两岸文化学术交流发展"。

1988 年 10 月

◎ 7 日至 9 日，中国文化书院举办"中日走向现代化比较研究国际学术讨论会"。日本立命馆大学教授竹内实、东京大学松本三之介及日本企业界代表出席讨论会，中外学者共 13 人提交论文。中国改革与开放基金会资助了本次学术会议。

◎ 30 日，《关于中国文化书院下设两个开发和管理部门的决定》签署，中国文化书院分为社会哲学部和人文科学部，两部各自独立运行。

● 中国文化书院接待加拿大多伦多大学教授、加拿大驻中国使馆文化参赞许美德博士，讨论书院与加拿大文化学术交流事宜。

1988年11月

◎ 20日,中国文化书院召开院务委员会会议,听取了庞朴关于应对目前情况暂时分社会哲学部和人文科学部两部运营的内部管理调整情况的汇报;院务委员会任命汤一介先生继续担任院长,鲁军先生仍为副院长,增补李中华先生为副院长,院长、副院长任期两年;根据汤一介提议,院务委员会决定汤一介、鲁军、李中华、王守常、魏常海、田志远、林娅仍为执委,增选院务委员会主席季羡林、副主席谢龙,学术委员会主席庞朴,导师代表朱伯崑、孙长江、梁从诫,以及2名职工代表(两部各选1名)为执委会委员,庞朴先生为执委会召集人;根据汤一介院长身体状况,院务委员会决定汤一介院长病休两个月,这期间由执委会召集人庞朴先生代理院长行使职权。

1988年12月

◎ 3日下午,中国文化书院召开《河殇》座谈会,李中华主持会议,说明应台湾《联合报》专栏记者王震邦之邀,请来《河殇》有关作者,一起讨论"中国知识分子与文化"。王震邦、苏晓康、王鲁湘、叶朗、金观涛、李泽厚、包遵信、庞朴、李中华、王守常、李林等先后发言。

1989年1月

◎ 10日,中国文化书院发出"纪念'五四'70周年国际学术研讨会"邀请函,得到国内外学术界广泛回应与支持。香港大学、香港中文大学、北京二十一世纪研究院共同参与此会的筹备与举办。

◎ 15日,中国文化书院与中国地质大学经济管理学院联合举办"经济与行政管理专业证书班",学制为2年。

1989年2月

◎ 为加强学术界与文艺界、企业界的相互了解和对话,中国文化书院与中国科学院企业家联合会在友谊宾馆共同举办"名人名家春节联谊会",经费由京海计算机公司资助。汤一介在会上致辞。

1989年3月

◎ 30日,台湾佛光山星云法师向中国文化书院捐赠1万美金和佛学词典1部。

1989年4月

● 书院接待香港中华文化促进会总经理郑艾伦一行,并讨论内地与香港文化学术交流事宜。

1989年5月

◎ 1日至3日,中国文化书院学术委员会、北京二十一世纪研究院、香港中文大学中国文化研究所、香港大学中文系共同发起的纪念"五四"70周年——"'五四'与中国知识分子"国际学术研讨会,在北京香山卧佛寺饭店举行。与会中外学者达200余人,其中包括来自美、加、澳、日、新加坡、苏联、意大利和香港、台湾地区的学者。此次会议是中国文化书院召开的历届国际学术会议中规模最大的一次。

◎ 20日至24日,中国文化书院与美国新基督教研究会在北京香山饭店联合主办了"中国宗教:过去与现在"国际学术讨论会,除我国儒、佛、道、少数民族宗教、民间宗教的学者参加,还有美国、加拿大、意大利、荷兰、以色列、新加坡等国家的宗教研究者。

● "中外文化比较研究班"教学工作全部结束。

1989年8月

◎ 2日,补办中外比较文化研究班(学员们已于5月份结束学业)毕业典礼,汤一介院长致辞。

1989年9月

◎ 14日,《关于免除鲁军同志副院长及书院一切职务并从中国文化书院除名的提案》,在33名院务委员(包括鲁军)中进行表决,27人赞成,1人反对,2人弃权,3人因出国未能表态,获得通过。

● 中国文化书院接待台湾文止戈哲数象研究会会长陈子斌一行,并与之座谈"周易研究的历史与现状"。

1989年10月

◎ 20日,根据院务委员会《关于免除鲁军同志副院长及书院一切职务并从中国文化书院除名的提案》表决结果,季羡林代表中国文化书院院务委员会签署发出《中国文化书院关于免去鲁军同志在书院所任各项职务并不再承认鲁军同志为书院成员的决定》。

1989年11月

◎ 中国文化书院院务委员会执行委员会决定:调整书院现行管理体制,撤销社会哲学、人文科学两部,恢复一元体制;增补梁从诫、林娅出任副院长。

1989年12月

● 19日,中国文化书院导师牙含章逝世,书院召开"追思会"。

● 20日,原"中外文化比较研究班"毕业学员北京同学会的4位代表回书院访问,表示对书院的关心和支持。

◎ 30日,中国文化书院举行院部全体员工辞旧迎新联欢会,季羡林、汤一介、谢龙和大家一起展望前景,在汤一介带领下高唱《团结就是力量》,尽欢而散。

1990年1月

◎ 20日,中国文化书院导师、员工和友人雅聚,29位导师参加雅聚,是历年雅聚导师参加人数最多的一次。汤一介院长作了"1989年工作总结"和"1990年工作展望"。

1990年2月

● 中国文化书院召开执委会,研究1990年全年工作计划。其中以"冯友兰哲学思想国际学术研讨会"的筹备与召开为主。会议确定由王守常、魏常海和李中华三人负责该会筹备。

◎ 12日至26日,中国文化书院接待了台湾文止戈哲数象研究会负责人陈子斌先生,双方就举办"天坛圜丘逻辑发布会暨薪传笔墨艺术鉴赏会"合作事项进行了磋商。

1990年3月

● 中国文化书院与北京东方影视集团公司召开座谈会,讨论双方合作编辑与出版"神州文化集成"丛书的意向。书院20余位导师出席了座谈会。

1990年5月

◎ 中国文化书院与中国华诚集团文化传播公司负责人再次召开座谈会,确定合作出版"神州文化集成"丛书的方针和原则。季羡林先生详细阐述了出版该丛书的文化意义,得到与会者的普遍赞同。随后,由中国文化书院数十名导师组成编委会,季羡林、汤一介、孙长江任主编,东方影视负责人李生泉任常务副主编,组织各方面专家百余人,合力对中国文化分门别类加以研究、撰稿、审定,由新华出版社出版。

1990年7月

● 台湾辅仁大学张振东教授率团一行30余人,受中国文化书院邀请来京访问,并进行了学术交流。

1990年8月

● 台湾著名学者严灵峰先生及其夫人,受中国文化书院之邀来京访问,并参加了由中国文化书院与中国哲学史学会共同举办的学术座谈会。

◎ 中国文化书院与北京宣武、丰台、崇文等区合办的1年制函授"北京市工商企业管理干部深化法制教育培训班",自1989年7月开始,经1年教学,本月结束,该电视教学班学员5000人。

1990年9月

● 中国文化书院继续制作历史学术音像资料片。继《梁漱溟》《张岱年》之后,又完成了《冯友兰》《季羡林》的学术生活音像资料片各1部。书院导师通过了上述2片的审查。

1990年11月

● 26日,中国文化书院名誉院长冯友兰先生在京逝世。享年95岁。

1990年12月

◎ 4日至6日,中国文化书院举办了"冯友兰哲学思想国际学术研讨会"。此会在一年前筹备时,预计为祝贺冯友兰先生九十五华诞,而冯先生先于生日庆典前仙去,此会便成了冯友兰学术思想研讨、追思会。会议开幕式在北京图书馆举办,全国人大常委会副委员长周谷城、孔子基金会会长宫达非及书院30余名导师出席了会议开幕式。开幕式后,会议转至万年青宾馆举行。与会学者共138人。其中来自美国、西德、澳大利亚、苏联、日本、韩国等国家的学者26名,北京学者76名,中国大陆外省学者36名(含台湾学者4名)。

1991年1月

● 中国文化书院导师在友谊宾馆苏园餐厅举行雅聚,汤一介院长作了"1990年工作总结"与"1991年工作展望"。

●中国文化书院接待夏威夷大学教授成中英先生,座谈如何进一步开展海峡两岸学术交流及成立国际性孔子研究会筹备事宜。

●中国文化书院与"中外经济社会比较研究中心"举行座谈,讨论"蒙藏文化丛书"选题及进一步合作事宜。文化书院导师季羡林、任继愈、周一良、阴法鲁、庞朴、李泽厚、孙长江、宁可、叶朗、方立天等20余人参加了座谈。原航天部副部长孙家栋,华能公司总经理潘燕生,中国长城工业总公司副总裁乌可力,藏学专家王尧、丹珠昂奔、索南班觉、照那斯图,以及中国社科院历史所陈高华、作家李准等,参加了会议。

◎中国文化书院成立了"亚太地区文化与经济互动开发国际研讨会"筹备组,起草了方案,准备1991年11月20日—26日在海口开会。

1991年3月

●中国文化书院接待日本福冈市总务局企划调整部副主干事岛田绍男、进藤千寻一行。日方代表日本亚洲太平洋中心与书院座谈,探讨书院与该中心开展文化交流及合作事宜。院长汤一介及书院导师6人参加了座谈会。

1991年5月

●中国文化书院接待台湾中国文化大学戏剧系主任、台湾秘书长王士仪先生。书院导师汤一介、梁从诫等参加了接待并座谈。

●中国文化书院与中国地质大学在北京蓟门饭店联合举办"企业管理专业证书班"结业招待会。院长汤一介、院务委员会副主席谢龙代表书院致辞。

1991年6月

● 16日,中国文化书院为季羡林先生80岁生日举办"恭贺季羡林先生80华诞学术座谈会"。与会学者70余人,文化书院导师张岱年、周一良、石峻、戴逸、丁守和、李泽厚、庞朴、谢龙、孙长江、汤一介、陈鼓应、朱伯崑、叶朗、乐黛云等20余人及中国比较文学学会诸同仁与会。

● 中国文化书院接待法国著名汉学家汪德迈(Vandermeerch)夫妇及法国驻华使馆文化专员夫妇,座谈中法文化交流和文化比较研究。

1991年7月

● 7日至11日,中国文化书院在中国青年政治学院万年青宾馆召开"儒家与基督教国际学术研讨会"。有美国、日本、韩国、菲律宾及港台学者和书院导师共30人参加。

1991年8月

◎ 29日,中国文化书院院务委员会执行委员会会议,根据汤一介院长的提名,决定聘任陈越光为中国文化书院副院长、院务委员会执行委员,负责书院日常工作。

1991年9月

● 中国文化书院在友谊宾馆举行中秋节导师雅聚,由书院学术委员会主席庞朴主持,院务委员会副主席王守常做工作报告,正式宣布陈越光为文化书院副院长。

1991年10月

● 中国文化书院第三期"廉政建设理论研讨班"在京开学,学员近300人。

1991年12月

● 中国文化书院与福建闽台经济文化促进会、泉州黎明大学商谈联合召开"东亚地区经济与文化互动国际学术研讨会"事宜,书院导师庞朴、孙长江,福建闽台经济文化促进会会长黄猷、泉州黎明大学校长郑坚等人参加了座谈。

●冯友兰墓碑在万安公墓落成。正面刻有"冯友兰之墓"几个苍劲挺拔的大字,背面刻有生平简历。中国文化书院张岱年、任继愈、朱伯崑、孙长江等20余位导师,冯先生家属及冯先生生前门生故旧60余人参加了墓碑落成典礼。

附录二：
《中国文化书院档案文献目录汇编1984—1991（文字部分）》[1]

陈越光 编

1.1　　简报

1.1.1　　1985年简报

1.1.1.1　　第1期 1985年11月20日

1.1.2　　1986年简报

1.1.2.1　　第2期 1986年1月10日
　　　　　《中外文化比较》讲习班在京开学

1.1.2.2　　第3期 1986年1月15日
　　　　　高校哲学教学改革座谈会纪要

1.1.2.3　　第4期 1986年1月18日
　　　　　国内学员对讲习班的反映

1.1.2.4　　第5期 1986年2月1日

---

[1] 该汇编分文字、图片、视频三个部分，部分下分若干类别，类别下分具体文件和文件的细分。故，每一条目的编号第一个阿拉伯数字代表部分，第二个阿拉伯数字代表类别，第三个阿拉伯数字代表具体文件，第四及其以后的阿拉伯数字标示这一具体文件的细分。如1.1.3.8，按顺序第一个1即为第一部分（文字部分）；第二个1为第一类别（简报）；3为这一类别的第3份资料（1987年的简报）；8为1987年简报中的第8份（第8708期简报）。又如1.11.3.5.6，按顺序1即为第一部分（文字部分）；11为第十一类别（学术研讨会、论坛）；3为此类别中的第三个会议（纪念"五四"70周年研讨会）；5为此会议的第五种文件（会议论文）；6为编号为第六的论文（《XX》论文）。以此类推。

国外学者在中外比较文化研究班

1.1.2.5　第 6 期 1986 年 2 月 24 日

海外华人对中国文化书院及对书院举办的两期讲习班的反映

1.1.3　1987 年简报

1.1.3.1　第 8701 期 1987 年 4 月 29 日

一、中外比较文化研究班开学各项工作就绪

二、全国环保专业培训班开始招生

1.1.3.2　第 8702 期 1987 年 4 月 29 日

一、关于在昌平建院舍的情况

二、关于书院基金会活动情况

1.1.3.3　第 8703 期 1987 年 5 月 20 日

秘书处开始工作

1.1.3.4　第 8704 期 1987 年 7 月 1 日

一、中外比较文化研究班在全国各地面授教学即将全面展开

二、大力加强全国环保专业培训班招生宣传

三、企划教学基地

1.1.3.5　第 8705 期 1987 年 10 月 7 日

一、暑期面授教学圆满结束

二、全国环保专业培训班（第一期）开学典礼即将举行

三、书院导师香山暑期休假结束

四、招聘工作人员工作初步完成

1.1.3.6　第 8706 期 1987 年 11 月 22 日

一、梁漱溟思想国际学术讨论会获得圆满成功

二、应聘人员培训班顺利结束

1.1.3.7　第 8707 期 1987 年 11 月 30 日

梁漱溟思想国际学术讨论专辑

1.1.3.8　第 8708 期 1987 年 12 月 28 日

一、聘傅伟勋教授为中国文化书院在美国的代表

二、首届"高级学术研究班"顺利举办

三、在京开展第六、七届"中外比较文化研究班"面授活动

四、全国环保班在京召开教学审议会

1.1.4. 1988 年简报

1.1.4.1 第 8801 期 1988 年 2 月 2 日

一、中国文化书院召开 1987 年—1988 年院务工作会议

二、书院将对驻京外国友人举办"中国文化系列讲座"

三、中国文化书院图书委员会召开首次会议

四、"全国环境保护专业培训班考核方案"审议会在京召开

五、第二届"高级学术研究班"结束

六、"海峡两岸文学讨论会"在友谊宾馆召开

七、中国文化书院迁址

1.1.4.2 第 8802 期 1988 年 3 月 1 日

（另有同样编号但为 3 月 7 日的，内容少第六项）

一、聘著名书法家启功等人为中国文化书院导师

二、举办第三届高级学术研究班

三、对外国友人"中国文化系列讲座"首讲在京举办

四、召开"中国传统文化与现代化"学术讨论会

五、召开"青年：历史——未来"专题片讨论会

六、院长办公会议批准城市文化研究所关于"驾驶员继续教育全国统一教程"的请示报告

1.1.4.3 第 8803 期（同期不同时、内容有别的两期）

1.1.4.3.1 1988 年 3 月 21 日

一、中国文化书院成立"编译馆"会议纪要

二、中国文化书院"口述历史资料馆"讨论会纪要

三、中国文化书院城市文化研究所"机动车驾驶员继续教育

全国统一教程"筹备工作进程情况

1.1.4.3.2　1988 年 4 月 5 日

一、召开成立"口述历史资料馆"会议

二、召开成立"编译馆"会议

三、书院导师、友人雅聚于颐和园听鹂馆

四、"中外文化比较研修班"举行开学典礼

五、书院对外"中国文化系列讲座"顺利举办

六、咨询基础工作取得进展

七、基建进展顺利，班车正式运行

1.1.4.4　第 8804 期 1988 年 5 月 4 日

一、1988 年首期全国环保高层次讲座在京举办

二、召开函授工作会议并做出重要决议

三、召开第二次"口述历史资料馆"工作会议

四、中国文化书院图书馆建设初见成效

五、召开《机动车驾驶员继续教育》教材编写会议

六、邀请美籍教授魏斐德在北京大学举行学术讲座

1.1.4.5　第 8805 期 1988 年 8 月 7 日

一、梁漱溟先生去世及追悼活动

二、召开院务委员会会议

三、在友谊宾馆东南餐厅举办导师雅聚

四、意大利那不勒斯东方文化学院代表来访

五、书院各部新闻短讯

1.1.4.6　中国文化书院简报 1988 年 12 月 8 日

通报 11 月 20 日院务委员会会议有关决议

1.1.5　1989 年简报

1.1.5.1　1989 年 9 月 7 日部分导师座谈会简报手稿

1.1.6　　　1990 年简报
1.1.6.1.1　1990 年第 1 期 1990 年 1 月 1 日
1.1.6.1.2　1990 年第 1 期 1990 年 1 月 3 日
1.1.6.2　　王守常手写简报底稿（基本内容收入 1.1.6.1）
1.1.6.3　　1990 年第 2 期底稿　1990 年 3 月 20 日
1.1.6.4　　1990 年第 2 期 1990 年 3 月 20 日
　　　　　　导师及员工春节雅聚
　　　　　　接待日本、台湾客人
　　　　　　几个新的函授班开始招生
　　　　　　系列学术报告会即将举行
　　　　　　书院各项规章制度已经修订、公布

1.1.7.1　　1991 年第 1 期简报　　1991 年 1 月 31 日
　　　　　　1990 年工作的总结与展望

1.2　　　对外关系
1.2.1　　关于注册、挂靠 / 主管、登记的申请报告与批复
1.2.1.1　　中国文化书院注册申请报告底稿
1.2.1.2　　北京市成人教育局给北京高等学校哲学教学协会的复函：
　　　　　　同意你会举办中国文化书院，并补办批准手续
　　　　　　1986 年 2 月 25 日
1.2.1.3　　1985 年 4 月报北京成教局的申请登记材料
1.2.1.4　　九州知识信息开发中心营业执照　1984 年 10 月 26 日

1.2.2　　专项申请、报告与批复
1.2.2.1　　中国文化书院致国际文化交流中心：
　　　　　　申请加入贵组织，成为正式会员 1987 年 6 月 17 日

1.2.2.2　　　中国文化书院致改革与开放基金会：
　　　　　　申请资助购置"轻印刷系统"的预算报告　1988年2月25日（附基金会给庞朴的"无力提供完全的现金资助"复函）

1.2.2.3　　　中国文化书院致北京市成人教育局、北京市新闻出版局：
　　　　　　关于《中国学导报》公开发行的请示报告　1988年3月

1.2.2.4　　　中国文化书院致北京市新闻出版局、北京市成人教育局：
　　　　　　关于将我院学报转为公开出版发行的申请报告　1988年3月23日

1.2.2.5　　　中国文化书院致北京市成人教育局、北京市新闻出版局：
　　　　　　关于中国文化书院编译馆申请报批为正式出版单位的报告　1988年4月

1.2.2.6　　　致中央对台办杨思德主任并呈尚昆、启立同志：
　　　　　　中国文化书院关于接办《知识分子》杂志的请示（未盖章、签名件）　1988年9月

1.2.2.7　　　致国际文化交流中心：原注册关系不变，挂靠其下　1990年2月5日

1.2.2.8　　　致美国基督教高等教育基金会：申请资助（英文信）　1990年11月26日

1.2.2.9　　　为举办"'五四'70周年研讨会"向中国改革与开放基金会申请
　　　　　　19687.50元人民币资助预算表　1989年4月

1.2.2.10　　 为《中国学导报》向中国改革与开放基金会申请3万元人民币资助
　　　　　　预算表

1.2.2.11　　 为举办"中日近代比较研讨会"向中国改革与开放基金会申请20330.20元人民币资助预算表及批准协议、通知函

1.2.2.12　　 梁从诫、王守常致原改革与开放基金会善后小组毛国华、郑晓梅：

　　　　　　　申请资助文化书院活动9000元　1990年4月29日

1.2.2.13　梁从诫致国际文化交流中心曹大鹏：报告书院与国外学者将举行"儒学与基督教"非正式座谈　1991年4月19日

1.2.2.14　书院致外汇管理局：要求开外汇账号　1988年2月9日

1.2.2.15　致中央对台办杨思德主任、王今翔副主任：中国文化书院为建立香港分院问题的请示报告

1.2.3　　政府机构相关文件

1.2.3.1　北京市成人教育局：社会力量办高校的清理整顿意见（征求意见稿）

　　　　1989年6月12日

1.2.3.2　北京市人民政府令1990年第26号：发布《北京市社会力量办学管理办法》

1.2.3.3　北京市成人教育局文件（90）京成教社字第017号：印发《〈北京市社会力量办学管理办法〉实施细则》的通知　1990年11月29日

1.2.4　　特别事件

1.2.4.1　1986年12月—1987年1月《中国文化报》"读广告有感"风波的背景说明、黎鸣撰文、陈小雅评论、金舒年评论

1.2.5　　联系

1.2.5.1　给万润南及"四通"的唁电底稿　1988年1月22日

1.2.5.2　赵令扬致鲁军：关于启功、黄苗子等赴港活动　1988年3月31日

1.2.5.3　北京师范大学为保障启功教授外出健康的工作函　1988年6月1日

1.3 内部管理

1.3.1 筹建方案、章程，总结与规划

1.3.1.1.1 关于建立书院的设想

1.3.1.1.2 关于建立中国文化书院的方案　1985年4月

1.3.1.2 鲁军：1987年院务工作报告　1987年1月26日

1.3.1.3 鲁军：1988年院务工作报告　1988年1月

　　一、中国文化书院1987年院务工作报告正文

　　1. 教学工作

　　2. 研究出版工作

　　3. 学术交流

　　4. 院务工作

　　二、中国文化书院1988年发展规划

　　三、附录部分

　　1. 1985—1986年开设课程一览表

　　2. 1987年开设课程一览表

　　3. 1987年出版工作一览表

　　4. 1987年来访学者一览表

　　5. 《中国文化书院文库》编纂计划

　　6. 《中国文化研究年鉴》编辑方案

　　7. 各界捐赠一览表

　　8. 人事及组织变迁一览表

　　9. 中国文化书院机构、导师、工作人员一览表

1.3.1.4 院务工作报告打印稿（与铅印本略有不同，如全国函授学员分布表）

1.3.1.5 12个问题（此标题为编目录时加）

　　学制问题

　　出国留学进修

　　补发学报、教材资料

集结研究成果

对各地"同学会"应表何态

北京地区辅导

减少学报、教材印数和发行

教材编辑、出版、发行

面授

学报

论文

读书、学术活动

1.3.1.6 《中国文化书院章程1990年》

1.3.2 机构

1.3.2.1 气功研究所

1.3.2.1.1 中国文化书院气功与文化研究所章程（草稿）

1.3.2.1.2 中国文化书院养生气功与养生武术研究所简介

1.3.2.1.3 关于申请成立气功与文化研究所的报告1989年3月6日

1.3.2.1.4 汤一介、石松签署的中国文化书院气功与文化研究所管理规定 1989年2月28日

1.3.2.1.5 中国文化书院致大庆市政府、大庆石油管理局：建议石松任书院大庆气功培训中心主任1989年9月27日

1.3.2.2 函授部主任工作职责 1987年3月

1.3.2.3 中华学术交流中心负责人田春林要求挂靠书院信

1.3.2.4 中国文化书院中国学研究资料咨询中心介绍材料

1.3.2.5 江南分院

1.3.2.5.1 中国文化书院江南分院（草案）1987年6月10日

1.3.2.5.2 南京大学李书有致汤一介、鲁军成立江南分院的信 1988年3月8日

1.3.2.5.3 汤一介致鲁军：希望建成独立的江南书院

1.3.2.5.4	中国文化书院致江南文化书院筹备处函 1988 年 3 月 25 日
1.3.2.6	幽州书屋申请挂靠中国文化书院的报告 1987 年 6 月 18 日
1.3.2.7	钟郁致张岱年要求建立中国文化书院桂林分院　1987 年 10 月 30 日
1.3.2.8	中国风俗研究所申请隶属于中国文化书院的报告 1989 年 2 月 2 日 中研字（1989）125 号
1.3.2.9	中国电影文化研究与咨询中心挂靠中国文化书院协议书草稿　1989 年 3 月
1.3.2.10	中国文化书院河南分院简介
1.3.2.11	影视研究所
1.3.2.11.1	关于成立"中国文化书院影视研究所"的请示报告 1991 年 8 月 29 日
1.3.2.11.2	中国文化书院影视研究所负责人名单
1.3.2.11.3	中国文化书院与东方影视集团成立影视研究所协议书 1991 年 8 月 31 日
1.3.2.12	中国文化书院机构图示

1.3.3	人员
1.3.3.1	八十年代的中国文化书院工作人员登记表
1.3.3.2	存放档案人员名册（1987 年 12 月，1988 年 1 月）附人才服务中心通知
1.3.3.3	导师通讯录
1.3.3.4	中国文化书院导师、员工生日卡（未复制，原件院存 028）
1.3.3.5	全体员工人事登记簿（未复制，原件院存 024）
1.3.3.6	给应聘者的材料：书院简介，人事、工资、待遇问题答复 鲁军《致应聘者》　　1987 年 8 月
1.3.3.7	中国文化书院院务委员及导师名录

1.3.3.8 庞朴亲笔定稿的对操军同学实习评语（附中国人民大学实习介绍信） 1988 年 11 月 20 日

1.3.3.9 周红的中国文化书院毕业证书

1.3.3.10 王守常简历

1.3.3.11 梁从诫人员登记表

1.3.3.12 梁漱溟讣告及生平　　1988 年 7 月 2 日

1.3.3.13 请准备面试的应聘者填要求表　1987 年 9 月 14 日

1.3.3.14 致未予录用的应聘者　　1987 年 10 月 17 日

1.3.3.15 6 份拟退应聘者信件　（在 18 份拟退应聘信中复印 6 份）

1.3.3.16 印制名片的中文稿　　1987 年 4 月 27 日

1.3.3.17 中国文化书院办事机构及专职办事人员

1.3.3.18 刘若邻、胡晓瑜、田锐、杨甦、化雪琴、徐兰婷、涂建人员登记表

1.3.4 图书馆建设

1.3.4.1 院务委员会关于筹建图书馆的决议　　1988 年 1 月 11 日

1.3.4.2 中国文化书院图书委员会第一次会议纪要　　1988 年 1 月 16 日

1.3.4.3 关于中国文化书院图书馆建设的意见（宁可起草）　　1988 年 1 月 16 日

1.3.4.4 汤一介院长的意见　　1988 年 1 月 27 日

1.3.4.5 图书委员会向导师们征集著作、藏书的函　　1988 年 2 月 27 日

1.3.4.6 就有关昆曲书籍致吴晓铃导师的英文信

1.3.4.7 牙含章先生捐赠中国文化书院图书馆 481 册书籍、194 册杂志的信和清单　　1988 年 4 月 19 日

1.3.4 "口述历史资料馆"和"编译馆"

1.3.5.1 "口述历史资料馆"第二次会议纪要　　1988 年 4 月 22 日

1.3.5.2 编译馆工作简报（一） 1988 年 6 月 4 日

1.3.5.3 雷音:"口述历史资料馆"筹备工作情况汇报 1988 年 5 月 25 日

1.3.5.4 《中国当代著名学人电视系列》简介及预算　　1989 年 6 月

1.3.5 工作汇报

1.3.6.1 汤一介:五年来中国文化书院工作汇报 1989 年 9 月 10 日

1.3.6.2 给北京市成人教育局的汇报稿　1989 年 12 月 19 日

1.3.6 管理制度、规定、通知

1.3.7.1 中国文化书院工资、福利、退休、离职、医疗保险、休假制度

1.3.7.2 建立健全规章制度的决定　　　1987 年 4 月

1.3.7.3 中国文化书院工作人员守则等系列制度 1987 年 5 月 15 日

1.3.7.4 中国文化书院考勤制度(暂行)附 10 月考勤表　1987 年 8 月 7 日

1.3.7.5 接待室使用暂行规定　1987 年 8 月 1 日

1.3.7.6 关于调整书院管理制度的决议、就此发出的通知及汤一介对通知的修改
1988 年 9 月 14 日

1.3.7.7 鲁军、田志远批准领书条　　　1988 年 4、5 月

1.3.7.8 中国文化书院院务机构设置及职能(附"财务运转及监督")
1987 年 1 月 3 日

1.3.7.9 项目申报制度等讨论文件

1.3.8 关于购置或建院舍

1.3.8.1 关于我院院舍远景方案情况介绍　　　1987 年 12 月 14 日

1.3.8.2 中国文化书院新建书院建筑规划任务书

1.3.8.3 文化书院昌平建址工作事宜交待(附双方各拟协议书)

1.3.8.4 关东小区商品楼标准售价构成表

1.3.8.5 呈习仲勋同志:关于申请使用琉璃厂文化街西路原菜站房

屋作为中国文化书院汉学研究咨询中心的请示报告
1987年9月7日

1.3.8.7　呈万里同志：申请在北京琉璃厂一期工程剩余房屋中建立中国文化书院汉学研究咨询中心报告　1987年12月30日

1.3.8.8　中国文化书院购买海淀区虎城58号房屋协议、批文等1988年2月

1.3.8.9　中央对台办思德同志并呈尚昆、启立同志：
中国文化书院购置院址，拟请对台办代为安排贷款2000万元

1.3.9　财务人员：关于中国文化书院财务情况的报告

1.3.10　中国文化书院财产登记本破铜烂铁类

1.3.11　院务会议

1.3.11.1　中国文化书院院务工作会议记录　　1988年1月10日至11日上午

1.3.11.2　中国文化书院院务工作会议提案18份33项

1.3.11.3　院委员会会议通知

1.3.11.3.1　1988年10月3日院务委员会会议通知

1.3.11.3.2　1988年12月25日院务委员会执委会会议通知

1.3.11.3.3　1989年3月7日院务委员会执委会会议通知

1.3.11.4　中国文化书院学习清查工作计划（"六四"后）

1.3.11.5　决定汤一介病休两个月期间庞朴代理院长行使职权
（疑是文件最后一页）

1.3.11.7　中国文化书院执行委员会1991年8月29日会议纪要

1.3.11.8　中国文化书院第三号通报　1991年8月29日

1.3.11.9　院务委员会记录本　1988年7月15日—1988年12月3日

1.3.11.10　院务联席会记录

1.3.11.11　中国文化书院院务委员会名单

1.3.12　　院徽及标识系统
1.3.12.1　中国文化书院征求院徽及外联文化系列用品专告
　　　　　1988年1月18日
1.3.12.2　中央工艺美院装潢系华健心提供的院徽设计样2件
1.3.12.3　中央工艺美院装潢系冯小红提供的院徽设计样2件
1.3.12.4　田漫雪提供院徽设计样2件
1.3.12.5　院徽设计样5件、信封设计样2件、信纸设计样2件

1.3.13　　会议、洽谈原始记录（未能列入专项的）
1.3.13.1　与生活·读书·新知三联书店洽谈合作　1月28日
1.3.13.2　学报座谈会　2月1日
1.3.13.3　学报工作会议 1988年2月11日
1.3.13.4　工作会议　　1988年3月5日
1.3.13.5　与香港三联书店谈联合出版工作会议　1988年3月24日
1.3.13.6　与石景山文化局洽谈租房事记录　1988年4月11日
1.3.13.7　书院小型工作会议　4月15日
1.3.13.8　教学部函授工作总结、计划会议　1988年4月19日
1.3.13.9　与日中语言学院商讨开办气功班会谈记录　1988年5月20日

1.4　　对外合约
1.4.1　　九州信息开发中心"合同目录"
1.4.1.1　"九州中心"与小红门装订厂："国外服装纸型系列"装订协议
　　　　　1985年4月17日
1.4.1.2　"九州中心"与保定联盟电器机械厂：委托加工10万套订书机
　　　　　1985年5月11日
1.4.1.3　"九州中心"与都乐书屋：都乐书屋订购包销12.9万套

《日本服装纸型系列》 1985 年 5 月

1.4.1.4　"九州中心"与侨龙分公司：服装纸型经销协议　1985 年 5 月 8 日

1.4.1.5　"九州中心"与驹子房装订厂：64 万份服装纸型装订　1985 年 5 月 22 日

1.4.1.6　"九州中心"与青谊经济有限公司：订购纸型合同　1985 年 5 月 13 日

1.4.1.7　"九州中心"与燕山出版社：合作出版《日本服装纸型》协议　1985 年 7 月 28 日

1.4.1.8　"九州中心"与武钢钢铁研究所：数控编程软件购销合同　1985 年 7 月 8 日

1.4.1.9　新疆天山联营总公司向"九州中心"购买 5 万份服装纸样合同　1985 年 7 月 21 日

1.4.1.10　中国文化书院与北京河北梆子剧团：三年租房协议　1986 年 7 月 8 日（院存 010）

1.4.1.11　展望出版社发行部包销"九州中心"《日本服装纸型》8 万套协议　1985 年 11 月

1.4.1.12　"九州中心"向北京市委党校租房协议　1985 年 12 月（办班用）

1.4.1.13　"九州中心"与北京外交学院：中外文化比较班礼堂、贵宾室租用及食宿费协议　1985 年 11 月 28 日

1.4.1.14　"九州中心"与东四贸易信托商店：磁带购买合同

1.4.2　"九州中心"致北京东城工商局：要求解决个体户王书明不付货款的问题　1985 年 8 月

1.4.3　租赁香山别墅合同　1987 年 6 月 21 日

1.4.4　书院租用京桥大学办公房的协议　1990 年 12 月 30 日

1.4.5　与国家环保局、全国人才交流中心、央视社教部等单位联合举办《全国环境保护专业培训班》电视讲座协作合同

1987 年

1.4.6　与日中外语学院合作《意向书》1988 年 5 月 20 日

1.4.7　聘请版权法律顾问（代理人）合同　　1989 年 9 月 11 日

1.4.8　中央电视台与中国文化书院：联合举办《经济法专题讲座》的协议　1989 年 3 月

1.4.9　北京人民广播电台与中国文化书院：关于联合举办"经济法广播专题讲座"协议书 1989 年 7 月 6 日

1.5　　资金与资产（财务）

1.5.1　　财务科目设置与印制会计凭据

1.5.1.1　科目设置

1.5.1.1.1　经费支出——管理经费 科目系列

1.5.1.1.2　经费支出——专项经费 科目体系

1.5.1.1.3　资金占用类　1988 年 5 月

1.5.1.2　印制的会计凭证

1.5.1.2.1　报销单

1.5.1.2.2　稿费支付通知单

1.5.1.2.3　劳务费支付通知单

1.5.1.2.4　误餐费和会议补助费报销单

1.5.1.2.5　缴款单

1.5.1.2.6　借款单

1.5.2　　工资

1.5.2.1　1987 年 6 月份工资表

1.5.2.2　汤一介工资条

1.5.2.3　汤一介给财务小刘的通知：给越光工资和开账号　8 月 22 日

1.5.2.4　汤一介给财务小刘的通知：停发田志远工资　1991 年 8 月 23 日

1.5.3　　　　院部 1988 年四季度部分财务数据
1.5.3.1　　　院部 10 月 1 日—12 月 25 日费用支出表（估计是 1988 年）
1.5.3.2　　　院部总账资金平衡表（估计是 1988 年四季度）

1.5.4　　　　1988 年 10 月清查资产部分数据

1.5.5　　　　1988 年 10 月 5 日清查物品表

1.5.6　　　　环保班预算说明（全国环保培训班）
　　　　　　　1988 年 10 月至 1989 年 10 月经费预算

1.5.7　　　　关于人文、社哲两部上缴资金情况　1989 年 8 月 18 日

1.5.8　　　　刘翔为书院投资股权的信件和证明　1989 年

1.5.9　　　　中国文化书院 1986 年—1988 年新增固定资产
1.5.9.1　　　固定资产统计表（1986、1987、1988 年初）
1.5.9.2　　　中国文化书院 1987 年新增固定资产
1.5.9.3　　　中国文化书院楼后新房新增固定资产表 1988 年 5 月
1.5.9.4　　　中国文化书院 800 元以上固定资产表（截至 1988 年 6 月）
1.5.9.5　　　购买微机发票　1988 年 2 月 25 日

1.5.10　　　 1987 年 12 月份—1988 年 2 月份资金平衡表

1.5.11　　　 1988 年 9 月—10 月各部门费用支出情况

1.5.12　　　 5 月—8 月份院及各部门领导批准支出金额数

1.5.13　"中外比较文化研究班"预算（项目细则）1988年10月—1989年5月

1.5.14　1988年9月16日在个人手中部分100元以上固定资产清单

1.5.15　中国文化书院1991年度行政预算　1990年12月

1.5.16　银行对书院账号资金余额证明　1990年12月29日

1.5.17　申报预算注意事项　1988年4月8日

1.5.18　1991年资金平衡表

1.6　鲁军事件
1.6.1　分家前的争执与协调
1.6.1.1　副秘书长魏婕分家前致田志远的因病离职信　1988年7月
1.6.1.2　9月13日记录
1.6.1.3　《所谓"调整书院管理制度决议"的形成过程》（附"九·一三"会议决议前后五稿，1988年9月）
1.6.1.4　9月29日晚记录
1.6.1.5　10月3日记录
1.6.1.6　10月7日晚责询记录
1.6.1.7　10月10日上午记录
1.6.1.8　10月11日晚记录
1.6.1.9　关于印章失落情况的报告

1.6.2　　　分家

1.6.2.1　　汤一介就分家执行事项致庞朴的信　1988年10月16日

1.6.2.2　　徐兰婷就分家后管理致庞朴的信　1988年10月16日

1.6.2.3　　10月20日下午记录

1.6.2.4　　汤一介手写"设两部决定""财产分配决定""经费问题决定"草稿及庞朴的修改并给汤一介的信

1.6.2.5　　关于中国文化书院下设两个开发和管理部门的决定
　　　　　　1988年10月30日
　　　　　　（汤一介手写，季羡林、庞朴、汤一介签署；李中华签字"遵照本决定执行"、鲁军签字"遵照执行"10月31日）

1.6.2.6　　关于中国文化书院现有财产分配使用的决定　1988年10月月（汤一介手写，季羡林、庞朴、汤一介签署；
　　　　　　鲁军、李中华10月31日签字"遵照执行"）

1.6.2.7　　关于中国文化书院经费问题的决定　　1988年10月30日
　　　　　　（汤一介手写，季羡林、庞朴、汤一介签署；
　　　　　　李中华、鲁军10月31日签字"遵照执行"）

1.6.2.8　　分家时员工"选择志愿登记表"

1.6.3　　　"六·一八"事件

1.6.3.1　　裴淑华口述徐兰婷记录"关于6月18日事情的叙述"
　　　　　　1989年6月24日

1.6.3.2　　据回忆办公平房物品丢失情况（此件为裴淑华叙述的附件）

1.6.3.3　　被告鲁军1989年6月18日劫夺中国文化书院财物清单

1.6.4　　　书院公章、人事章被拿走经过

1.6.4.1　　田锐"书院公章及人事章被社会科学部拿走经过"
　　　　　　1989年8月1日

1.6.4.2　　高小梅对公章被取走的说明　1989年8月1日

1.6.4.3　　鲁军的批示和杨亚力致田锐的取章条

1.6.5　　　关于星云法师1万美元捐款去向
1.6.5.1　　王守常：关于星云法师捐赠书院1万美元情况说明 1989年8月19日（大张手写件）
1.6.5.2　　王守常：关于星云法师捐赠书院1万美元情况说明 1989年8月19日（小张手写件）
1.6.5.3　　汤一介：关于星云法师捐赠中国文化书院1万元问题　9月5日
1.6.5.4　　化雪琴的说明 1989年9月4日

1.6.6　　　汤一介："关于汤一介涉嫌贪污的部分调查材料"的问题 1989年9月7日

1.6.7　　　鲁军的动作
1.6.7.1　　中国文化书院文件（89）院字第1号　1989年9月4日
1.6.7.2　　中国文化书院文件（89）院清字第1号 1989年9月6日《关于解除汤一介等人在中国文化书院所任领导职务的决定》
1.6.7.3　　中国文化书院文件（89）院清字第2号 1989年9月6日《关于公布中国文化书院清理整顿工作第一批调查材料的决定》
1.6.7.4　　《附件一：关于汤一介涉嫌贪污的部分调查材料》
1.6.7.5　　《附件二：关于我院人文科学部非法出版淫秽书籍〈风流花债〉的调查材料（之一）》
1.6.7.6　　附件三：关于损害书院利益的非学术活动的部分材料（"六四"游行）
1.6.7.7　　中国文化书院清查工作简报第一期　1989年10月19日

1.6.8　　　解决鲁军问题

1.6.8.1　汤一介就鲁军问题分别致庞朴、梁从诫的信　　1989年7月21日

1.6.8.2　部分导师座谈会

1.6.8.2.1　"九七"会议通知　　1989年9月4日

1.6.8.2.2　"九七"会议到会导师签到原件

1.6.8.2.3　《"九七"会议现场记录手稿一》

1.6.8.2.4　《"九七"会议现场记录手稿二》

1.6.8.3　汤一介就鲁军问题致导师的信　1989年9月12日

1.6.8.4　《鲁军同志的主要错误》

1.6.8.5　《部分导师"九七"座谈会纪要》

1.6.8.6　汤一介嘱小徐办的几件事

1.6.9　处理鲁军等人

1.6.9.1　关于免除鲁军同志副院长及书院一切职务并从中国文化书院除名的提案　1989年9月14日

1.6.9.2　《中国文化书院关于免除鲁军同志在书院所任各项职务并不再承认鲁军同志为书院成员的决定》　1989年10月20日（季羡林签名件）

1.6.9.3　关于对鲁军的处理决定给鲁军的通知函　1989年11月1日（季羡林、王守常签名件）

1.6.9.4　汤一介致方兵：向社会哲学部全体传达对鲁军的处理决定并负责社哲部日常工作　1989年11月1日

1.6.9.5　中国文化书院撤销卢晓华出版部部长职务并除名的决定　1990年1月18日

1.6.10　鲁军问题的全套附件

1.6.10.1　附件一：鲁军同志的主要错误

1.6.10.2　附件二：关于6月18日事情的叙述

1.6.10.3　附件三：公章被拿走后的使用、说明
1.6.10.4　附件四：公章、人事章被拿走的经过
1.6.10.5　附件五：鲁军所发"中国文化书院文件89院字第一号"
1.6.10.6　附件六：王守常、汤一介关于星云法师1万美元捐款的说明
1.6.10.7　附件七：化雪琴的说明
1.6.10.8　附件八：关于承印《风流花债》的情况

1.6.11.1　中国文化书院关于请求准予再次刻制公章的报告
　　　　　1989年11月28日
1.6.11.2　北京市成人教育局出具给报社证明，及书院在《光明日报》
　　　　　公章被窃据声明　1989年12月19日
1.6.11.3　《光明日报》1989年12月22日《中国文化书院授权法律顾
　　　　　问声明》 公章被窃据停用（原件）

1.6.12　　向上反映鲁军问题
1.6.12.1　《发生在1989年夏秋的一场"文革"式丑剧——中国文化
　　　　　书院在动乱期间是怎样遭到破坏的》　1989年12月25日
　　　　　（附手写草稿、打印草稿）
1.6.12.2　鲁军和央视合作拍片，书院致函央视
1.6.12.2.1　致中央电视台的函　1989年12月18日
1.6.12.2.2　鲁军以书院名义和央视合作的工作简报1990年11月5日
1.6.12.3　致江泽民总书记　1989年12月26日
1.6.12.4　致江泽民总书记，李鹏总理，宋平同志，乔石书记，李瑞
　　　　　环书记　1989年12月26日
1.6.12.5　致新华社国内政治部　1989年12月29日

1.6.13　　政协提案
1.6.13.1　侯仁之、金克木、袁晓园、梁从诫在七届政协上

　　　　　　就鲁军破坏书院、政府应保护有影响的民间学术机构的提案　1990年3月9日
1.6.13.2　北京市政府办公厅：对政协七届全国委员会第三次会议第007号提案的答复（B）1990年6月22日

1.6.14　　起诉鲁军
1.6.14.1　起诉鲁军的委托代理协议原件
1.6.14.2　对鲁军的起诉书
1.6.14.3　附件1：被告鲁军1989年6月18日劫夺中国文化书院财物清单
1.6.14.4　附件2：被告鲁军在书院分两部管理后占用的书院财产、分部时规定由院部保管，后被鲁军把持的物品
1.6.15　　手稿：要求全国人大常委会批转公安局处置鲁军

1.6.16　　致公安部副部长俞雷
1.6.16.1　汤一介致梁从诫信手写稿　5月22日
1.6.16.2　袁晓园、侯仁之、梁从诫致俞雷副部长1990年5月26日

1.6.17　　乐黛云起草未用的"中国文化书院严正声明"　1990年12月

1.6.18　　谢龙有关"律师声明"的便条

1.6.19　　汤一介对某文件的补充意见

1.7　　中外比较文化研究班
1.7.1　　中外比较文化研究班（函授）班工作任务书（招标）

1.7.2　　中外比较文化研究班（函授）班教学管理负责人权限、待遇

1.7.3　　中国文化书院《简报》第 8701 期

1.7.4　　上海同学会通讯录

1.7.5　　中国文化书院《简报》第 8708 期

1.7.6　　比较班全国各线面授工作全面展开

1.7.7　　中国文化书院举办"中外比较文化"研究班欢迎海外学人参加研习

1.7.8　　黑龙江学员录

1.7.9　　中外比较文化研究班（函授）招生简章

1.7.10　　李燕成绩单

1.7.11　　中国文化书院"中外比较文化研究班"（函授）招生（宣传单）

1.7.12　　HUANG XIN WAN 成绩单

1.7.13　　中国文化书院学报（读书版）　1989 年 9 月 10 日出版

1.7.14　　1988 年寒假面授通知：天津、河北、山西、上海、江苏、浙江、安徽、福建、江西、山东、河南

1.7.15　中外比较文化研究班函授部开学典礼组织安排　1987年4月2日

1.7.16　"中外比较文化研究班"第六次面授通知　1987年11月30日

1.7.17　"中外比较文化研究班"北京第八次面授通知　1988年2月6日

1.7.18　中国文化书院学报第17期　1988年8月10日

1.7.19　致退学学员的信　1989年3月1日

1.7.20　"中外比较文化研究班"毕业论文评审标准及要求　1989年3月

1.7.21　第二期"中外比较文化研究班"（函授）招生简章　1990年2月15日

1.7.22　中外比较文化研究专业学员成绩单

1.7.23　请授课导师选择第二年面授城市路线的函

1.7.24　境外来信
1.7.24.1　境外记者来信及书院复信稿　1987年5月17日/27日
1.7.24.2　《中国日报》转来罗兰达博士信1987年6月4日
1.7.24.3　香港冯少斌来信　1987年6月10日
1.7.24.4　中国留美学生李键来信　1987年7月4日

1.7.25　《中外比较文化研究资料》

1.7.25.1　第 10 期 1988 年 1 月

1.7.25.2　第 13 期 1988 年 2 月

1.7.25.3　第 14 期 1988 年 2 月

1.7.25.4　第 15 期 1988 年 3 月

1.7.25.5　第 17 期 1988 年

1.7.25.6　第 19 期 1988 年

1.7.25.7　第 20 期 1987 年 4 月（最后一篇文章标明"原刊于 1987 年 7 月 28 日《中国时报》"，可见 1987 年 4 月出刊日期是印错了，第 15 辑是 1988 年 3 月出刊，估计是 1989 年 4 月出刊——编者注）

1.8　　环保班

1.8.1　全国人才交流咨询服务中心、中国文化书院：关于联合开办全国环保干部培训班的协议书　1987 年 3 月 4 日

1.8.2　全国人才培训工作座谈会名单　1987 年 3 月 29 日

1.8.3　全国人才培训工作座谈会会议简报　1987 年 3 月

1.8.4　中国文化书院秘书处：全国人才培训工作座谈会工作指导委员会全体会议、记者招待会计划与安排　1987 年 6 月 27 日

1.8.5　有关环保班的函件、通知、新闻稿等底稿

1.8.6　中国文化书院：全国环境保护专业培训班（第一期）工作任务书（招标）　1988 年 5 月 25 日

1.8.7　　　中国文化书院：全国环境保护专业培训班教学管理负责人权限、待遇　1988 年 5 月 25 日

1.8.8　　　教学方案

1.8.9　　　劳动人事部全国人才交流咨询服务中心、国家环保局教育处、中国文化书院科技部：全国环境保护专业培训班（第一期）招生通知　（报名截止 1987 年 7 月 31 日和 8 月 31 日两份）

1.8.10　　劳动人事部全国人才交流咨询服务中心、国家环保总局教育处、中国文化书院科技部：全国环保专业培训班《简报》第一期、第二期

1.8.11　　环保班预算说明（全国环保培训班）
　　　　　1988 年 10 月至 1989 年 10 月经费预算

1.8.12　　致曲格平（未署名，判定是鲁军）信稿 1988 年 8 月 20 日

1.9　　　法制班

1.9.1　　　中国文化书院：北京市工商企业管理干部深化法制教育培训班招生简章
　　　　　1989 年 3 月 14 日

1.9.2　　　工商企业干部法制培训班教学计划（草案）

1.9.3 北京市工商企业法人代表深化法制教育培训班讲课录音、录像部分

1.9.4 《函授学报》第一、二、三、四期

1.10 其他各种班

1.10.1 高级学术研究班
1.10.1.1 中国文化书院高级学术研究班邀请信 1987年11月26日
1.10.1.2 中国文化书院开办高级学术研究班新闻发布稿
1.10.1.3 中国文化书院高级学术研究班（第一期）课程表
1.10.1.4 中国文化书院高级学术研究班（第二期）课程表
1.10.1.5 中国文化书院高级学术研究班（第三期）课程表
1.10.1.6 中国文化书院高级学术研究班通讯录 （第一期）
1.10.1.7 中国文化书院高级学术研究班通讯录 （第二期）
 1988年1月31日
1.10.1.8 中国文化书院"宗教与文化研究"学员录
1.10.1.9 汤一介致导师授课邀请函 1987年11月29日
1.10.1.10 讲课提纲：中国传统知识分子观
1.10.1.11 讲课提纲：中国佛学与印度佛学
1.10.1.12 金春峰《中国古代思维方式的某些特征（思考提纲）》

1.10.2 全国青年干部管理专业电视培训班
1.10.2.1 《中国青年报》1988年8月20日第四版广告：
 中国共产主义青年团中央委员会宣传部、中国社会科学院研究生院、《中国青年报》教育部、中央电视台社会教育部、中国文化书院联合举办全国青年干部管理专业电视培训班招生简章

1.10.2.2　《中国青年报》1988 年 9 月 20 日：
　　　　　全国青年干部管理专业电视培训班负责人就教学问题答记者问
1.10.2.3　团中央宣传部就青干管理班致基层团组织的信　1988 年 10 月 17 日
1.10.2.4　中国文化书院就青干管理班的大宗邮汇业务委托协议书　1988 年 8 月 22 日

1.10.3　　机动车驾驶员继续教育教程
1.10.3.1　中国文化书院城市文化研究所致市政府及交管局：
　　　　　关于实施机动车驾驶员继续教育教程的建议　　1988 年 3 月
1.10.3.2　市人民政府关于在本市实施机动车驾驶员继续教育的决定　1988 年
1.10.3.3　市人民政府通知　1988 年
1.10.3.4　市公安局交通警察大队公告　1988 年
1.10.3.5　《机动车驾驶员继续教育》教材编写碰头会记录 1988 年 4 月 22 日
1.10.3.6　"机动车驾驶员继续教育全国统一教程"工作指导委员会预备会议通知　1988 年 5 月 19 日
1.10.3.7　《记者问答》手册
1.10.3.8　《机动车驾驶员继续教育》各教材主编的情况介绍
1.10.3.9　郑杭生《交通从业人员的继续教育在现代化中的地位》
1.10.3.10　"教程"工作近日安排
1.10.3.11　资料目录
1.10.3.12　"教程"新闻发布会备忘录
1.10.3.13　"机动车驾驶员继续教育全国统一教程"太原市试点工作指导委员会名单
1.10.3.14　"机动车驾驶员继续教育全国统一教程"哈尔滨市试点工作

指导委员会名单

1.10.3.15　哈尔滨市实施"教程"的日程安排

1.10.3.16　哈尔滨市的教材发放计划

1.10.3.17　机动车驾驶员全国统一教程电视教学计划

1.10.3.18　中国文化书院《简报》第8802期

1.10.3.19　《报刊文摘》上的29省自治区直辖市负责人名单

1.10.4　　经济管理行政管理（党政）《专业证书》函授班

1.10.4.1　中国地质大学北京管理干部学院、中国文化书院联合举办经济管理行政管理（党政）《专业证书》大专专修函授班招生简章　1989年1月15日

1.10.4.2　中国地质大学北京管理干部学院、中央民族大学哲学系联合举办　经济管理行政管理（党政）《专业证书》函授班招生简章　1989年6月10日（学费汇款账户为中国文化书院账户）

1.10.5　　中国文化书院汉语进修班招生简章

1.10.6　　中国文化书院、中国企业文化研究院（为"企业文化班"招生工作）致《中外比较文化研究班》学员　1989年8月20日　（鲁军分家后单方面用书院名义办班）

1.10.7　　北京大学中国国情研究中心、中国文化书院联合举办《中国国情与现代化》研讨班（函授）招生简章（报名时间：1990年1月—1990年5月15日）

1.10.8　　廉政建设研讨会

1.10.8.1　中国文化书院：关于举行第二次"党政机关与企事业单位

廉政建设研讨会"的通知　1990 年 1 月 20 日

1.10.8.2　中国文化书院：廉政建设研讨会报到通知（第二期）
1990 年 3 月 15 日

1.10.8.3　中国文化书院：端正党风与加强廉政建设研讨会
1990 年 10 月 13 日

1.10.8.4　中国文化书院：端正党风与加强廉政建设研讨会
1991 年 2 月 28 日

1.10.8.5　中国文化书院：端正党风与加强廉政建设研讨会
1991 年 8 月

1.10.8.6　中国文化书院教务处：第三次廉政建设研讨会报到通知
1991 年 9 月 8 日

1.10.9　建设部城乡建设经济研究所、中国文化书院联合举办
城镇建设管理培训班招生简章 1990 年 3 月 25 日

1.10.10　中国文化书院国情与人口问题研究中心：
关于举办市（区）县及企事业单位计划生育干部 "国情、人口与计划生育"研讨会的通知　1990 年 3 月 25 日

1.10.11　马克思主义哲学纲要班

1.10.11.1　中国文化书院:《马克思主义哲学学习纲要》研讨班招生简章　1990 年 3 月 30 日

1.10.11.2　中国文化书院教务处:《马哲纲要》班报到通知
1990 年 5 月 20 日

1.10.12　中国文化书院：九十年代青年研究战略研讨班
1990 年 4 月 8 日

1.10.13   文物鉴定班
1.10.13.1 中国文化书院"文物鉴定"干部培训班招收学员简章
           （报名1990年4月25日截止）
1.10.13.2 "文物鉴定班"教学计划表

1.10.14   中国文化书院法制中心：行政诉讼法研讨班招生简章
           （报名1990年4月30日截止）

1.10.15   中国文化书院：政治经济学教学难点疑点暑期研讨班通知
           1990年5月12日

1.10.16   陕西省体制改革研究会受北京大学中国国情研究中心、中国文化书院委托举办《中国国情与现代化》研讨班（函授）招生简章 1990年5月25日（内文说明受两机构"委托为'中国国情与现代化'研讨班在陕西招收学员"）

1.10.17   中国文化书院：全国地方史志编纂高级培训班招生简章
           1990年8月2日

1.10.18   中国文化书院：贯彻党的十三届七中全会精神
           深入学习《关于社会主义若干问题》研讨会 1991年2月28日

1.10.19   中国文化书院：当代青年研究战略研讨会 1991年5月12日

1.10.20   首届中国传统书画函授班招生简章 1989年1月20日

1.10.21   邀请全国老龄委共同举办"自叙纪实体"写作刊授班合作意向书（草案）1988年5月12日

1.10.22　关于我院与日中语言学院商讨开办气功班会谈纪要
　　　　　1988年5月20日

1.10.23　中华人民共和国轻工业部质量管理司、中国文化书院全面
　　　　　质量管理　培训中心《全面质量管理培训班招生简章》
　　　　　1990年2月12日

1.10.24　九十年代青年研究战略研讨会　1990年4月8日

1.11　　　学术研讨会、讲座
1.11.1　　中国宗教的过去与现在
1.11.1.1　中国宗教的过去与现在　1988年8月7日邀请函
1.11.1.2　大陆学者邀请名单
1.11.1.3　汤一介致函中国宗教的过去与现在与会者，介绍宗旨和要
　　　　　求、回执（中英文稿）、会签（原件）
1.11.1.4　大会日程表1989年5月20日—24日香山饭店
1.11.1.5　汤一介开幕词（中、英文稿）
1.11.1.6　信函
1.11.1.6.1　成中英致汤一介两封
1.11.1.6.2　刘尧汉致会议
1.11.1.6.3　赵复三致会议
1.11.1.6.4　曹琦致汤一介
1.11.1.6.5　汪维藩致汤一介
1.11.1.6.6　周绍良致汤一介
1.11.1.6.7　李养正致汤一介
1.11.1.6.8　钟志邦致汤一介
1.11.1.7　中国宗的教过去与现在会议手册

1.11.2 《河殇》小型座谈会现场记录稿 1988 年 12 月 3 日

1.11.3 纪念"五四"70 周年研讨会
1.11.3.1.1 1988 年 8 月 25 日纪念"五四"70 周年研讨会邀请书
1.11.3.1.2 1989 年 1 月 10 日纪念"五四"70 周年研讨会邀请书
1.11.3.2 庆祝中国文化事业基金会成立暨纪念"五四运动"70 周年联欢晚会
1.11.3.3 "纪念'五四'运动 70 周年大型文艺晚会"顾问邀请函
1.11.3.4 "五四"国际学术研讨会日程、分组名单
1.11.3.5 会议论文
1.11.3.5.1 刘桂生《思想解放与民族凝聚——"五四"研究断想（提纲）》
1.11.3.5.2 成中英（美国）《"五四精神"与中国之现代化》
1.11.3.5.3 石峻、邢东风《论传统文化的批判与现代化——纪念"五四运动"70 周年》
1.11.3.5.4 刘志琴《人的主体性觉醒，是当代文化启蒙的主潮——兼论对"五四"文化精神的超越》
1.11.3.5.5 林建华（台湾）《"五四运动"与中国知识分子——从"五四运动"的反省谈起》
1.11.3.5.6 李华兴《民主的追求和理性的反思——"五四"时期中国知识分子民主思想研究》
1.11.3.5.7 陈鼓应（台湾）《论陈独秀反传统中的儒家文化——兼论"五四"人物非全盘反传统（提纲材料）》
1.11.3.5.8 萧萐父《略论晚明学风的变异》
1.11.3.5.9 坂元、弘子（日本）《"五四"时期的传统知识分子和西洋哲学思想》
1.11.3.5.10 林徐典（新加坡）《"五四"时期的反封建思潮在马华文坛

的反响》

1.11.3.5.11　蔡大成《冲决传统代际文化的"狂人"——钱玄同思想散论》

1.11.3.5.12　刘建华《"五四"以来中国战争文化与知识分子命运
　　　　　　——"五四运动"70周年祭》

1.11.3.5.13　周伟民《海外华人文化与中国特区文化
　　　　　　——纪念"五四运动"70周年》

1.11.3.5.14　郑晓江《中国知识分子的沉沦与再造》

1.11.3.5.15　魏开肇《近代北京知识分子政治倾向的演变与外来文化的选择》

1.11.3.5.16　田昌五《"五四运动"与中国知识分子问题》

1.11.3.5.17　张成秋（台湾）《知识分子对传统文化应有的认识》

1.11.3.5.18　陈国庆《论述"五四"时期的理性主义》

1.11.3.5.19　刘孟学、孙春鸿《"五四"时期的中外文化比较研究》

1.11.3.5.20　葛荣晋《超越"五四"和儒学转换》

1.11.3.5.21　顾昕《意识形态与乌托邦——试论陈独秀的平民主义民主观》

1.11.3.5.22　李志林《"五四"对中国传统思维方式变革的影响（论纲）》

1.11.3.5.23　丁祯彦《"五四"与中国近代价值观的变革（初稿）》

1.11.3.5.24　钱逊《陈独秀的"最后之觉悟"与我们的觉悟（初稿）》

1.11.3.5.25　Mabel Lee（澳洲）《"五四"：中国知识分子拿来主义精神的象征　（摘要）》

1.11.3.5.26　郭齐勇《试论"五四"与后"五四"时期的文化保守主义思潮》

1.11.3.5.27　王鹏令《试论当代中国的文化选择和重建
　　　　　　——纪念"五四运动"70周年》

1.11.3.5.28　朱维铮《失落了的"文艺复兴"》

1.11.3.5.29　庞卓恒《中西文化比较和现代文化趋向》

1.11.3.5.30　樊洪业、李真《科学家与新文化运动》

1.11.3.5.31　郑子瑜《黄遵宪——新文化运动的先驱者》

1.11.3.6　　纪念"五四运动"70周年国际研讨会与会学者名单

1.11.3.7　　纪念"五四运动"70周年国际研讨会会务组名单

1.11.3.8　　纪念"五四运动"70周年国际研讨会新闻记者邀请名单

1.11.4　　梁漱溟思想国际学术讨论会　1987年10月31日—11月1日

1.11.4.1　梁漱溟思想国际学术讨论会筹备工作计划

1.11.4.2　梁漱溟思想国际学术讨论会新闻发布稿1987年10月28日

1.11.4.3　给中央统战部信的底稿

1.11.4.4　学术讨论会请柬

1.11.4.5　邀请名单

1.11.4.6　海外学者出席梁漱溟先生纪念会名单

1.11.4.7　梁漱溟思想国际学术讨论会出席者名单

1.11.4.8　开幕式:"二七剧场"座位图

1.11.4.9　梁漱溟先生从事教学科研70周年国际学术讨论会会议文件（议程）

1.11.4.10　讨论会纪要

1.11.4.11　开幕式主席台就座实到者名单

1.11.5　　中国文化系列讲习班

1.11.5.1　1985年3月中国文化系列讲习班招生通知

1.11.5.2　举办第二期中国文化系列讲习班给学员的信　1985年9月27日

1.11.6　　对外宾的"中国文化系列讲座"

1.11.6.1　《关于"中国文化系列讲座"的初步设想（征求意见稿）》1987年12月30日

1.11.6.2　"中国文化系列讲座"请导师支持函　1988 年 3 月 2 日

1.11.6.3　《中国文化书院简报第 8803 期》1988 年 4 月 5 日

1.11.7　冯友兰哲学思想国际研讨会（1990 年 12 月 4 日—6 日）

1.11.7.1　钟璞致汤一介对会议提出异议　25 日

1.11.7.2　台湾姜允明致汤一介谈与会事宜　9 月 19 日

1.11.7.3　钟璞致小文同志　11 月 19 日

1.11.7.4　12 月 4 日上午邀请名单

1.11.7.5　冯友兰哲学思想讨论会（第一次通知）1990 年 3 月 30 日

1.11.7.6　冯友兰哲学思想讨论会邀请信　1990 年 9 月 30 日

1.11.7.7　1990 年 11 月 12 日汤一介致与会者信

1.11.7.8　会议有关事项　1990 年 11 月 26 日

1.11.7.9　冯友兰哲学思想讨论会邀请名单

1.11.7.10　导师阴法鲁、吴晓铃、何兹全、石峻邀请回函

1.11.7.11　国内杨国荣、萧萐父、冯契邀请回执

1.11.7.12　为冯友兰哲学谈论会申请 6000 元资助的信　1990 年 10 月 1 日

1.11.7.13　姚秀彦、李弘祺、郑学礼复信汤一介

1.11.7.14　我国三四十年代中西哲学关系暨冯友兰哲学思想讨论会
　　　　　（第一次通知）1990 年 3 月 30 日

1.11.7.15　冯友兰哲学思想国际研讨会会议代表名单　1990 年 12 月 1 日

1.11.8　东亚地区文化与经济互助国际学术研讨会

1.11.8.1　亚太地区文化与经济互动开发国际研讨会（第二稿）
　　　　　1991 年 1 月（院存 155）

1.11.9　1988 年 4 月 22 日魏斐德讲座《当前美国人文科学社会科学
　　　　　的发展情况》
　　　　　请柬

1.11.10　东西文化与人格暨健康人格理论学术讨论会
1.11.10.1　东西文化与人格暨健康人格理论学术讨论会会议通知
　　　　　　1988年3月25日（原件）
1.11.10.2　东西文化与人格暨健康人格理论学术讨论会出席人员名单
1.11.10.3　东西文化与人格暨健康人格理论学术讨论会会议纪要

1.11.11　西德学者曼纽什座谈、讲演
1.11.11.1　中国社会科学院文件（88）社科外字84号
1.11.11.2　曼纽什在书院座谈、演讲记录稿　　　1988年5月3日

1.11.12　传统与现代化问题讨论会
1.11.12.1　会议通知　　1988年5月10日
1.11.12.2　汤一介起草通知手稿

1.11.13　专题片《青年：历史——未来》讨论会记录　1988年2月24日

1.11.14　梁漱溟先生追思会
1.11.14.1　梁漱溟先生追思会纪实　　1988年6月23日
1.11.14.2　追思梁漱溟挽联诗句

1.11.15　海峡两岸文学讨论会记录　　1988年1月30日

1.11.16　林毓生本人提供的来访行程及个人资料1988年5月

1.11.17　接待（座谈）"中国和平民主统一访问团"名单

1.11.18　　　儒家与基督教国际学术研讨会邀请书　　1991年3月31日

1.11.19　　　　　六次学术会议简介

1.11.20　　　　　中日近代比较研讨会
1.11.20.1　　　　中日近代比较研讨会负责人名单
1.11.20.2　　　　中日近代比较研讨会大会发言次序
1.11.20.3　　　　会议论文
1.11.20.3.1　　　《18世纪末至19世纪中叶民间宗教、民众运动的思想——日中两国的比较》小岛晋治（神奈川大学教授）
1.11.20.3.2　　　《日本传统汉学在明治时代的命运——日本近代文化运动的经验与教训》严绍璗
1.11.20.3.3　　　《日本的近代化与儒教思想》松本三之介
1.11.20.3.4　　　《战后日本的近代化投资与产业资金供给》平野 绚子
1.11.20.3.5　　　《近代中日两国"同途殊归"探要》（论文提要）北京大学历史系宋成有
1.11.20.3.6　　　《从中国近代史来看日本的近代》竹内实
1.11.20.3.7　　　《近代中日维新运动之比较》王晓秋（北京大学历史系）
1.11.20.3.8　　　《半欧洲半亚细亚型的日本晚期封建社会——兼论近代中国和日本走上不同道路的内部原因》王家骅
1.11.20.3.9　　　《日本推理小说与清代考据之学——一种文化比较》周一良
1.11.20.3.10　　　《19世纪中叶中日两国社会诸因素之比较》（提要）吕万和

1.11.21　　　中国文化书院1987年（原文笔误，应为1988年——编者注）国际学术交流一览表

1.11.22　儒家与基督教国际学术研讨会邀请书　1991年3月31日

1.11.23　《中国旅游报社》、中国文化书院、北京旅游学会举办
"旅游与文化研讨会"会议邀请函　1989年3月20日

1.12　编纂与出版

1.12.1　《港、台及海外报刊资料类编》（哲学类）　1985年1、2期合刊

1.12.2.1　中国文化书院致中国和平出版社：
"中国文化与文化中国"丛书编委会名单
1987年12月15日

1.12.2.2　《中国文化与中国哲学（1988）》目录

1.12.3　"台湾学者文化研究"丛书（1988年拟出书目）

1.12.4　《世界儒学大辞典》编辑设想　1988年3月

1.12.5　王守常：《现代东西方文化资料汇编》编者前言
1988年7月

1.12.6　"中国文化书院文库"：论著类《文化寻根丛书》简介

1.12.7　《中国文化研究年鉴》

1.12.7.1　《中国文化研究年鉴（1987年卷）》（原文笔误，应为1989年卷——编者注）编辑方案　1987年11月18日

1.12.7.2　《中国文化研究年鉴（1989年卷）》目录

1.12.7.3　《中国文化研究年鉴（1989年卷）》约稿信　1988年8月30日

1.12.7.4　《中国文化研究年鉴（1989年卷）》编辑方案

1.12.8　　《梁漱溟全集》

1.12.8.1　关于编辑出版《梁漱溟全集》的设想　1988年8月20日

1.12.8.2　委托书及梁培宽信　1988年11月15日

1.12.8.3　《梁漱溟全集》编辑、出版契约 1989年1月10日

1.12.8.4　庞朴致中央党校马清健9月13日（介绍文利姮去查梁漱溟著作目录）

1.12.8.5　与台湾远流出版社谈《全集》出版记录 1988年8月21日

1.12.8.6　与梁培宽先生商谈出版《全集》记录　1988年9月12日

1.12.8.7　与山东人民出版社谈出版记录　1988年10月11日

1.12.8.8　梁先生《全集》编辑委员会工作会议记录　1988年10月28日

1.12.8.9　梁《全集》编委会议记录　1989年1月13日

1.12.8.10　1月24日会议记录

1.12.8.11　梁漱溟先生短篇著作目录

1.12.8.12　梁漱溟著作年表

1.12.8.13　梁漱溟《抗战与乡村——我个人在抗战中的主张和努力的经过》

1.12.9　　"道家与道教文化"丛书第二批作者名单

1.12.10　电视系列专题片第二集《冯友兰》解说词　1989年3月6日初稿，1990年10月14日二稿

1.12.11　中外经济社会比较研究中心："藏族文化丛书""蒙古族文化丛书"约稿信　1991年3月1日

1.12.12 《二十世纪中国学术名著辞典》约稿信、编辑方案
1988 年 7 月 4 日

1.12.13 意大利那不勒斯东方学院编纂《中国历史与文化百科全书》方案说明 附汤一介先生批示 4 月 13 日

1.12.14 《中国学导报》
1.12.14.1 1987 年第 2 期（总 2 期）

1.12.15 浙江院友会自办刊物《文化交流》第 1 期 1988 年 10 月

1.12.16 《中国宗教：过去与现在》字数、寄稿费统计

1.12.17 中国文化书院与学苑出版社会谈记录

1.12.18 林毓生：《政治秩序与多元文化——社会思想论丛》
1.12.18.1 林毓生：《政治秩序与多元文化》校稿
1.12.18.2 庞朴：林毓生《政治秩序与多元文化》审读报告 3 月 10 日
1.12.18.3 庞朴致编辑晓林的信 3 月 16 日

1.13 八十年代雅兴与雅聚

1.13.1. 给导师刻章
1.13.1.1 为导师刻章及生日登记的函、表 1987 年 4 月
1.13.1.2 导师对藏书章的要求
1.13.1.3 用石料单
1.13.1.4 用印样张

1.13.1.5　导师叶朗、严绍璗、许抗生、任继愈、徐绳武、张晋藩、张岱年、方立天、张立文、袁晓园、吴晓铃回复信函

1.13.2　导师雅聚
1.13.2.1　1988 年春分颐和园听鹂馆雅聚请柬　　1988 年 3 月 20 日
1.13.2.2　邀请名单
1.13.2.3　3 月 20 日导师、友人听鹂馆雅聚录音整理稿
1.13.2.4　中国文化书院导师颐和园听鹂馆雅聚诗

1.13.3　名人名家迎新春联谊会邀请名单（估计是 1989 年春节）

1.14　《中国文化书院学报》及教学相长
1.14.1　第一期●函授版共 8 版 1987 年 4 月 10 日

1.14.2　第二期●函授版共 8 版 1987 年 5 月 10 日

1.14.3　第四期●函授版共 8 版 1987 年 7 月 10 日

1.14.4　第五期●函授版共 8 版 1987 年 8 月 10 日

1.14.5　第六期●函授版共 8 版 1987 年 9 月 10 日

1.14.6　第七期●函授版共 8 版 1987 年 10 月 10 日

1.14.7　第十二期●科技版共 24 版 1988 年 7 月 10 日

1.14.8　第十六期●共 8 版 1988 年 7 月 10 日

1.14.9　《中国文化书院学报》(读书版)1989 年第 1 期 1989 年 5 月 10 日

1.14.10　王荣光学员（石家庄市培英中学）论文
《压抑下的追求——从弗洛伊德的学说看李贺的创作》
1989 年元旦

1.14.11　林少雄学员（西北师范大学中文系）
1.14.11.1　林少雄致乐黛云　12 月 30 日
1.14.11.2　林少雄论文《试论"月"在中西文学中的象征意义》

1.14.12　汪宏英学员论文两篇
《以果戈理〈狄康卡近乡夜话〉等作品试谈果戈理创作的浪漫主义特色》
《试谈佛教对〈西游记〉的影响》

1.14.13　田天锡（学号 017-10354，湖北省恩施市沙地区麦坦中学）论文《从弗洛伊德精神分析学看曹雪芹〈红楼梦〉的主题》

1.14.14　魏丕植学员（宁夏）论文
《试论比较文学的发展过程》　1989 年 1 月 10 日

1.14.15　葛大德（学号 18-10017，湖南省岳阳市城乡建设职业技术中专学校）
1.14.15.1　葛大德致汤一介　　1989 年 2 月 25 日
1.14.15.2　葛大德致乐黛云　　1989 年 2 月 25 日
1.14.15.3　乐黛云题赠葛大德　　1988 年 11 月
1.14.15.4　葛大德与比较宗教学老师商榷

《忽然想到——在中国,"比较宗教学"古已有之》
1988年11月16日于北京大学四教144室,1989年2月27日寄呈汤一介

1.15 书信

1.15.1 庞朴信件

1.15.1.1 庞朴致孙达人 7月27日（估计1987年夏）

1.15.1.2 王宗昱致庞朴 11月5日

1.15.1.3 学员傅承经致庞朴 4月1日（要求参加中外文化比较班的毕业考试）

1.15.1.4 学员李办农致庞朴 1988年11月21日（论文与庞争鸣）

1.15.1.5 汤学群致庞朴 1月16日（出版事宜）

1.15.1.6 学生操军致庞朴 1989年元月19日

1.15.1.7 近代史所王煦华致庞朴 1989年2月8日（出版事宜）

1.15.1.8 李铮（？）致庞朴 1989年4月13日

1.15.1.9 学生操军致庞朴 4月29日

1.15.1.10 田继周致庞朴 1986年12月27日（书稿审读意见）

1.15.1.11 作家陈启文致庞朴（作为学员申请参加攻读硕士学位的研究生班）

1.15.2 汤一介信件

1.15.2.1 赵令扬致汤一介 4月4日

1.15.2.2 刘融致汤一介 7月22日（文化书院与香港浸会学院共同招生）

1.15.2.3 汤一介致梁从诫（因办了中国文化书院，约见面）8月6日（推算为1987年）

1.15.2.4 汤一介致国外朋友（为支持政治体制改革将办文官制度函授班，请收集所在国文官制度材料） 1988年

1.15.2.5　胡晓林致汤一介：关于书院丛书事项　1988 年 1 月 3 日

1.15.3　梁从诫信件
1.15.3.1　学员贾正安致梁从诫　1989 年 4 月

1.15.4　季羡林信件
1.15.4.1　季羡林、汤一介致郑子瑜教授并转李氏基金会执事　1989 年 2 月 26 日

1.15.5　乐黛云信件
1.15.5.1　何仲光致乐黛云：送文章求教　1989 年 4 月 6 日

1.15.6　孙长江信件
1.15.6.1　孙长江致梁从诫介绍丰田基金会人员　（1991 年）10 月 29 日

1.16　传媒与简介
1.16.1　《北京周报》
1.16.1.1　英文版《北京周报》May16-22，1988
1.16.1.2　日文版《北京周报》1988 年 5 月 17 日

1.16.2　《新民日报》
　　　　《中国传统文化发新芽》 1985 年 2 月 12 日特稿

1.16.3　中国文化书院简介
1.16.3.1　八十年代的小黄本简介
1.16.3.2　八十年代的大黑本简介
1.16.3.3　1990 年 1 月打印简介

1.16.3.4   1990 年小蓝本简介
1.16.3.5   1990 年简介底稿（似汤一介等笔迹）
1.16.3.6   八十年代有介绍书院学员情况的简介底稿

1.16.4   《明报》
1.16.4.1   《李泽厚汤一介月中莅港就中国文化问题作演讲》
            1987 年 8 月 4 日
1.16.4.2   《汤一介谈中国文化展望将会逐渐变好》1987 年 8 月 14 日
1.16.4.3   《汤一介认为迫令退党事无大影响知识分子将敢言如昔》
            1987 年 8 月 14 日
1.16.4.4   《汤一介谈中国文化前景要使马克思主义能适应中国需要》
            1987 年 8 月 16 日
1.16.4.5   《社评：中国文化的发展前景》1987 年 8 月 17 日
1.16.4.6   《再论中华文化再造》 1987 年 8 月 21 日
1.16.4.7   《首间民间大学校长汤一介说中国民办大学渐成气候
            未来数年大量书院出现》 1988 年 6 月 17 日

1.16.5   《大公报》
1.16.5.1   《李泽厚汤一介两著名学者月中来港》 1987 年 8 月 6 日
1.16.5.2   《汤一介谈中国文化发展》 1987 年 8 月 10 日
1.16.5.3   《汤一介主张文化多元化》 1987 年 8 月 14 日
1.16.5.4   《中国文化应走向世界——访中国文化书院院长汤一介》
            12 月 23 日

1.16.6   《香港商报》《北京大学教授在港表示中国化马克思主义才
            有利于文化发展》
1987 年 8 月 16 日

1.16.7 《快报》
1.16.7.1 《中国学者月中来港李泽厚主讲儒学汤一介探讨文化》
1987 年 8 月 5 日
1.16.7.2 《汤一介指出没有思想文化现代化便落空
教条主义乏生命力马克思体系需开放》1987 年 8 月 14 日

1.16.8 《成报》
《同学少年多不贱 汤一介谈王若水》 1987 年 8 月 14 日

1.16.9 《星岛晚报》
《商务馆庆学术讲座》1987 年 8 月 10 日

1.16.10 香港《文汇报》
1.16.10.1 《参加商务学术讲座李泽厚汤一介来港》1987 年 8 月 4 日
1.16.10.2 《更新观念加速改革——中国哲学家汤一介谈文化思想现代化》 1987 年 8 月 14 日
1.16.10.3 《中国新文化的路向——汤一介认为实现现代化必须思想观念更新》 1987 年 9 月 16 日

1.16.11 《华侨日报》
1.16.11.1 《中国文化何去何从——两位学者来港研讨》 1987 年 8 月 4 日
1.16.11.2 《"中国传统文化再检讨"学术讲座明日举行
内地著名学者汤一介李泽厚演讲》 1987 年 8 月 14 日
1.16.11.3 《汤一介谈文化》 1987 年 8 月 17 日

1.16.12 《信报》
《哲学家汤一介论中国文化发展要勇于接受外来文化》
1987 年 8 月 20 日

1.16.13　香港《新晚报》
1.16.13.1《汤一介李泽厚访港月中主持学术讲座》1987年8月4日
1.16.13.2《汤一介在港表示中国文化传统现代化应循多元化方向发展》1987年8月14日
1.16.13.3《汤一介谈中国文化发展前景》1987年8月16日

1.16.14　《澳门日报》
　　　　　《李泽厚与汤一介中旬赴香港访问》　1987年8月9日

1.16.15　《自由青年》703期 1988年3月

1.16.16　《瞭望周刊》
1.16.16.1《两岸学者座谈中国传统文化与现代化》　1988年3月7日

1.16.17　《九十年代》219期:《刘述先谈大陆思潮、传统文化与现实政治》1988年4月

1.16.18　《光明日报》
1.16.18.1《中外人士研讨冯友兰哲学思想》　1990年12月5日
1.16.18.2《中国文化讲习班将于3月开办》
　　　　　1985年1月25日《光明日报》第二版

1.16.19　《中国时报》
1.16.19.1《中国文化书院全体同仁痛悼梁漱溟先生》　1988年6月26日

1.16.20　《香港经济日报》
1.16.20.1《中国哲学反思中谈全球意识——"中国文化书院"院长汤一介专访》　1988年6月23日

1.16.21　中外媒体宣传文化书院的 12 篇剪报集　1985 年—1986 年

1.17　　　参与外部文化活动
1.17.1　　鲁军参加日本"国际形而上学会京都会议"材料
　　　　　1987 年 8 月

1.17.2　　"民主和社会在正义：东方和西方国际会议"
　　　　　1988 年 11 月夏威夷
1.17.2.1　庞朴参加美国夏威夷大学召开的"民主与社会正义：东方和西方国际会议"的情况汇报　1988 年 12 月 3 日
1.17.2.2　庞朴参加夏威夷会议提供的论文《中国文化传统与民主化》

附录三：
中国文化书院 1985 年—1987 年开课一览表[1]

中国文化书院1985年、1986年开设课程一览表

课　程	执　教
1. 试谈中国的智慧	李泽厚
2. 中国哲学特质	冯友兰
3. 中国传统哲学的基本命题和特点	汤一介
4. 中国传统地理学的爱国主义思想	侯仁之
5. 外来文化输入史研究	鲁　军
6. 儒家哲学与世界现代化	杜维明
7. 唐宋以后的三教合一思潮	任继愈
8. 中国佛教寺院	白化文
9. 中国古典音乐	阴法鲁
10. 研究中国文化史的方法	金克木
11. 中国汉族的书法艺术	虞　愚
12. 易学与中国文化	朱伯崑
13. 佛教与中国文化	石　峻
14. 中国文化与中国哲学	张岱年
15. 经学与中国文化	孙长江
16. 海外中国文化研究概况	杜维明
17. 《金瓶梅》的艺术特点	吴晓铃
18. 中国近代思潮	丁守和

---

[1] 以下两表均见《中国文化书院院务工作报告》附录，1988年1月。

19. 汉学与藏学的关系	牙含章
20. 中国文化要义	梁漱溟
21. 清代思潮	戴　逸
22. 中国文化传统的继承与发扬问题	庞　朴
23. 庄子哲学与尼采哲学的比较研究	陈鼓应
24. 中国汉字的演变与发展	袁晓园
25. 魏晋南北朝的儒学	何兹全
26. 论西体中用	李泽厚
27. 新技术与文化的发展	维克多
28. 生态学与社会	余谋昌
29. 面对传统文化与科学技术的挑战	李绍昆
30. 数理逻辑与计算机科学	吴允曾
31. 人工智能和人类的进化	马希文
32. 儒学与现代化	包遵信
33. 宇宙观念的发展与文化的进步	殷登祥
34. 中国哲学的价值观与思维方式	张岱年
35. 矛盾与悖论	金观涛
36. 印度禅与中国禅	冉云华
37. 中国传统哲学的普遍性和现实性	姜允明
38. 中国文化的认同及其创新	杜维明
39. 交光互影的中外文化交流	季羡林
40. 从东西文化的比较看中国文化发展前景	杜维明
41. 从本体诠释学看中西文化异同	成中英
42. 从东西文化的相互影响看文学的汇合	乐黛云
43. 史书与中日文化关系	周一良
44. 日本传统文化的变异特征	严绍璗
45. 西方现代哲学发展趋势	成中英
46. 略谈孔子及其后儒家学术传衍流布	

的分歧与它的时盛时衰	梁漱溟
47. 香港与中外文化交流	赵令扬
48. 当代西方学者对中国文化的评价	魏斐德
49. 西方当代文学艺术	刘年玲
50. 从印度文化的传入看当今中国文化发展问题	汤一介
51. 中国文化的民族性和时代性	庞朴
52. 明清之际的社会思潮和文化复兴	包遵信
53. 西方政治理论与中国政治学	邹谠
54. 论中西文化的交融	周谷城
55. 尼采对中西思想界的影响	陈鼓应
56. 中国古代自然科学研究方法的特点	金春锋
57. 关于美国家庭组织的特点与美国文化的关系	马丁·怀特
58. "五四"以来的民主与科学问题	丁守和
59. 文化的发展与中国潜科学的兴起	柳树滋
60. 中医学的继承与创新	方药宗
61. 思想文化背景与心理科学	沈德灿
62. 耗散结构理论与社会	沈小锋
63. 论城市文化	吴良镛

中国文化书院1987年开设课程一览表

课　程	执　教
1. 中国文化与文化中国	傅伟勋
2. 西方马克思主义概述	洪镰德
3. 欧美中国文化研究现状	余国藩
4. 战后美国三大伦理学派和儒家伦理学的改造	傅伟勋
5. 论传统	庞　朴
6. 从解释学到本体解释学的发展	成中英
7. 人文学的含义	杜维明
8. 中国传统文化的形成和演变	张立文
9. 马克思·韦伯宗教社会问题研究	林毓生
10. 最近西方关于中国语文与传统思想关系的几点争辩	陈启云
11. 中美青年比较	李玲瑶
12. "五四"新传统和古典文化	陈鼓应
13. 中西哲学比较研究的若干课题	傅伟勋
14. 社会主义法系	吴大英
15. 中西伦理思想比较	林建初
16. 中国对当代西方文学艺术的接受	孙凤城
17. 关于中外文化交流史的几个问题	周一良
18. 弗洛伊德思想述评	李士坤
19. 中国古代音乐和文学的关系	阴法鲁
20. 民族精神与民族性格	张岱年
21. 西方哲学思维方式	朱德生
22. 关于道德原则的比较研究	魏英敏

23. 印度与中国佛教文化	晁华山
24. 近代资产阶级法学流派评介	李　放
25. 马斯洛心理学及其对美学的影响	丁　枫
26. 苏联哲学七十年	安启念
27. 中国文化发展的前景探讨	汤一介
28. 后现代主义与文化未来发展	乐黛云
29. 中国经学	金春峰
30. 关于史学比较的几个问题	范达人
31. 关于马克思主义的几个问题	赵常林
32. 中国哲学启蒙的特殊道路	肖　父
33. 中国比较宪法学的特色	何华辉
34. 关于文化研究的几个问题	戴　逸
35. 中国地理环境对中国文化的影响	宁　可
36. 对近代中外文化交流的反思	孙长江
37. 近代思想文化研究中的几个问题	丁守和
38. 漫谈西方文化	葛　雷
39. 中国古典美学的特点及其与西方美学的融合	叶　朗
40. 中国法制史的特点	刘海年
41. 当代拉美文化	赵德明
42. 比较宗教研究	何光沪
43. 中国知识分子和思想启蒙	郑也夫
44. 马斯洛自我实现心理学	许金生
45. 隋唐明代风貌	宁　可
46. 中国政治革命和社会革命	孙长江
47. 近代中国哲学的特点	孙长江
48. 近代中西文化的交流	孙长江
49. 近代中国思想史中的知识分子问题	孙长江

50. 庄子与萨特的比较研究　　　　　　刘笑敢
51. 儒道文化对宗教的抵制与替代　　　刘笑敢
52. 无为论的演变及其启示　　　　　　刘笑敢
53. 论中国法制历史的特点　　　　　　张晋藩
54. 佛教和中国传统文化的冲突和融合　方立天
55. 现代思维模式和哲学观　　　　　　谢　龙
56. 关于中国传统文化的几个问题　　　许抗生
57. 西方社会学的传入及其在中国的发展　杨雅彬
58. 从李退溪性感哲学看儒家思想
　　对东方文化的影响和发展　　　　蒙培元
59. 高等教育比较　　　　　　　　　　周宪志
60. 文化反思质疑　　　　　　　　　　胡如雷
61. 隋唐五代文化在历史上的地位　　　胡如雷
62. 新儒家的现代转化　　　　　　　　包遵信
63. 对"五四"的反思　　　　　　　　包遵信
64. 科学思维方式与哲学思
　　维方式的区别与联系　　　　　　朱德生
65. 中西文化之异同　　　　　　　　　张岱年
66. 关于学术研究的若干方法问题　　　刘笑敢
67. 中国佛学与印度佛学　　　　　　　冉云华
68. 道教与中国文化　　　　　　　　　汤一介
69. 佛教与中国文化　　　　　　　　　方立天
70. 中国古代思维模式的特点　　　　　金春峰
71. 易学研究方法　　　　　　　　　　朱伯崑
72. 现象学与文学批评　　　　　　　　乐黛云
73. 尼采哲学及其意义　　　　　　　　陈鼓应
74. 儒家思想与"后现代化"　　　　　包遵信
75. 中国近代文化争论反省　　　　　　梁从诫

76. 关于文化的若干问题 　　　　　　戴　逸
77. 近代知识分子的道路 　　　　　　石　峻
78. 中国文化结构 　　　　　　　　　鲁　军
79. 文化认识的近代历程 　　　　　　庞　朴
80. "五四"新文化运动的反思 　　　　丁守和
81. 日中文化比较研究 　　　　　　　严绍璗
82. 明清小说美学 　　　　　　　　　叶　朗
83. 敦煌艺术与中外文化交流 　　　　宁　可

附录四：
关于中国文化书院"分家"的三个文件（1988年10月）

关于中国文化书院下设两个开发和管理部门的决定

一、在中国文化书院下设社会哲学部和人文科学部，以便加强业务的开发和管理。两部负责人由院长报请执委会任命，并报北京市成人教育局备案。两部在院长领导下分别开展工作，两部负责人对院长负责。

二、两部既是业务的开发部门，又是业务的管理部门，在院长统一领导下，相互配合，单独经营，单独核算，业务均纳入书院总计划中，新开发项目须由执委会审批。

三、现有中国文化书院财产均为书院所有，根据工作需要由院长交给两部和院部使用，所有权归院部。

四、现有业务部门和新开发的业务部门均为中国文化书院下设的业务机构，可根据工作性质和实际情况或直属院部或由两个部中之一部管理。（比较班、司机班的业务归人文科学部，环保班、气功班和音像业务归社会哲学部。）

五、为加强对两部的业务监督，建议把现有执委会扩大为十五人，即除原有执委七人外，增加院务委员会主席、副主席，学术委员会主席，导师代表三人、职工代表两人。

六、原设之秘书长、副秘书长职务，予以撤销。中国文化书院原有的财务账目、各种批件、合同、单据、图章、会议记录以及档案资料等均交由院部保管。

七、在两部成立后，由院长会同两部负责人共同制定管理的各种规章制度，以便使工作有所遵循。各部内部的规章制度和管理由两部负责人自己负责。

遵照本决定执行
李中华（19）88.10.31.

遵照执行。
鲁军 10.31

院务委员会主席　季羡林
院务委员会代表
学术委员会主席　庞　朴
院　　　　长　汤一介

1988 年 10 月 30 日

附录四：关于中国文化书院"分家"的三个文件（1988年10月）

关于中国文化书院现有财产分配使用的决定

一、在中国文化书院现有的流动资金中，由院部拨60万元归社会哲学部使用，拨25万元归人文科学部使用。上述款项分两次拨发，即日划拨50%，其余50%待全部财产分配完毕后再行划拨。所余的人民币、外汇券和外币由院部管理。为补足两部经费之不足，将北京房屋一所划归人文科学部所有，深圳房屋两所划归社会哲学部所有。

二、现有所租人大附中房屋由两部对半使用，两部各向院部提供房屋五间，

书院自建房屋由院部管理，房租水电由两部平均负担。

三、现有各项固定资产均为中国文化书院所有，分别由院部和人文科学部、社会哲学部使用。

四、现有家具原则上原为谁使用，仍归谁使用，可由院部调剂。书院自建房屋内的家具不得搬动，由院部管理。

五、现有汽车中之红旗、大面包、大发、吉林归院部使用，桑塔纳、小黄车由社会哲学部使用，飞亚特、小绿车由人文科学部使用，鲁军新购车为院部所有（即借用4万所购车）。

六、复印机和电脑中之六台由院部保管，另四台分由社会哲学部和人文科学部使用；现有电脑软件统归院部保管。

七、录音、录像、音响设备以及现有录音、录像带、照相器材均由院部所有，两台电视机分由两部使用。

八、人文科学部和社会哲学部可向院部租用汽车、电脑和录音、录像、音响设备,但必须在全部收回后,定价出租。

九、现有财产即日起进行清点,并按人民币折算,所有员工借用、挪用之书院物资,应于三日内归还保管室。两部今后将根据所分配使用固定财产之金额按比例向院部提供经常费用。

院务委员会主席　　季羡林
院务委员会代表
学术委员会主席　　庞　朴
院　　　　　长　　汤一介

1988 年 10 月　日

遵照执行　　　　鲁　军　10.31
遵照执行　　　　李中华　10.31

关于中国文化书院经费问题的决定

一、中国文化书院现有工作人员的工资由 1988 年 11 月分（份）起分别由所归属的院部、社会哲学部、人文科学部支付，导师和院务委员（在两部支付者除外）的车马费由院部支付。

二、在资产尚未核清前，暂定由 1989 年 1 月至 6 月每月由人文科学部和社会哲学部各向院部上交 1.5 万元，6 月份以后每月各上交 2 万元，作为院部经常费用。在资产核定后，再按两部实际使用金额进行调整（参见《关于中国文化书院现有财产分配使用的决定》第九条）。

三、两部新开发业务项目，在计算出利润后，向院部提供利润的 20% 作为书院长远建设基金。

四、书院员工的基本工资应统一，每月奖金由两部和院部自行决定，但两部所发每月奖金高于院部员工所发奖金部分，将由所高出的部门向院部职工每人提供所高出部分的 1/2 作为补助。

五、书院员工的借款应于即日起三日内归还，并清帐（账），如暂无力归还应说明情况，重新办理借款手续。

六、书院所欠外单位和个人的钱应由原开发人或两部分别负责处理和偿还。

七、在两部建立之前，新开发的业务项目所使用的书院资金，应于项目开发完成后归还院部。

院务委员会主席　　季羡林
院务委员会代表
学术委员会主席　　庞　朴
院　　　　长　　汤一介

1988 年 10 月 30 日

遵照执行
　　李中华　10.31
遵照执行
　　鲁军 10.31

附录五：
海峡两岸文学讨论会记录

1988年1月30上午9：00

参加者：汤一介、乐黛云、陈鼓应、刘再复、刘宾雁、谢勉（冕）、王守常、冯宗璞、王拓、林斤澜、郑万隆、黄子平、刘树钢、邵燕祥、戴晴、沈昌文、金克木、陈建功及香港《文汇报》《大公报》，中新社，《中国文化报》等10多家报社记者。

陈鼓应：
这个会是中国文化书院和北京大学比较文学研究所合办的，现在请中国文化书院院长汤一介先生讲话。

汤一介：
我们非常高兴由中国文化书院和北京大学比较文学研究所组织一个座谈，和台湾作家王拓先生以及北京一些作家举行座谈，非常高兴。文化书院成立了三年。其间和国外学者有些联系，大多是美国和日本的学者，或在美的华裔学者。今天是第一次和台湾作家王拓先生一起会谈，感到非常高兴。还有文化书院过去联系的主要是人文科学和社会科学的学者。今天是第一次和北京市的许多作家见面，我们感到非常高兴。希望今后多加强联系。这个会主要是由文化书院导师陈鼓应教授（他也是北京大学的教授）组织的，下面就由陈鼓应教授主持这个会。我就简单地说这几句话，谢谢大家来参加这个会，希望以后多给文化书院以支持和帮助。有什么要求也希望经常联系。

我现在介绍一下文化书院的同志。

金克木先生，导师；乐黛云先生，导师，北京大学比较文学研究所；王守常，中国文化书院院务委员会副主席，梁漱溟先生年龄大了，不能来参加这个会。王守常代表梁先生来参加会。

陈鼓应：

今天的作家大部分是我的邻居戴晴邀请的。时间紧张，我主要是来控制时间（汤插话：还要介绍一下戴晴女士。）文化书院多次接待了的在台湾受教育的学者，大都是美国籍和有了美国居住权的学者，接待直接从台湾来的作家还是第一次。

今天中国大陆和台湾隔离了近四十年，在各个方面都要互相补充，尤其是民间的学术文化更应该不因党政对峙因素，不限于狭窄的政治目的和意图来进行交流。今天的讨论会是民间的，而且是畅所欲言的。

王拓先生今年43岁，是台湾"国立"政治大学中文系毕业的，在政大教过中国古典小说，后来一面在企业界工作，另一面写作。作品国内熟悉的有《金水婶》，以他妈妈为背景，"望君早归"。《牛独杆的故事》，还有在牢里写的《台北，台北》。王拓和陈映真等人的小说，反映了台湾特殊的社会政治经济文化的情况。他家在基隆八斗子一个渔港，早期的作品反映了渔村的情况，他被视为台湾乡土文学的作家。而王先生在乡土文学的论战中认为自己是现实主义文学。1977年的论战是王拓的作品和理论而引起买办文学、买办作家和御用作家的围剿。当时形势非常紧张，几乎要逮捕人。1978年王拓介入台湾民主运动，是台湾民主运动的主要推动者和主要领导者之一。1979年在"高雄事件"中坐了六年牢。今天随着探亲团来这里我们非常高兴。现在请王拓谈台湾乡土文学的过去、现在和未来。（鼓掌）

王　拓：

汤先生、各位心仪已久的前辈们、朋友们：我虽然在台湾土生土长，但在座各位先生的作品在台湾就拜读过了。像刘宾雁先生、刘再复先生。我今天是来学习的，因为台湾的文化根基和中国大陆比起来浮浅得多，今天有机会来大陆是抱着学习的态度。感谢我的朋友陈鼓应给我这个机会请各位到这里，给我一个当面讨教学习的机会。

我的报告题目大，但很简短。只能把台湾的乡土文学向各位作一简单的介绍。

先从乡土文学这个词的来源说起。我读大学时，台湾并没有"乡土文学"这个词，这是在1970年"保钓运动"之后才出现的。这是由台湾到美国、日本去留学的学生，由于"保钓运动"，回过头来关心台湾这块土地。由于这种从政治所引起的对出生地的关切，他们就大量搜集了台湾的文学作品，他们从中得到了共鸣，对台湾的土地、人民产生了深切的共鸣，出现了所谓的乡土文学。对旅居海外的游子来讲，这是来自故乡的文学，来自所生长的土地的文学。这个乡土文学的名字传到台湾后，引起了台湾当局的注意，故乡土文学不是由乡土作家自发引起的，而是官方对乡土文学可能在政治上发生的影响而开始打击它，这样乡土文学这个词才广泛被社会大众所了解。所谓乡土文学就是台湾文学，也就是在台湾发展起来的中国文学。其基本精神是根植于台湾这块土地，以这块土地和人民生活来反映来写作。为什么会这样呢？主要是台湾的两个严重的现象。其一是过分西化的现象。在文学上盲目地模仿西方，没有考虑西方文学发生的社会、历史的条件，而是盲目地、横植到台湾来，因而产生了很多虚假的、没有真实感情的作品出现。尤其是以英文教育为主的学校，大量移植引起文学界很大的忧虑。早在六十年代末期，陈先生就对这种过分西化的现象很有先见地提出了批判。这个声音未引起社会的注意，到七十年代由于"保钓事件"，知识分子、作家开始关心自己土地的时候，才关心、注意这个问题。第二个现象是台湾的经济有了一定程度的起飞，这是国民党在国际上大量宣传的。就是台湾虽然在政治上受到一定的挫折，但就在七十年代后的两三年内，台湾的经济成长，每年都超过10%。这种经济的发展导致台湾农村的人口大量流入都市，使农村人口老化及农村人口来到都市后发生很多问题。由于他们成为老板大量的劳动预备军，使老板压低劳工的工资，台湾的劳工在那时待遇很不好，而且台湾的农业也明显地没落。我、黄村明、黄真河都是来自台湾偏僻的农村或渔村。我们的童年和少年是在农村生长的，很自然地在作品中反映了流入城市的人的情景以及他们在农村中的情景。随着这些作品，我们在理论上也提出一些主张，为了遏止这种文学上、学术上盲目西化的倾向以及关心台湾的农民和劳工的生活，我们提出要发展自己的具有民族性格的文学。第二，我们主张文学要跟土地、跟人民联系在一起，这就是乡土文学的主要精神。所以乡土文学基本上不是乡村的文学，有些批评家把乡土文学误解为乡村文学，认为只是以农村为背景，只是写农村的人或只是写从农村来到都市的群众。又以乡土文学大量运用方言为特征断定乡土文学只是乡村文学。而乡土文学是大量描写了台湾各种不同行业、各个阶层的人的心理愿望，也不是乡愁的文学。在论战中有人批评乡土文学是乡愁文学，说是来自台湾农村的人缅怀台湾农村素朴的景象，如此而已。

由于台湾和大陆相隔超过 90 年（从 1895 年算起），由于台湾特殊的主客观条件的变化，台湾和大陆的现状有了一定的差异。当然也有相同的地方，由于同文同种的关系。所以台湾人民的生活保留了大量大陆的风俗习惯，甚至价值观念都有一致之处，但是 90 年来的政治、经济、社会、文化上的变化，在台湾发展起来的文学和大陆文学有一定的不同。如张贤亮描写的西北地域的宽阔、博大的气势，台湾就见不到。而陈映真描写的华盛顿大楼，大陆作家也写不出来。所以，尽管都是中国文学，台湾和大陆仍有许多差异。

简单回顾一下台湾的乡土文学，可分四个不同阶段，第一阶段：日本殖民时期（1895 年到台湾光复），这一段的台湾文学是研究者们认为的地道的乡土文学。那时日本对台湾人民实行双重标准的统治：一方面让日本的经济势力入侵台湾，使台湾地主受到一定程度的压迫，另一方面也怂恿台湾地主压榨台湾农民。故台湾农民受到双重重压。帝国主义和封建主义的迫害，1895 年到 1915 年这 20 年中是武装反抗的方式，每年都有一次武装抗暴。但1915年的"交八年事件"中，台湾人作了沉痛的反省，他们发现用武装方式反抗日本的统治无异以卵击石，于是就开始从事文化的反抗。故台湾的新文学开始于1920年，而且它深受"五四运动"潮流的影响。那时的台湾文学工作者是到北京留学的如张我吾，他回台湾后写了很多文章，是与当时中国历史采取一致的步调。

第二个时期（阶段）：光复后到1970年，当时台湾的作家由于受日文的教育，无法用中文写作，光复后他们都积极地学习中文，而"二二八事件"对他们打击很大，他们都销声匿迹了。而日本侵略时代台湾最好的文学作品大都是用日文写的，如扬可的《逆报夫》是用日文写的，吕骆的《牛车》也是。光复后，这些能用纯熟的日文写作的人都没有用武之地了。台湾的文坛就由从大陆去台湾的作家掌握，而当时的台湾文学就是反共文学。在政治命令下，把文学当作反共的武器，其中一部分也出现怀恋大陆的文学。与此同时，到了六十年代，开始有了完全接受台湾教育的作家存在，如庆春民、王正河、白先勇、陈映真、王为新都是这时出现的，他们有充分的用中国文字来从事文学创作的能力。稍晚一点，以台大外语系为主的年轻作家开始介绍西方的文学作品，给台湾文坛造成很大冲击。因为当时的台湾社会在思想控制上很严密。他们引进西方个人主义的东西作为反共教条的武器，因此对台湾的知识分子及台湾的读者起到了一定的反教条的教育作用。自由、民主的口号也跟西方化文学一块进入台湾文坛，表现在政治上有雷震办的《自由中国》，在政治上要求自由、民主，在文学上透过个人主义的介绍，还有象征主义等文学作品的介绍，打破反共教条的框框。与此同时，陈映真、黄村明、王正河的作品陆续出现，这是研究台湾文学的人认为的真正的乡土文学。而在他们还没有被注意之前，还有一批台湾的老作家已经开始在描写台湾的农村社会。当时台湾的社会是以农业人口为主的。像从北京回台湾的周里河、周昭正都是如此。但这一阶段的所谓乡土文学并未引起台湾文坛的注意，并常在投稿中受到压制,因为掌握文坛的是来自大陆的跟"党"有密切关系的作家,所以周里河等人的作品不能顺利地在台湾人民面前出现。到七十年代以前,虽然陈映真、王正河的作品已引起注意,但由于他们基本上还是和学院挂了钩,而周昭正、李桥在文字上的成就虽然并不低于陈映真等人,但由于没有学院的渊源,所以在文化界中未受到重视。李桥、周昭正、叶世陶等人的作品真正受到重视是在"保钓"以后。在"保钓运动"中我们大力提倡刚才提到的两大精神,使台湾读者重视回头来看自己作家的作品。从"保钓"到"美丽岛高雄事件"十年中,是台湾政治、文化变化速度较快的阶段,由于"保钓运动"的影响。青年知识分子对政治、民主化、社会自由化的要求远比过去强烈。整个社会的控制由于这一环的松动开始了。许多青年在商界找不到出路而纷纷转入政界。政治上的自由、民主的要求在1970年以后更强烈地冲击着台湾的社会。同时在文学上也出现乡土文学的论战。国民党发现我、陈映真等纷纷发表文章,要求出现具有民主风格文学作品。要求文学与土地、与人民结合,这一努力引起台湾当局的疑惧。这种疑惧来自两点:第一,这种与台湾土地联结的呼声具有分离主义的倾向,被认为是"台独";第二,由于我们要求充分反映被压迫、被忽略的人的生活的权利,他们认为这一主张和三十年代的左派文学一致,就是共产党,因此,乡土文学就是"台独"加共产党。但这一打击不但未在文学界造成遏止的作用,反而引起年轻的知识分子、青年作家和社会大众很大的不满,因为当时台湾社会透过这些文学作品得到了很大的鼓舞和安慰,因为大多数的都市人口和知识分子都来自农村。他们透过这些文艺作品可以看到自己过去很熟悉的环境,对文学作品中的人物产生了一定程度的同情和共鸣,而这样的文学作品竟被当局认为是有"台独"倾向和共产党的嫌疑,因此引起社会的很大反感,因此这些作品非但没有被遏止,反而产生了更大的生命力。所以我常常说我的声望是名不符实的,因为我的作品有60%是被官方打击出来的,并不是真的有这么好。"美丽岛事件"跟整个文学思潮有一定的关系，也和学术方面发生互为因果的关系，在政治上发生了一定的作用，和"美丽岛事件"的自由化、民主化有一定的结合。"美丽岛事件"以前，大部分作家不敢直接碰触政治问题，而"美丽岛事件"发生后就敢了。"美丽岛事件"有正、负两面的作用。负面的作用是造成后来已经相当程度弥合起来的台湾的省籍问题又重新扩大，很多台湾人认为这是在台湾的外乡人压迫台湾人的明显的、具体的事例。因此很多台湾作家本来开始一直主张搞乡土文学，而"美丽岛事件"以后，他们把这一主张和台湾的土地连在一起使之政治化了。文坛有一批人是以政治事件作为写作的题材，政治倾向上有了更明显的分离现象。正面的作用是，使更多的文学工作者更勇敢地走出书房和社会大众连在一起，很多教授纷纷走出书房。跟民主运动联结。以前我在选举时，想找个教育界或学术界的朋友帮我们助选，怎么也找不到，大家都私下同情和支持，他宁可把薪水给你，但不可能站出来做你的助选人。但"美丽岛事件"以后，学者教授们纷纷出来替民主人士助选。到现在为止台湾文学越来越多元化了，这是一个特征。以前我们至少可以说这一阶段台湾文学的主流是什么，除了主流，当然还有不同流派。但主流是可以认定的。而现在由于多元化的结果，很难说主流是什么。第二个现象：台湾文学已经有了政治文学，以政治人物和政治事件为题材。

第三，值得忧虑的是"美丽岛事件"。一些在文学上有潜力、有发展的作者，由于对于社会的过分关心，像我一样，在文学创作上失去耐心，文学的深度出现了问题。去年，我接受《中国时报》记者的邀请评审作品，发现绝大多数作品只是抓到了一些现象，而对现象下的一些本质问题挖掘不够。如最受评论界看好的年轻作家黄凡、张大春的作品场景很大，写得很多，形式上也作了各种尝试，有各种突破，但在内容上却觉得深度不能和早期作家相提并论。另外，在论战时的乡土文学有渐渐被误解的倾向，一些服膺乡土文学基本精神的作家认为乡土文学只是写小人物，只是运用方言。因此台湾文学中大量用台湾方言从事创作,并认为这才是乡土文学。现在台湾文坛上有用台湾方言写的诗,连我这个土生土长的台湾人都看不懂,在小说中又非常大量地使用台湾方言,到了浮、滥的地步。因时间关系,就简单讲到这儿。有这四种现象,台湾文学值得进一步提高。台湾作家的想象力不够,可能是因为商业社会的关系。另外大家生活很忙碌,我、陈映真都太忙碌,无法写作,都在商场里。第二有些作家对历史的理解不够,因而作品太狭窄。第三,艺术水平亟待提升。简单讲到这儿,谢谢各位。

刘再复:

今天有机会和王拓先生进行交流,我感到很高兴。刚才听到王先生介绍台湾乡土文学,很清楚,得到很多知识。陈鼓应先生给我出的题目是"主体性和新时期的文学精神"。前天告诉我,没有好好准备,就把平时想到的说一说。新时期的概念,1949年是文学的很重要的分界点。1949年以前的30年,从1919年到1949年,"五四运动"后发生的文学称为现代文学。1949年以后称为当代文学。"四人帮"垮台,特别是三中全会以来的文学称新时期文学(近四年来的文学)。有独特的精神,为什么和主体性这个概念联系起来呢?主体主要讲的是人类,主体性是讲主体当中,人的当中那些真正属于人的本质的东西,用比较科学的语言来谈就是主体性是指主体自身所拥有的并且体现于对象世界的人的本质力量。我们前30年忽视了这个。主体性失落了。新时期文学,主体性精神重新又张扬了。这里有个背景。近十年中国社会有重大的变化,有重大的转移,社会重心由阶级斗争转到经济建设。这是很重要的转移,如1949年以后早完成这个转移就好了。经济上由封闭型变为开放型。原来我们的整个经济战略放在三线山区,现在的战略放在沿海地区,这是很重大的变化。跟着这个变化转移,整个社会承担力量由原来老一辈的肩膀上慢慢转移到中、青年的肩膀上。跟着这一转移相应发生很多问题,像人的知名度在转移,文学的形态、文化的精神也在转移。在这一过程中发生两种文化趋向,一种趋向是比较不能接受这种转移、接受这种转移是非常痛苦的，所以有一种失落感。失落以后有一种灰暗感，所以有这种感觉。说这十年比较反常，这是一种文化心态。另一种与此相反，说这一转移非常好，是中国几代知识分子梦寐以求的。我们完成这一重大转移，中华民族才有希望，所以积极支持这一转移。包括我们新时期的作家，体现了作家的良知，支持我们的民族完成这一转移、支持自上而下的改革。前一种精神是面向传统、面向历史。后一种精神是面向未来、面向各个意志，新时期的文学就表现一种新的文化精神，新的文化心态，不断向前进取。由于这一战略转移，必须对过去持一种否定，一是对过去一些观念、一些模式进行否定，所以新时期文学首先有一种否定精神。新时期文学的成就用一句话概括：我们是通过自己的努力，打破了几十年我们手造和心造的，反过来又束缚我们心灵的模式和理念。这是一个很重要的成就。打破我们自己制造的又反过来束缚我们自己的模式和理念。新时期的精神就是争取灵性解放的精神，争取主体性解放的精神，争取人的本质力量充分发挥的精神。这一点我们在世界的同一地平线上好像都有这个问题，但在西方有时代落差，是由于物质高度的发展，他们的灵性、主体性是被过多的物质所压抑，可中国作家是我们的灵性、主体性过多地被理念所压抑，理念成为我们很重要的负担，所以我们从事文学理论研究的人，像我就有这样的想法，帮助我们作家争取灵性的解放、个性创造力的解放、主体性的解放，所以我提出"主体性"也是从这种意义上提出来的。很简单，主体性是作这样一个补充。原来我们把文学艺术的本质作这样的界定：文学艺术是社会生活的反映。这个命题没有错。文学艺术确实是社会生活的反映，但光有这个命题，就有一种消极的精神，好像我们没有强调另外一点，就是我们作家面对生活、在社会生活面前我们都是平等的，但为什么有时创造得那么好，有时就比较差，一个很重要的一面就是主体精神、主体的本质力量的问题，所以我要强调另外一点就是文学艺术不仅是社会生活的反映，而且注意另外一个特点，文学艺术基于主体需求的价值形态。文学艺术是作家的创作能力、精神需求对象化的一种形态。过去我们只是说文学艺术是社会生活的反映，构架成一本教科书。现在我们作这一重要的补充就形成了双向构架。必须注意这一问题，作家注意这一问题，就充分把灵性调动起来，这是我从新时期作家创作中得到的启发，他们在创作中早就这样做了，表现在主体的选择精神，自我作这种选择。过去我们是被决定的、被规范的，现在能主体进行选择，是很大的变化。这一变化概括起来，有三点很明显的转移。第一，由被动精神转为主动精神，过去之所以是被动的，是被决定、被规范的，过去一个基本的观念是文学艺术必须为政治服务。在这个观念的支配下有个问题，就是作家无法自己选择，国家的政治选择代替作家的艺术选择。作家创造性当然不可能充分发挥出来，甚至连创作方法都选择好了，比如创作必须用两结合的方法，革命的现实主义和革命的浪漫主义，作家就显得比较被动。而新时期的作家有充分的自己的选择，由一种模式变为多种模式。如写农村题材，过去写农村题材是赵树理创作模式的延伸，这种创作模式基本上是表现农村的两个阶级——地主阶级和农民阶级的斗争、资本主义和社会主义两条道路的斗争。最后通过我们的政策、我们的工作，我们战胜了地主阶级、战胜了资本主义。当时赵树理是带有很强的历史的正义性，而且他能很生动地表现农民作为历史的主人，确实是一种突破和文学进步。但后来形成了一种模式，几乎写农村题材的都是这种样子，就显得很单调。而我们现在农村的题材模式就多了，同样是农村题材，由作家自己选择主题、题材、表现方式，就很不一样，像高晓声的《李顺大造屋》《陈奂生上城》，就不是两条路线的斗争了，是表现农民心灵的历程，是心史。郑义的《老井》是写农民生命欲望的挣扎，和两条路线的斗争不是一回事。像莫言的《透明的红萝卜》，主题就更模糊了，主要是写一种心态。现在作家的痛苦不一样了，十年前，作家的痛苦是，我想紧跟上，但紧跟不上的一种痛苦。我想为政治服务，但服务不好的痛苦。我们纪念我们的老所长何其芳，他曾说过:"我非常难过,我思想进步了怎么艺术退步了?"他很痛苦。而新时期作家的痛苦是选择些什么带有更大的艺术性。痛苦不一样了。这种被动精神转为主动精神,是一种主体性的表现。另外一个很大的转移是一元到多元的转移。原来选择的余地很少,所以只能选择讴歌文学。1949年后的30年的文学基本上是讴歌文章,鲁迅说过,我们的文学革命前会产生一种混入文学。混入文学一产生,革命就到来了,革命以后会产生两种文学,一种是讴歌文学,一种是挽歌文学。我们在1949年后基本是讴歌文学,放声歌唱,歌唱得越嘹亮越好。当时我们是正义的,我们确实衷心地感到过去中国人民苦难太深重了,发生了1949年的建国,大地上的重大变化是值得讴歌的。我们的讴歌确实是真诚的、热烈的。当时不论是从延安来的或从上海来的都是这样,很真诚、很单纯的。像在座的邵燕祥同志写的诗我写过一篇诗评,确实是这样……到了1957年……刘宾雁同志写了《本报内部消息》、王蒙写了《组织部新来的年轻人》,当时就提醒要警惕,像伏契克的《绞刑架下的报告》中说:"人们,我是爱你们的。你们要警惕呀!"就是这么一种感情。从心中的爱出发,提醒要注意,可这提醒被视为异端,造成讴歌文学进一步畸形发展。发展到"文化大革命",一般歌颂革命战争还不行,一定要歌颂那种革命战争中的高大、完美的英雄才行,"三突出",有许多规定,如描写战争不能写苦难,而且歌颂革命生活中还有正确路线和错误路线等等,一直到"样板戏","文化大革命"使文学走到绝路,整个国家剩下了"八个样板戏"和两部小说,一部是反映中国古代农民革命的《李自成》,还有一部是歌颂现代阶级斗争的《金光大道》,文学变成了一片荒原。恐怕这是中国文学最悲惨的年代,最反常、最荒疏的年代。这造成我们精神上的贫困,后来在1976年,打倒了"四人帮"。1978年召开了党的十一届三中全会,是非常重要的,国外一些作家很不理解,问我为什么我们在谈文学时老是要谈三中全会,我回答说我不能不说起三中全会这是有重大影响的,是根本性的历史转变,三中全会以后,精神有很大的解放。然后,从讴歌文学进入到反省文学，像刘心武的《班主任》、刘宾雁的《人妖之间》，有一批在1957年被打成"右派"的经过多年感情积累而且又有文化素养的力量注入文坛是有很大意义的，非常重要的。经过反省文学过渡形态，现在又进入多元的形态，多元竞赛的时代。这里三四十岁的一些作家起了很重大的作用，这批人上山下乡，像在座的郑万隆就是，他们是一批喝过狼奶长大的，他们拥抱过大荒原，他们的灵魂比较粗糙。但是，他们的心灵是更自由的，他们的内在的口号就是"我什么都要试一试"，所以他们不拘一格，从放声歌唱变成无主题变奏。开始时，从讴歌文学可以找到一个基调、主潮，后来的反思文学也可以找到"人道主义"的主潮，呼唤人道人性的主潮，这我在前年的新时期文学的十年作了一个讲话。后来就无法找到主潮，变为无主题、无主潮，变成了多元的文学，从一元到多元的转化。刚才我先讲到从被动到主动。第二个讲从一元到多元，从讴歌文学到多元文学。由于时间关系，最后再讲一个题目。第三，从普遍理性向个性的转化。过去由于缺少主体选择的精神，所以我们反映在作品中表现的是一种普遍的理性，包括塑造的人物也是普遍理性的，是普遍理性的一种符号，是普遍理性的一种形象阐释，我们过去把普遍理性规定成一种阶级性，每一个人物体现为一种声音，一种非常单纯的、单一的本质。像"八个样板戏"的阿庆嫂设置了一种环境。她是一种本质，她是妇女。但她在风口浪尖上，她高大完美，所以不能有家庭，如果有家庭的环境，就可能造成她另一种本质，所以让她的丈夫跑单帮去了（笑声）。而新时期的文学是向个性的转化，个性很重要的一点就是我们不要把人性理解得那么简单，不要把人理解得那么简单，人性是丰富的，人性的世界里不仅仅只有一种声音，也有两种声音，是双音的世界，不是单音的世界。同样的一个人物有两种声音，对立的两种声音，但两种声音都符合充分理由的，如《卡拉玛佐夫兄弟》，他们赞美上帝是有充分理由的，他们说上帝多么多么好，但又说，不过我不能接受上帝给我的世界，然后又转过来批判上帝，两种理由都说得非常精彩，是双音世界。有时候他讴歌自己，有时候批判自己，这样才有个性。同样，潘金莲和安娜·卡列尼娜，两个人其实都是一样的，但潘金莲的性格很单一，而安娜的人性世界就非常丰富。我们新时期的文学作品的个性表现就很充分，笔下的人物有充分的选择，这实际上就是主体精神的一种表现，所以我感到新时期的文学是开始的阶段，她并不很成熟，但我觉得是值得充分肯定的，她恰恰展示了中国社会主义文学的希望。我讲完了。

陈鼓应：

前两位的时间在 25 分钟左右，超过了规定，但我们并不希望打断他们。主要他们是主讲。一位是报道台湾文学发展的历史并作一些反省，另一位报告是讲大陆文学的历史并作一些反省。我想多给一些时间也是有理由的，下面因为有很多人要发言，先请北京大学文学系教授谢（冕）先生讲一讲诗歌的情况。

谢冕：

在座的有很多诗人，我是不写诗的人。可能是完全不对，但是可能正因为不写诗，拉开了距离，看得比较清楚。我不知道是不是这样。下面，我向王拓先生和在座的诸位介绍一下大陆的诗歌。现在在大陆谈到诗歌时都要谈到朦胧诗，讲朦胧诗运动，或说朦胧诗论战。这件事我们把它叫作新思潮，什么叫新思潮？在我们的表述中，新思潮是对传统思潮而言。什么是传统思潮？具体地讲，就是 1949 年以后，像刘再复先生刚才谈到的，1949 年以后我们按照社会状况，按照我们的提倡写的一类诗，以传统方式写的诗。什么样的传统方式？基本上是主张现实主义精神的诗歌。其实也不尽然，因为五十年代后期，有一个浪漫主义的狂潮，这就讲不清楚了，总之是传统的方式写的诗，就叫传统思潮。到了 1976 年，"四人帮"倒台，进入新时期，诗歌上出现了我称之为新思潮的运动，产生新思潮有什么条件？一个是社会的大转折，社会从一个极其封闭、极其禁锢的状态到达一个比较开放、一个相对民主的状态，这是社会大转折促成的这个现象。另外，传统思潮发展到了极限，到了非常僵硬的固化状态，艺术到了高度的模式化，造成枯竭。我们经常谈到中国文学的假、大、空现象，刚才刘再复先生谈到了人物的高、大、全。我觉得假、大、空的现象主要是指诗歌。诗歌在十年动乱中发展到了极限，这就是假、大、空。当然这里头也有好诗，可数量极少。大量的诗歌都是高度模式化下产生的一种假、大、空作品。因此在一个社会大转折时期，随之而来的一种艺术的变革是在所难免的，高度模式化必然产生一种艺术上的反抗，这个事情其实也不是以1976年打倒"四人帮"为限的，在"文化大革命"的后期，一批知青中已经有了一些尝试。我这里又要讲到"三中全会"。1978年北京出现了一个刊物叫《今天》，这个杂志是以北岛、舒婷等几位青年诗人为主的文学刊物，并发表了一些诗歌和一些文学作品。我们认为一些陌生的名字，最早是产生在这个刊物上的。该杂志出现为标志，产生了一批朦胧诗。朦胧诗的代表人物，主要是这五个诗人：北岛、舒婷、顾诚、江河、杨炼。当然还有其他一些人。这样一群诗人写的诗当时被大家叫作看不懂的诗，现在都看懂了，由于当时觉得看不懂，所以引起了一番很不平静的诗坛骚动。那么为什么当时觉得看不懂呢？主要是他们在艺术上采取了一些大家都不习惯的方式，陌生的方式。其实这些陌生的方式在我们中国诗歌发展过程当中，如金克木先生等前辈诗人，都早已尝试了。但是，因为我们文学发展史有一个很大的断裂带，产生过断层现象，也就是"文革"当中艺术上出现的那种极端贫困状态。这种现象使得我们诗歌也只剩下一两种，所以一旦艺术上解放，采取一些新的方法、新的模式，就使得很多人——批评家、诗人、读者——不适应。当然，还有一些诗歌内涵上的原因。比如说，诗歌是颂歌或者说是讴歌，在颂歌下我们只能够讲一种很激昂的、乐观的、高亢的调子。那么其他的一些调子就没有了。这些诗人出现后，有怀疑的调子、忧郁的调子，而舒婷是美丽感伤的调子。

这些调子使得大家感觉到，诗歌居然还包含这么多的情感和情绪，这行吗？况且我们过去只认识一种诗，可现在却出现了这么多种诗，因此就被认为是异端。对"异端"的批判，对诗歌"癌症"的批判，到清除"精神污染"时达到了一个高潮。这就是在政治上进行上纲。在此我对诗歌的创作就不做详细地介绍了。在理论界出现了"三崛起"，就是1980年我写了一篇文章《在新的崛起面前》，1981年孙少哲写的《新的美学原则在崛起》，1983年徐敬亚写的《崛起的诗词》，我们三个人不约而同地都讲到崛起。为什么都想到了崛起这个概念呢？因为诗歌实在是太平了，太不崛起了，我觉得一个新的艺术现象应该崛起。这样，随着理论上的推波助澜，使得一些看不惯这些艺术变革的人认为这种现象非常可怕，于是在批判朦胧诗后接着就批"三崛起"。到目前为止，这个事情已经过去了。目前，我们觉得大陆的诗歌创作已经承认这一种秩序了。认为这些诗歌是可以理解的，是可以存在的，而且对我们原有的诗歌是一个很大的补充和发展。这就是新诗潮。有些人认为新诗潮一定是取代一种文学，或者文学现象，我认为并没有取代。中国文学艺术的发展到目前为止，不是一种潮流取代另一种潮流，而是如王拓先生、刘再复先生讲到的，（大陆、台湾都一样）都承认一种多元的格局。我觉得，目前诗歌创作带了头。我们中国的文学艺术已承认这种多元并存的局面。我把这称之为诗歌博物馆，而且可以推而广之叫作文学博物馆、艺术博物馆。在这个馆内任何古老的和新的形成都可以并存。刚才几位先生都谈到，我觉得还要承认一个秩序。这个秩序就是：当前中国大陆的文学（台湾文学也一样）是一个没有主潮的时代。没有主潮就是有许多潮流。当然一个诗人、作家他可以说我这是主潮，但事实上是没有主潮。目前这个局面是令人欣慰的。它打破了过去的单一格局，即打破了一种潮流完了之后再来一种潮流，而这种潮流多半是以行政方式进行的，多半是以政治运动的方式来组织的做法。目前大陆诗坛出现了一个以《深圳青年报》和《诗歌报》联合举办的1986年现代诗歌群体大展。这个大展在两报同时用三个版面推出了数百个诗人、几十个流派，引起了大家的注意，出现了各种主义、各种流派和亚流派。但实际上这两家报纸也远远没有囊括。目前自立的流派和自己办的刊物多得简直看不过来。刚才《光明日报》的一个记者问，这个现象是可喜呀还是可忧？我认为基本上是可喜的现象。因为文学艺术一旦冲破了一种禁锢，它就可以自以为是地发展。当然这里头也不乏急于求成的，有哗众取宠的。但是，从整体上，说明了一个问题：诗歌是自由的，文学是自由的。而不管给不给自由，诗人们有自己的创作自由。这是可喜的现象。现在国内都在研究后新诗潮，这是一个非常复杂的现象。总的来说，诗越来越看不懂了。我讲到这儿，谢谢！

黄子平：

既定方针应是李陀讲，其题目是文学无权威与多元化现象。李陀病了。我听他讲过此题，但他没有发挥和展开，我也不大明了。最近我对文坛上的概念比较感兴趣，同一个概念往往有多种用法。比如这种无权威现象的权威，可分得再细一点，是否可分为有"权"无"威"，或有"威"无"权"，把权和威拆开来，就会发现很多有"权"没"威"，很多人有"威"没"权"。实际上也还有一些有"权"有"威"和没"权"没"威"。以上"权威"一词至少有这四种现象。如果按照这个思路讲的话，会更清楚一点。如果说文坛是一个正常运转的社会，就不可能无权威。我们必须细心地看待里头的一些运转规律才能搞清楚。从表面上看，人们都在呼唤大作家、大批评家、大理论家。实际上现在没有大作家、大批评家、大理论家。刚才谢老师也讲到了诗坛上有很多流派，有很多主义，但实际上严格来讲，没有流派。在学术界没有学派，没有大家认为的能够震撼世界的大作品，凡此种种可以看出现在的无权威和多元化的现象。多元化这个词也是现在流行开来的，前几年有一派批评家不同意这种提法，认为可以提出多样化，不要提多元化。当时提多元一词的目的就是要冲掉一元化。因为这个一元化太禁锢人了。但是我认为随着多元化概念被普遍接受,反而到成为一个懒惰的批评术语,一谈到当前文坛怎么评价,就是多元化。孔子说,诗有三百首,一言以蔽之曰:思无邪。现在就是说,作品有千千万,一言以蔽之曰:多元化。我认为对文坛要具体地加以分析,因为讨论起趋势、流向、未来,却搞不清文坛到底是什么样,一片模糊,最后只能是以一言蔽之曰多元化了。看一样东西站得太远看不清楚,太近了也看不清,这就需要找到一个适当的焦距。我最近读了一些作品。1985年后我有这样一个感觉,文学是否开始走向消亡,走向死亡?这里的"文学"当然是古典意义上的概念,是经典意义上的概念。有几个迹象可以看出。首先可以看出文坛上的诗的地位越来越走向边缘。虽然写诗和看诗的人很多,但是诗在读者中和在批评家中越来越引不起注意力,从这角度上讲,它是越走越走向边缘。而且这个诗越来越不像经典意义上的诗了。再一个迹象就是童话。童话在"文革"前是比较活跃的。我们可以记起严文井、张天翼这样一些人。近十年以来当然也写了很多,但这些童话是成人的童话,而小孩看的童话就是《黑猫警长》之类。《黑猫警长》里那个黑猫摩托车到处开,然后用警棍到处乱捅,大人看了觉得挺恶心,但小孩很喜欢。这种童话,到底还是不是原来意义上的童话,这是个迹象。再就是科幻小说作品一直很不发达这个迹象。这几类文学形式,如童话、科幻,是最需要文学想象的作品。但都处于文坛的边缘。作为文坛中心的小说,最需要它有文学色彩的所谓史诗式的小说,又处于小说的边缘;长篇小说需要文学上的宏大想象力,它又是处于小说的边缘。而往往写得成功的长篇小说都是中篇的放大。最近讨论的长篇小说的美学,都说长篇不像长篇,那么这个"不像"中间就有很多值得探讨的东西。在这种情况下,文学走向何方?我认为有三个走向。一个走向就是商业化。通俗文学在沿海地区很发达,但这种走向越来越没有文学味道。另一个走向就是走向新闻。原来有个题目叫纪实文学的崛起。由于我们新闻的功能有缺陷,文学自动地去填补。在我的老家广东,经常讨论的一个问题,就是这里的文坛静悄悄，连续几年没有获奖，却发现有一个体裁可以崛起，就是报告文学。所以广东现在大兴报告文学热。当然，广东作为一个开放、改革的沿海地区，很自然地掀起这种热。刘宾雁写了一系列这样的文章。他可能是正话反讲，他说他是在文学门槛之外。但是可以明显地看出来，这种走向离经典意义上的文学是越来越远了。这是第二。第三个走向就是所谓纯文学。纯文学离经典意义上的文学也很远了，一个变得越来越哲学化。小说也好、诗也好、剧本也好，都越来越像哲学，而且这些哲学都是存在主义哲学。你要在里头找到经典意义上的文学意境、形象、性格、情节等都是很难的。只有从哲学的角度去读它，才觉得有意思，这是一个分支。另外一个分支呢，是所谓生活化，包括现在很多诗，就把很多流水账写成诗。小说也是这样，从头到尾就是一种极为生活的流水账。这种东西离传统文学也比较远。从这几个流向可以看出，所谓真正的传统意义上的纯文学逐渐消失了。那么值得探讨的一个问题就是现代社会的文学产生了令人怀疑的前景。当然我们可以引用很多哲人的说法，如黑格尔说到"现代社会对艺术的一种敌对关系，文学终究要消亡，走向哲学"。马克思也论述到"现代的生产关系对艺术的这种敌对态度"。目前，我们搞文学的在这种前景下还应该干些什么？我没有考虑清楚，但这绝不是我们笼统地用一个标签一贴就完事大吉了。这里边我们要做的工作很多，我们应细心地加以辨析。文学本身不是一个固定的概念，它可能是凤凰涅槃一样死而复生，它的旧的概念的改变和新的概念的出生，也能跟别的艺术门类一样，像电影，通过借尸还魂这样一种途径来获得也未可知。我就讲这么一点，谢谢大家。

陈鼓应：

我记得王拓也是比较早就写过一些报告文学，而且在台湾引起极大共鸣。现在请北京大学文学研究所的所长乐黛云给我们作总结吧。

乐黛云：

我非常荣幸，有这么一个机会。感谢中国文化书院提供这样一个给海峡两岸作家聚会聊天的机会，能够第一次在北京、在首都来欢迎真正的台湾作家，我觉得意义非常重大。当然我见过很多台湾作家，那都是在美国、在香港、在别人的土地上。去年我们的华人作家大会，是在深圳开的，希望能来一些真正的台湾作家，结果来的还是从美国过来的，拿别国护照的这样一些台湾作家。今天我们能来欢迎一位货真价实的、真正土生土长的台湾作家，真正充满了祖国人民的乡土味道的作家，我感到非常激动。我们中国处在一个很大的转折点上，要往前走，最突出的内容，就是它要在世界上发出我们自己的声音。我们研究中国文学也应该有世界眼光。比方说文艺理论，我认为对胡风的评价就很不够。胡风关于现实主义理论，在当时三十年代四十年代，从世界角度来看，是很重要的理论。卢卡奇的现实主义理论，强调客观地描写世界，只要你真的描写世界，就能达到真理，这么一种想法。布莱希特的现实主义，提到从作者到读者，怎么样让读者来理解现实这个角度。可胡风的理论，恰恰是要作者拥抱现实，用自己主观的精神来拥抱客观现实，发挥我们主观对现实的理解的一种感情。当时的现实主义有三大重要的潮流。我们如果不从世界的高度来看待，我们就很难做出这样的评价，所以我们研究当前的文学创作，要有一个世界的眼光，同时我们研究外国文学也要有中国人的眼光。现在我们研究外国文学很多是跟着人家跑，人家外国人怎么看我们就怎么看。目前，我们研究外国文学有了初步的变化。国内有一篇关于研究莎士比亚的文章，是写莎士比亚怎么看待死亡的，完全是用东方人的眼光作参照，来看莎士比亚作品，这就是一个完全崭新的角度。所以我认为我们现在是处在一个怎么用世界的眼光来看我们自己，同时又用自己的眼光看世界，这就是比较文学的最根本的问题。今天我们有了一个非常好的开始，我们正在做工作，希望海峡两岸的学者能够在今年年底开一个学术座谈会。这个会我非常希望能够争取在深圳召开。看起来有一定的困难，至少可以在香港开。这样一来我们就可以让海峡两岸的作家学者从世界的角度看中国文学应该怎么发展。另外，我们对外国应该怎么看。全盘西化和本位主义贯穿了我国几百年的文化发展，到底应该怎么看这个问题。中国文学在世界上到底应占个什么地位，希望王拓先生回去后能推动这个工作。怎么能真正地从一个更大的视野，用世界的眼光来看我们的新诗潮，看我们的报告文学，看我们的小说，看我们的文学理论。另外我们自己对西方的东西怎么取舍，全盘西化我不同意，可那种封闭性的本位文化也是没有前途的。所谓根、所谓传统是在不断变化中发展的。金先生写的"三寸金莲和挖根"非常有意思。谈传统也好，谈根也好，都是不断发展的，都是在新的诠释里边不断成长的这么一个东西，新的诠释必然包含了我们今天对世界的了解、对时代的了解。今天能作为一个主办单位来欢迎王拓先生，我非常荣幸。就讲这些，谢谢！

林斤澜：

1946、1947、1948这三年在台湾，相隔四十多年了，那时候还年轻，还没有搞文学。刚才王拓先生讲了一些情况，光复以后有好多人没有用武之地，有的便沉默了。这是那时候的情况。我也是"二二八事件"以后给抓进监狱的，那时抓了好些人，台湾人和大陆去的人都有，但当时我还没开始搞文学，是同文学无关的。我对台湾还是很想念的。我写过一些台湾的东西，现在看来都不行。如果出选集的话，都不一定选它。我的创作路子是冷门，自己也说不出个道理，我在文字上就是这种情况。

邵燕祥：

我和王拓先生在美国有两个月的时间朝夕相处。我们私下里谈过很多文学方面的问题。我送给他的一些我的作品，很遗憾，他回去时被"海关"没收了。王拓对我的看法是，我经常处于很节制的状态，属于比较内向型的。我不大会说话,更不大在大庭广众下发表讲话。但是,就是像我这样一个内向的人,现在也不得不通过杂文这种形式,来不断地让人心烦地、非常枯燥地在议论各种各样的事情。这说明像我这样一个作者都确也有"不得已于言者",有很多话要说,有很多有意思或没有意思的议论想要发一发。像我这样的人也不止一个。在我们文学界、新闻界,在知识分子当中,大家都在关心我们这个社会,关心我们民族的各种事态,并且及时做出自己的反应,发表自己的意见,这个趋势是好的。1980年当我刚刚从长期的沉默中恢复对社会发言权的时候,我曾经在我重新出版的一个诗集的后记里这样写道:只要我还有发言的权利,有劳动条件和健康条件,还允许我继续写作,并且我写的作品能够得到发表的机会的时候,我就要不停地写下去,为我的读者,为我的人民。刚才几位同志都介绍了我们国内的情况,我就不多说了。在这里再把我1986年中秋时送给王拓的一首诗重复一遍。当时我知道他是为了台湾的进步运动而坐牢的,他很坦率,他说在牢里想到家庭、妻子、孩子时,也有过情绪低沉的时候。他并不是那种高、大、全形象。但是,我觉得他是一个实实在在地为他生活的那片土地上的人民奋斗的人物。所以我说:

去留肝胆几昆仑,
壮士心犹赤子心。
海内何妨存异己,
人间难得是知音。
文章久重春秋笔,
得失遥听山水琴。
执手相期重见日,
为君举酒祝银婚。

为什么"为君举酒祝银婚"的日子我们才相见呢?那时候我的估计时间比较长,基本上是1995年的时候。说明我想问题保险系数太大,所以我完全没想到仅仅相别一年多以后就又相见,而且重见在北京。

听到他来，我非常高兴。看来我需要把最后两句重新改掉。谢谢大家。

王　拓：

您赠我的诗，原是写在一张小小的纸上，现在请您把这首诗用毛笔写出来，我要把它裱起来挂在墙上。

冯宗璞：

文学界的朋友都知道，我素来不大会讲话。今天来参加这个会，非常高兴。以前我觉得台湾是很远很远的地方。现在在这里欢迎王拓先生，我想起了台湾的一些亲戚，想起了我的堂兄、堂弟。我觉得他们突然离我很近了。刚才大家的讲话我现在消化还来不及，所以没有什么可讲的。我对文坛上的事情也不够了解，对自己所写的东西也不太清楚。我非常赞同再复同志说的，从前的文学是政治选择，现在可以做到艺术选择，这就必然会产生一种选择的痛苦。三中全会后，我们确实很不一样了。以前你老是跟从，这样倒很省事，现在确实是有一种选择的痛苦。现在要写人的心灵和从前的就不大相同。如我们写抗战时期的人，他们和外界做斗争，可现实的人心里复杂得多、丰富得多，要和自己做斗争。这就是我想到的一点感想。我在文学界是个业余又业余的作者，实在没什么好说的。

刘树钢：

没有思想准备，主要想来听的，临时让我讲，有些不知所措了。去年的4月份，跟台湾的两个剧作家有过交往，在今天谈戏剧好像有些不搭调，因为戏剧不大是文学的艺术，所以开文学的会是从来没有人谈戏剧的。剧作家在中国叫作"打本子的"，是艺人，都不上正史，不能登大雅之堂。现在国内戏剧正处在一个惨淡经营的状况。刚才给一位小朋友题词，我写的是："希望你成为我们的戏剧观众，并能成为我们戏剧界人士，否则振兴戏剧是没有希望的。"现在观众不大进剧场看戏,去年我去美国,因为美国演我写的一出戏叫《十五桩离婚案的剖析》。去年的10月份苏联演我写的一个戏叫《一个死者对生者的访问》。美国和苏联都是在几十年内第一次演中国的现代话剧,似乎是话剧走出国门了。刚才大家说诗、文学没有主潮,我觉得戏剧有主潮,这个主潮就是原来的主流,变化不大,再加上戏曲的话,这个说法就更准确了。其中有变化的是话剧。话剧从1949年前到"文革"前这三十多年中基本上都是所谓的现实主义,或者叫作幻觉主义。话剧从形成以来就一直紧紧和政治连接在一起。最开始,话剧引进中国,就是为反封建、反清朝的统治,从赴日留学生的春柳社开始直到文明戏,一直和政治紧紧相连。为什么会出现言论正声的说法呢?言论正声是在台上慷慨激昂地评论时事。文明戏到后来就同抗战联系在一起了,所以戏剧和政治比文学联系得更紧。建国初我们引进了苏联的斯坦尼斯拉夫斯基体系,以后中央、上海戏剧学院,学的都是这一套。前两年戏剧家协会开座谈会,戏剧学院的一个系主任曾经讲,我们的戏剧学院桃李满天下,全国从中央到地方的主要业务人员主要是戏剧学院的毕业生。从导演、舞台设计到演员,中央和上海两个戏剧学院的学生,分布很广,这两个学院对中国的话剧做出的贡献是很大的。我的发言却是这样,我也是戏剧学院的毕业生,按说也应是斯坦尼的徒子徒孙;我说主任讲了,桃李满天下,给中国的戏剧做出了很大的贡献,我要唱唱反调;我说恰恰因为桃李满天下,成为各剧团的骨干,才给中国的戏剧带来灾难性的后果。一句话把大家说愣了,这样就造成了全国上下"独尊斯氏,废黜百家"的局面。全国从中央到地方演的戏都一个模式,即一个样子,都是从"斯"下来的所谓幻觉艺术,所谓从钥匙孔里看生活这样一种样式。打倒"四人帮"后,戏剧曾产生过一个高潮,这个高潮比伤痕文学来得还要早,就是《于无声处》《丹心谱》,包括老一辈革命家的一些戏剧,在当时确实闹得轰轰烈烈。全国几百家、上千家剧团来演这样一些戏剧,在世界戏剧史上这都是罕见的。为什么会出现这种情况?是因为当时这个戏借助了人们的一种政治情绪。人们都要到剧场里去一块叫、一块喊、一块宣泄。这是粉碎"四人帮"后的人们的一种政治情绪，而不是戏剧本身的力量。这个高潮很快就平息了。以后各种各样的剧作家开始创作各种不同样式的戏剧，从内容上不再是一种了。戏剧比小说、诗歌受到的制约更多一些。小说我们叫"单干户"，它只由编辑审查通过就完了，而戏剧作者有剧本的制约，有票房价值的制约，有演出审查、通过的制约，有一个经济投资的制约（排一个戏要用上万元），种种制约造成了戏剧步子比文学走得慢。随着改革、随着流行歌曲的冲击，以及电视的冲击，戏剧没有能跟上观众的思想情绪和需求的变化。再有一点戏剧界出现了几次比较大的波折。1985年上半年，戏剧又出现了小的高潮，北京出现了一批戏剧，如《野人》《一个死者对生者的访问》《魔方》《W.M》这样一批面貌非常新鲜的戏剧。从内容到舞台表现形式打破了过去的那种幻觉主义的单一的模式，开始出现了内容上的多元、多主题、多样的局面。南方出现了《山祭》，内容是写愚公移山的，是写现代青年在梦境中闯到愚公的那个年代，而愚公还在带着他的子子孙孙挖山呢！这个现代女青年用她的现代意识，把愚公的儿子、孙子都给搅乱了，结果价值观念就完全不一样了。对该戏评价不一，价值观念就完全不一样了。一部分人认为是反毛主席愚公移山的。另一部分人说这非常好，愚公移山是个寓言，谁都可以用。争论不休，最后就没有上演，给禁掉了。大家都知道的《W.M》这个戏的演出过程也是这样的。从这之后又出现了低潮。我认为应该呼吁，应该很好地研究一下，为什么1985年会出现这样一个好的局面。它们也是经过跌宕之后孕育而出的一批好戏，可到现在又没有了，北京的舞台上几乎没有戏剧了。但最近又开始有一两出戏，所以整个戏剧界处在一个极其惨淡经营的状态。另外还有一个跟文学、艺术根本不沾边的一个问题，就是没有钱，没钱就根本办不了事业，各剧团都处在这个状况。所以又出现让各剧团自己承包，自负盈亏的情况。最近沈阳搞了一个大型歌舞故事剧，值得注意，把戏剧的名字给变了。是改编台湾的那个《搭错车》，是在万人体育场演的，四面观众，并请了四十多个舞蹈演员还有歌星在里头表演。这戏在全国几十个城市演了，盈利几十万元。也有人把这个戏说成是一种解决戏剧出路的办法，因为它把娱乐、把歌、把舞、把故事情节这样许多因素都融合在里边了。现在戏剧界有很多人在思考，是否要恢复它的本来的面貌，增强它的娱乐性？电影界的厂长开会，说今年上的80%的片子是娱乐片，或者叫商业片，也存在这样一个问题。因为我没准备，很难讲清楚。戏剧界所谓观念的变化，是流派的变化。但是大致来讲，戏剧受文学影响是很大的，出现了一些敢于探索的一批作家，以及一批中青年导演、演员。总之，戏剧界要向前迈进是很困难的，它受各方面的制约很大。今天我就讲这些，谢谢大家。

陈鼓应：

今天是海峡两岸文学界的作家、剧作家的座谈会。现在中国在这方面最弱的是科幻小说，在美国科幻小说影响很大。所以说在中国特别需要科学界里的人物，我们搞文学的可能缺少这方面的素养。今天的时间就到了，等一会我们在吃饭的时候还可以继续交谈。最后请文化书院院长汤一介教授再讲几句。

汤一介：

非常感谢大家来参加我们今天的这个会，我们很高兴。我希望今后还会有更多的机会能让大家在一起讨论。我们文化书院是民办机构。我们要为中国文化的发展，为中国文化做点事情，是需要得到大家的支持的。今天我们准备了一点便饭，大家可以再边吃边谈。……

附录六：
主要参考书目

《历史的沉思》（青年文稿），生活·读书·新知三联书店，1980。

金观涛、刘青峰：《兴盛与危机——论中国封建社会的超稳定结构》，湖南人民出版社，1984。

［美］韦政通：《儒家与现代中国》，台北东大图书有公司，1984。

［奥］弗洛伊德著，高觉敷译：《精神分析引论》，商务印书馆，1984。

胡平：《我国经济改革的哲学探讨》，中国经济出版社，1985。

［美］阿历克斯·英格尔斯等著，殷陆君编译：《人的现代化》（走向未来丛书），四川人民出版社，1985。

［德］马克斯·韦伯著，黄晓京、彭强译：《新教伦理与资本主义精神》（走向未来丛书），四川人民出版社，1986。

方广锠：《印度文化概论》，中国文化书院自印本，1986。

李中华：《中国文化概论》，中国文化书院自印本，1987。

葛雷、齐彦芬：《西方文化概论》，中国文化书院自印本，1987。

庞卓恒：《比较史学》，中国文化书院自印本，1987。

刘大椿：《比较方法论》，中国文化书院自印本，1987。

魏常海：《日本文化概论》，中国文化书院自印本，1987。

吴修艺：《中国文化热》，上海人民出版社，1988。

庞朴：《文化的民族性与时代性》（中国文化书院文库），中国和平出版社，1988。

张永杰、程远忠：《第四代人》，东方出版社，1988。

苏晓康、王鲁湘总撰稿：《河殇》，现代出版社，1988。

崔文华编：《〈河殇〉论》，文化艺术出版社，1988。